王夫之庄学研究

——以《庄子解》为中心

谭明冉 著

山东人民出版社
国家一级出版社 全国百佳图书出版单位

图书在版编目（CIP）数据

王夫之庄学研究：以《庄子解》为中心/ 谭明冉著. —— 济南 ：山东人民出版社，2017.9
ISBN 978-7-209-10913-0

Ⅰ. ①王… Ⅱ. ①谭… Ⅲ. ①庄周（约前369—前286）－哲学思想－研究 Ⅳ. ①B223.5

中国版本图书馆CIP数据核字(2017)第156593号

王夫之庄学研究
——以《庄子解》为中心
谭明冉 著

主管部门 山东出版传媒股份有限公司
出版发行 山东人民出版社
社 址 济南市胜利大街39号
邮 编 250001
电 话 总编室（0531）82098914
市场部（0531）82098027
网 址 http://www.sd-book.com.cn
印 装 山东新华印务有限责任公司
经 销 新华书店

规 格 16开（169mm×239mm）
印 张 17.5
字 数 240千字
版 次 2017年9月第1版
印 次 2017年9月第1次
印 数 1-1000
ISBN 978-7-209-10913-0
定 价 42.00元

目　录

引　言

2000年秋，我重回北京大学哲学系攻读博士学位。导师李中华先生建议我研究王夫之的《庄子解》。当时出于对《庄子》的兴趣，欣然接受。但是，在研究过程中，发现王夫之的注解艰深晦涩，殊为难懂。不得已，我通过与《庄子》的其他注本的比较，按概念范畴将王夫之的解说梳理成一篇博士论文。虽然我自己觉得还很不够，特别是当时对王夫之的儒家经典和史论中评价庄子的观点尚没有全盘把握，却受到了五人组的博士论文答辩委员会的好评。之后，李老师等人建议我进一步修改出版，可是当时我身体很差，加上又想到多伦多大学学习，这样一拖十几年就过去了。

而今，在熟悉《庄子》和王夫之整体著作的基础上，重读其《庄子解》，发现王夫之的注解有以下特点：

一，王夫之是借《庄子解》述说自己对《庄子》的理解和评价。他虽然将自己的评说附在《庄子》的相关段落后，但是他的评说却往往集《庄子》的诸多思想观点于一炉。而且，他的评说也常常是自说自道、不完全忠于《庄子》行文。这一点可以说是他的独创，既不同于郭象《庄子注》和吕惠卿《庄子义》的随文申义，更不同于成玄英、宣颖等人的随文注疏。这也是为什么《庄子解》非常难以理解，而其子王敔名之为《庄子衍》的缘故。衍者，随文推演发明之谓，非必忠于原文也。

二，王夫之基本上是以“无执”“虚”“忘生死”来诠释《庄子》的整体思想的。在此基础上，推崇“寓庸”“两行”“循斯须（顺化）”等观点，最终落实到其《达生》中的“养神”和“能移以相天”，从而与《中庸》的“赞天地之化育”相通。

三，王夫之想通过评价《庄子》，使之更合于儒家的君子之道。这种带有先入之见和目的的注解也必然使其注解时常与《庄子》原意不一致，以致造成读者理解上的混乱。而且，王夫之对《庄子》文本和原意的轻视也导致他对庄文中的一些重要概念的理解偏差，比如《齐物论》中的“莫若以明”、《至乐》中的“柴立其中央”等。

因此，王夫之的《庄子解》和《庄子通》是王夫之的自我解说，很难帮助读者更顺利轻松地理解《庄子》。在这一点上，我不同意王孝鱼的结论：“船山评解《庄子》，志在去除前人以儒佛两家之说对《庄子》的附会，清理出一副《庄子》的本来面目。”[①]因为王夫之本人就是以儒解庄的。他在思路和理解上基本上延续了郭象对尧舜等圣人的维护和苏轼《庄子祠堂记》对《庄子》篇章的定性以及认为庄子对孔子“阳挤而阴助之”的观点。王夫之并没有像林云铭、宣颖那样清理出一副《庄子》的本来面目。

那么，王夫之解庄的目的何在？首先是他对《庄子》的欣赏并且想通之以儒所致。他在《庄子通·叙》中曾说：“凡庄生之说，皆可因以通君子之道。”[②]在解《人间世》时也说：“此篇为涉乱世以自全而全人之妙术，君子深有取焉。”[③]其次是他作为教书先生，也需要为学生讲解《庄子》。王孝鱼指出：“一六八一年秋，船山曾作《南天窝授竹影题用徐天池香烟韵》七律七首（现存他的诗集《七十自定稿》中），其中第六首下自注：‘时为先开订《相宗》（即《相宗络索》），并与诸子论庄。’《庄子解》大概就是这年写的。”[④]再次，王夫之的乱世生涯和他对宋明理学的反思也应当是他解庄的一个原因。反清复明的经历使他认识到宋明理学道德理想主义的缺陷，像

① 王夫之：《庄子解》，中华书局，1964年版，点校说明，第2页。
② 王夫之：《庄子通》，见《船山全书》第13册，岳麓书社，1996年版，第493页。
③ 王夫之：《庄子解》，第34页。
④ 王夫之：《庄子解》，点校说明，第1页。

顾炎武和黄宗羲那样也开始对小儒和腐儒误国展开批判，从而使他不自觉地认同《庄子》对儒家的一些批判。例如王夫之对暖姝、濡需和卷娄三种儒者的批判，对“临人以德”的反对和对“鲁国之大，儒者一人”的认同。这种对《庄子》思想的认同促使他对儒家有一个更清晰的认识，而超越了宋明以来儒者的自负和空想。因此，王夫之以更为开阔的视野，对异端采取了“入其垒，袭其辎，暴其恃，而见其瑕矣，见其瑕而后道可使复也”（《老子衍·自序》）[①]的态度，其目的是吸取《庄子》的优点，批判《庄子》的缺点，从而恢复儒家的君子之道。他并不是怀有一颗揭示《庄子》原义的心思来解庄的，所以他也不屑对《庄子》逐字逐句地解释或唯《庄子》文义是听。

沿着这个思路，本文对王夫之《庄子解》中的诸多重要范畴加以探讨，诸如天与人、神与明、心与知、道、德与性等。本文认为，王夫之虽然与庄子用同样的范畴，但是却赋予这些范畴不同的内容。这种内容与其说与庄子原意相似，倒不如说与《论语》《易传》中的天与人、道与德等思想更为接近。可以说，王夫之通过注解《庄子》，力求将庄子的道家色彩淡化，而呈现给读者一个具有儒家色彩的、思想可以与儒家相通的庄子。王夫之对《庄子解》中圣人、真人、至人等理想人格的描述主要突出其相天赞化的作用，而对《庄子》原文中的逍遥、养生、保身等自得其乐方面尽可能地淡化。因此，王夫之《庄子解》同样讲顺化、寓庸，突出的却是儒家安于职分，是对现实社会矛盾、危机的认可，而不是庄子的泯除是非、以忘生死来逃避危机和矛盾。可以说，王夫之通过解庄，实际上是改造了庄子的思想。一个重要的方面就是王夫之以《易传》直接接受现实、安于现实的刚健思想改造庄子的顺化、寓庸和逍遥。这种改造使庄子的思想更具有现实的可行性，去除了《庄子》固有的逃避和空想。在内能保全自己的心神，在外就能够化成天下。

不过，在对庄子思想的吸收和改造的同时，王夫之也不自觉地批判了儒家“临人以德”“正己以正人”的治理天下的方式。例如，王夫之对王子比

---

① 王夫之：《老子衍》，见《船山全书》第13册，第15页。

干、伍子胥等以己之德正君主之恶的方式提出了批评，反而更推崇《则阳》篇圣人虚己以化人的方式。王夫之将仁义推崇到天的顺自然、包容养育万物的高度，要求人们超越狭隘的父子相亲，也是受到了庄子的影响。因此，本人得出结论，王夫之解庄是一个相互的影响过程：一方面，王夫之以儒家的思想改造了庄子，使庄子更具有儒家色彩；同时，庄子的思想也影响了王夫之，使王夫之纠正先儒的一些弊病，使自己的学说更具有现实的可行性，使自己的修身超越对圣人言行的固执，达到按照时代形势的要求，来应用圣人的学说和思想。按王夫之的话说，就是继承先圣的精神，而不是形迹。能够如此，就是王夫之所推崇的“知天时、察地形、事至而断”的真儒。

从《庄子解》和《庄子通》所表现出来的思想看，王夫之沿袭了苏轼《庄子祠堂记》中的观点，认为庄子对孔子“实予而文不予，阳挤而阴助之”[①]，并以此为标准，划分庄子学派与非庄子学派的思想，将《让王》《盗跖》《渔父》《说剑》四篇定为赝作。不仅如此，王夫之还将这种思想贯穿于《庄子解》之中，将庄子划为子张后学，认为庄子推崇孔子为真儒，庄子自己也在倡导儒家圣人的内圣外王之道。

至于王夫之《庄子解》在庄学史上的影响，严灵峰在《周秦汉魏诸子知见书目》中说“不以他说入庄，并辨真伪。”[②]没有指出其以儒解庄的特色。梁漱溟在其《读王船山庄子解》中说，王夫之有卓识高见，非其他注解可及，列举了六条王夫之关于篇章划分和评价的话。[③]但是，历观王夫之之后的《庄子》注疏，很少有人再沿用他的体例，说明借《庄子》自说自道并不是众多读庄者的首选。

梁漱溟之后，直接研究船山道家著作的有王孝鱼、吴立民、嵇文甫、魏明壶等。王孝鱼根据王夫之《庄子解》作《庄子内篇新解》，将王夫之“或

---

① 苏轼：《庄子祠堂记》，见《苏东坡文集》卷32，《四部精要》第19册，上海古籍出版社，1993年版，第670页。

② 严灵峰：《周秦汉魏诸子知见书目》第2卷，台北：正中书局，1975年版，第181页。

③ 梁漱溟：《读王船山〈庄子解〉》，见《船山全书》第16册，第1002页。

因惠施而有内七篇之作”的观点推衍，牵强地以内篇的资料对王夫之的观点加以证明。王孝鱼坦白地说：“个人对于庄子思想的评价，基本上是采用船山见解。”[①]另外，王孝鱼在《庄子解》点校说明中特别指出，《庄子解》中带有“评曰”的评注出自王夫之之手。王孝鱼的观点基本上可以接受。参看《庄子解》全书，“评曰”之后的文字多与船山之评论意思一致；而与王敔的注则多有不谐。因此，《庄子解》主要是王夫之的评论，是解庄，而不是注庄。这就是为什么本书很少考虑《庄子解》中的注的原因。

吴立民和徐孙铭指出，船山注解《庄子》，以辩证法改造了庄子的认识的相对性，推崇人的主体能动性，不仅反对心死而无所作为，而且强调人能参与性命的始终，从而船山对庄子“能移而相天”的命题给予高度的评价。[②]魏明壶对王夫之《庄子解》中的无、道、自然、分等概念做了探讨，指出了王夫之的解释与庄子思想的不同，并进一步指出，船山对庄子的大化日新思想进行了辩证的改造。[③]嵇文甫认为，船山吸收了老、庄、佛的辨名析理的方法，对《庄子》的思想“因而通之”，实际上是一种扬弃。通过船山的批判，《庄子》的思想获得了一个质变。[④]台湾师范大学林文斌的硕士论文《王船山庄子解研究》（1986年）从浑天论、真知论、人生论、处世论、政治论等方面对《庄子解》的内容做了归类，但是分析得不够。其以“生胜于死”概括船山《庄子解》的生死观则缺乏文本支持，因为《至乐解》就直接以存身合天、忘己忘物来超越生死。其对“庄子乃子张之再传”做了文本考察，则值得借鉴。

本书在吸取前人的研究成果的基础上，分十章考察王夫之对庄子的评价。第一章述说王夫之解庄的缘起，强调其通《庄子》以君子之道的态度及其对庄子思想的认同。第二章讲述其对《庄子》名篇作者的判定，指出他受

① 王孝鱼：《庄子内篇新解·庄子通疏证》，岳麓书社，1983年版，第2、7页。
② 吴立民、徐荪铭：《船山佛道思想研究》，湖南出版社，1992版，第59—65页。
③ 魏明壶：《船山〈庄子解〉初探》，《晋阳学刊》1983年第5期，第77页。
④ 嵇文甫：《王船山学术论丛》，三联书店1978年版，第38—60页。

苏轼《庄子祠堂记》的影响，和在判定《寓言》篇作者时的主观臆测。第三章讲述他解庄的方法，突出其以儒解庄的特色。第四章分析天和人在《庄子解》中的意义，指出庄、王在天人观上的差异，落实到王夫之对“能移以相天”的发挥。第五章探讨了神、明的含义，对王夫之所谓的“《庄子》全书，亦于此（神明）而启其径”（《庄子解》：276）做出细微分析，探讨了先秦文献中神明关系的复杂性以及王夫之个人的解释。第六章讲述王夫之与庄子对待知的不同态度，以及心、知关系。第七章比较了王夫之和庄子对道、德、性的不同理解，以及德与性的特殊关系，讲述了王夫之对《秋水》篇明道在于“因理达权”的发挥。第八章探讨了庄子、王夫之对理想人格的不同理解，认为王夫之《庄子解》的理想人格可以归结为神人。第九章讲述了先秦诸子中圣、王、内圣与外王之关系，以及王夫之《庄子解》中对内圣、外王的实践应用。第十章总结了王夫之在其儒家著作中对庄子的评价及其与《庄子解》之评价的关系，概括了《庄子》对王夫之的影响，结论是：解庄通庄使王夫之认识到了内圣外王之大宗，避免了宋明儒生的泥守章句、缺乏事功的缺陷，回复到了真儒应知天时、懂地形、事至而断的理想，使他的思想学说更为完备可行。

第一章

王夫之解评《庄子》之缘起

引言中提到，王孝鱼认定《庄子解》作于1681年，王夫之“与诸子论庄”之时。据此，萧萐父推论说：“1681年……（王夫之）为门人讲说《庄子》，写《庄子解》，随文申义，与《庄子通》相表里。”[①]但是，仅凭“与诸子论庄”，二者就断定《庄子解》的年代似乎有点证据不足。而且，萧萐父的推论似乎有点将王夫之写《庄子解》的缘由完全归结为“为门人讲说《庄子》”，则值得商榷。

首先，王夫之“与诸子论庄”应该不是简单地讲解《庄子》，因为《庄子解》的行文注重的不是条理性的解释，如王夫之在《四书训义》中所为，而是发挥性的评论或对庄子思想的定性。这说明《庄子解》目的在于探讨《庄子》的思想特性并对之加以评价。林文斌将《庄子解》与《四书训义》归为一类[②]，只看到了其形式上的类似，却忽视了其内容和评价手法的不同。《四书训义》是王夫之力图挖掘四书的原义，以纠正或发挥朱熹的注疏；而《庄子解》则是力图以自己的观点评价《庄子》，淡化其道家色彩，虽然也偶尔尊重《庄子》的原义。

其次，王敔的《大行府君行述》也透露出王夫之写《庄子解》在于“发明正学”，或者说弘扬儒家的君子之道。王敔说：

---

① 萧萐父：《船山哲学引论》，江西人民出版社，1993年版，第244页。

② 林文斌：《王船山庄子解研究》，台湾师范大学的硕士论文1986年，第13页。

> 自正、嘉以降，世教早衰，因以发明正学为己事，效设难作折。尤其于二氏之书，入其藏而探之。所著有《老子衍》《相宗》《论赞》，以为如彼之说，而彼之非自见也。[①]

意思是，自从正德、嘉靖之后，明代的礼教已经衰退。王夫之立志以发扬光大正统思想为己任。自己设置疑难，然后作答。特别于释、老二教，常进入其堡垒，探取其财富，著有《老子衍》《相宗（洛索）》《论赞》（即《三藏法师八识规矩论赞》）等书。虽然这些书好像如二氏所言，实际上并不是二氏自己所见。言下之意，王夫之研究佛教和道家，其目的是要发现其中有用的东西来帮助自己发明正统儒学。他写的关于佛道的著作，貌似解说二氏，实际上是王夫之自己的见解。这印证了我们的推测，他的《庄子解》不是为学生单纯地讲说《庄子》，而是借评论二氏抒发自己的见解和弘扬儒学。

王敔接着讲述王夫之对待《庄子》的态度：

> 又以文章之变化莫妙于《南华》，辞赋之源流莫高于屈、宋。《南华》去其外篇、杂篇呵斥圣门之妄，其见道尚在狂简之列……因俱为之注，名曰《庄子衍》《楚辞通释》。更别作《庄子通》以引漆园之旨于正。[②]

可见，王夫之对《庄子》（即《南华》）甚为推崇，认为如果滤去外、杂篇中一些攻击儒学的段落，《庄子》对孔子所许可的狂简之道还是有所见的。这是他为什么著《庄子衍》（即《庄子解》）的原因。既然是“衍”，其风格当然是借题发挥，申说己意，与一般的《庄子》注很不一致。如果说《庄子衍》还受《庄子》行文的束缚，《庄子通》则更是天马行空，完全是

---

① 王敔：《大行府君行述》，见《船山全书》第16册，第73页

② 王敔：《大行府君行述》，见《船山全书》第16册，第74页。

王夫之自己思想的驰骋，其目的就是要“引漆园之旨于正”，即将《庄子》思想通于儒家的君子之道。这段话似乎还暗示了《庄子通》写于《庄子解》之后。因此，与萧萐父不同，张西堂认为《庄子通》中已不含有《让王》以下四篇，《庄子通》应当晚于《庄子解》。[①]张的论据也不甚有力，因为人们完全可以反过来说：正因为《庄子通》不评论《让王》等四篇，《庄子解》才不予作解。其实，考虑到《周易外传》（1655年）早于《周易内传》（1685年）、《读四书大全说》（1665年）早于《四书训义》（1679年）[②]，我们可以推测，王夫之往往是先评论，后详解。我们暂取先通后解的观点。

据此，我们可以看出，王夫之的注解和著述是以他建立自己的思想体系为准则的。他借助自己的生活体验和对各家思想的不断深入理解，发现新视角、新观点，不断地更新自己以前的注解和论述。这从他重订《老子衍》《诗广传》《尚书引义》《四书训义》《张子正蒙注》等可以看出。这种治学态度与他“日新日成”的哲学观点是一致的。可以这样推测，假如1672年的《老子衍》没有被毁，应当揭示出王夫之对《老子》的前后思想转变。同样，本人认为，王夫之对《庄子》的批判和吸收也应当有一个变化的过程。1671年的《诗广传》与1683年的《诗广传》、1663年的《尚书引义》与1684年的《尚书引义》皆跨越《庄子解》（1681年？）、《庄子通》（1679年）的著述年代，此前此后对待庄子的评价应当有所修改，只是现在我们只有重订后的版本。

王夫之虽然对《庄子》有所认可，但是由思想上的认可到行动上的注解，还是应当有导致如此做的具体的契机。本人认为，王夫之的个人生涯、对宋明理学的批判以及他许可庄子为“狂简之徒”都是他注解《庄子》的原因，不可忽视。本文拟从这三个方面对王夫之注解《庄子》的原因加以揭示。

---

① 张西堂：《王船山学谱》，香港：崇文书店，1971年版，第186页。

② 萧萐父：《船山哲学引论》，第244页。

第一节　乱世生涯与庄子的游世之方

首先，王夫之的政治生涯使他看到人间世之难游，自发地接受庄子的游世之道。1648年10月，王夫之在衡阳举兵抗清，兵败，南奔肇庆，投靠南明永历政权，开始了他短暂的政治生涯。当时，永历政权因瞿式耜、严起恒执政，形势还好。但是，奸臣王化澄、陈邦傅、夏国祥等败坏纪纲。金堡、丁时魁、刘湘客、蒙正发等力主振兴纲纪，结果遭到王化澄等的诬陷，下狱将要被处死。王夫之与管嗣裘劝严起恒排除王化澄等奸宦，拯救金堡等人。自己也多次上书弹劾王化澄等误国，结果，王化澄非常愤怒，必欲置之于死地。幸亏受到大顺军将帅高必正的救护，才免于虎口。1650年，严起恒被孙可望等害死于南宁。目睹南明的灭亡已不可避免，王夫之遂于1651年初返回湖南，结束了他的政治生活。

短暂的政治生涯使王夫之体验到庄子所云的不可“临人以德”和取必于外物的道理。自古儒家所倡导的乃“舍生取义”“杀身成仁”，所推崇的烈士仁人乃苌弘、比干、伍子胥等。王夫之通过自己的政治生涯认识到这些烈士仁人本可不死，而且他们的死对于救助国家社稷并没有什么作用。这些人的弊病在于执定自己的智慧仁德，强加于人，不考虑别人是否能够接受，造怨杀身，仍然自以为自己气贯牛斗、伸张正义。他在注释《外物》篇首段时揭示了这个观点：

> 外物不可必，而人之大患，恒在于取必于物。故逢、比死而不能救桀、纣之亡，无益而止以自丧耳。（《庄子解》：238）

外物，指自身德性和生命之外的一切。对于身外的人或事，是不能保证他们必定如此而不如彼。但是，人们的错误常常在于，一定要外物按照自己的意愿来作为或行动。结果，关龙逄、比干被杀，仍然拯救不了桀纣的灭亡。对于国家，这只是一种不能有任何益处，徒自丧身的做法。这段话可以说是他对南明朝廷正邪双方各持己见、互相倾轧的后果的反思。接着，他给出不可取必外物的原因，说：

己有知而必不知者之知，己有能而必不能者之能。夫既不知不能矣，而尚可必乎？……不知不能者，既不能受，反愧以相忮。（《庄子解》：238—239）

意思是，并非人人都能达到或接受你的智慧和能力。别人既然没有接受你的智商或能力，而你又强力相加，只能导致他们反过来怨恨你。一旦怒心生于彼此之心中，必然相互指责、诋毁，以致陷害。结果，自己本以忠君爱国的心思出发，反而导致误国的后果。因此，只有放弃取必外物的心思，以天地的胸怀包容感化他们，才能不与自己的初衷相违背。

王夫之进一步指出，人之所以取必外物在于自己有成心固执。如果能够放弃成心，虚己以游世，则既可以保全自身，也可以感化邪恶巨奸。他接受了《庄子·则阳》篇的“化人”之方，认为“圣人消其善以消人之恶，自保而与物通”。意思是，圣人则通过消除自己的居善居美之心，以消除别人的恶行，这样不但保全自己，而且还达到了与外物的交流。这是因为人们都有好胜之心，都厌恶被他人指教着如何如何。据此，王夫之结论说，以善行来助人，劳己劳人，是不能感化外物的。这样的人，还不如阿谀奉承的佞人能够改变人意，离圣人之行则更远了。（《庄子解》：227）

这样，王夫之接受了《庄子》的思想，认为圣人之德不是什么具体的仁爱行为，而是“虚己待物”。只有虚以容物、顺物，才能化物。他为此强调“虚静”，但旋即指出“虚静”不是可以执定或进入的某个实物，而是天地之德，其本质在于没有成心、固执。他非常推重《人间世》的虚己游世，说：“此篇为涉乱世以自全而全人之妙术，君子深有取焉。”（《庄子解》：34）

其次，吴三桂（1612—1678）的叛乱使他再次体验到庄子的游世之术。1662年，南明政权覆灭。王夫之虽然在南明从政时间很短，却为自己未能殉国难而自责不已。1674年，吴三桂因清朝的“移藩”夺权而起兵反清，势力波及湖南。船山虽然不屑与吴三桂同流，但是他复明的心事再次萌发。于是，他游走串联，图谋起事。1679年，清军恢复衡阳，船山计划未成，遂避难栌林山中，总结自己五年来面对复杂形势的矛盾心情和立身处世的原则，说：

> 念予以不能言之心，行乎不相涉之世，浮沉其侧者五年，弗获已，所以应之者，薄似庄生之术，得无大疚愧？（《庄子通·叙》）

所谓“不能言之心”，应该是恢复明朝的心事。所谓“不相涉之世”，意思是自己与这个现实世界格格不入。具体地说，身为明朝遗老，而生活在蛮夷统治的清朝，又遇到吴三桂这个民族败类的叛乱，这也是他所说的“七尺从天乞活埋”的意思。“浮沉其侧者五年”，指自己这五年来心绪不定。复明之志未泯而行之甚难，吴三桂不可同流，清朝不共戴天。颇有我何去何从的困扰。因此他感慨地说：“知我者谓我心忧，不知我者谓我何求，孰为知我者哉？”（《庄子通·叙》）不得已，只有以庄子的游世之术浮游于这个世界，或可以免于愧对自己的故国。虽然他旋即与庄子划清界限，否定自己是庄子的学徒，但是由此可见，他对庄子的思想已经有所借鉴和履行，说：“谓予以庄生之术，祈免于‘弈之彀中’，予亦无容自解。”（《庄子通·叙》）因此，他指出，如果以“求仁之心”来利用庄子的思想和方法，可以通于“君子之道”。

这五年期间，最能体现王夫之行为上取法庄子的，莫过于他拒绝为吴三桂写《劝进表》。1678年，吴三桂于衡阳登基，听说船山文笔盛名，请船山写《劝进表》。王夫之拒绝说：

某本亡国遗臣，扶倾无力，抱憾天壤。国破以来，苟且食息偷活于人间，不祥极矣。今汝亦安用此不祥之人为？[①]

这段话一方面道出船山对现实世界的不认可态度，可以解释前面“行乎不相涉之世”之叹；一方面显示出船山对庄子思想的融化和履行。因为船山的回答立即使我们联想到《庄子》中关于祥与不祥的论述。庄子说：

故解之以牛之白颡者，与豚之亢鼻者，与人有痔病者，不可以适河。此皆巫祝以知之矣，所以为不祥也。此乃神人之所以为大祥也。（《庄子·人间世》）

神人以不吉祥作为自己的大吉祥。因为这样，就可以免除被人们利用，像白额头的牛、凸鼻子的猪和有痔疮的人，都是因为被巫师和人们公认为不吉祥而保全自身。王夫之同样以不吉祥的身份拒绝了吴三桂的邀请，而免于杀身之祸。这种拒绝虽然没有完全等同于庄子的“无用以为用”，但是却对庄子的思想有所吸收、改造，用来保持自己的气节。可以说，王夫之吸收了庄子的方法，却没有放弃自己的儒家人生观，而是用庄子的思想来服务于自己。因此，王夫之推重《庄子》中的神人，通过自己的改造，将他与儒家的圣人、真儒相通为一。

第二节　王夫之的理学批判与庄子的儒家批判

对宋明理学的批判使王夫之不自觉地同意庄子的某些观点。明朝后期，流行于士大夫中的学问主要有两种流派：程朱后学与阳明后学。前者执定章

① 潘宗洛：《船山先生传》，见《船山全书》第16册，第89页。

句而不化，不理解先圣之精蕴，务博学以夸示；后者援佛以入儒，尚空谈而无实。二者对于经邦治国、教化天下，皆无所裨益。王夫之基于亡国灭种的切肤之痛，于救亡图存上又不能建立匡复之功，不能不退而反思宋明道学之不足。在他看来，如果明朝士大夫拥有一个健康、务实的指导思想，也决不会沦落到士大夫变节投靠蛮夷、国家被蛮夷一步步灭掉的地步。反思的结果，一方面是对程朱后学的批判，一方面是对阳明后学的痛斥。但是由于王阳明哲学本质上仍是以庄子和禅宗的“心（性）无善恶”为根据的，王夫之很难从《庄子》的角度批判王阳明。因此，王夫之对王阳明的批判主要是从其后学“以私欲私意为良知，缺乏对人伦物理的实际体认和修行”的角度进行的。他说：

王氏之学，一传而为王畿，再传而为李贽，无忌惮之教立，而廉耻丧、盗贼兴、中国沦没，皆惟怠于明伦察物而求逸获，故君父可以不恤、肤发可以不顾。陆子静出而蒙古兴，其流祸一也。[①]

但是，在批判程朱学派时，王夫之与《庄子》达成了一致。程朱后学的弊端在于执定先圣之陈迹自以为宝，而不理解圣人立说立言之精神。这种人在《庄子》则称为“发冢之盗”“暖姝”或执定物论的儒生。这些人的弊病在于专门在细枝末节和言行事迹上用心，对于大道一无所知。《庄子·徐无鬼》：“所谓暖姝者，学一先生之言，则暖暖姝姝而私自悦也；自以为足矣，而未知未始有物也。”而程朱学派正是执定师说，泥迹不通，自以为掌握了真理大道，实际上于大道一无所知。因此，王夫之将庄子对“暖姝”的批评加于程朱学派，批评他们错误地理解圣人的言语，炫耀自己博学。他说：

盖世间所称博学者，只在风云、月露、花鸟、禽鱼上用功，合下便

① 王夫之：《张子正蒙注》，见《船山全书》第12册，第371页。

不可谓之学。而所当学者全然不省，更何有于博？见之不真、言之无实，又如何唤得详？[①]

王夫之所谓应当学习的东西，就是人伦物理。所谓物理，不是今人的自然之物理，而是与人的修身相关的事物的道理。但是，那些自称博学的人，只在表面上做文章。要么执定先圣先贤之言行以为模范，东施效颦；要么死守章句而不达义理。故闻说曾点有"风兮舞雩"之志，便自在那里卖弄光风霁月；闻说孔子博览六经，便自博览古今典籍，以充实自己的谈资口辩。这种风气下去，必然导致怠惰于修身，使天下风俗颓败。据此，王夫之慨叹道："为暖姝、为濡需，身不自恤，而况于天下？则其为害马也必矣。"（《庄子解》：221）所谓"害马"乃害天下之比喻。

在《读四书大全说》中，王夫之对程朱学派泥守章句的批判比比皆是。例如，他批吴季子以感应化成天下，不知圣学在于"教化"[②]；批评后世儒生不理解孟子、荀子贵王贱霸之说的特殊背景，而为"已甚之论"、直接贬低事功[③]；批评朱熹不理解孟子"求放心"在于"求仁"的含义，泥守程颐之见，而以"见闻觉知之心"为所"放"之"心"，堕入释氏[④]；批评朱熹不明白《大学》明德的含义[⑤]；等等。

可以说，按王夫之的标准，程朱学派之所行所为，皆不外乎《庄子》所批评的暖姝之人。如《庄子·在宥》对那种自以为是的人批评道："夫以出乎众为心者，曷常出乎众哉？……而欲为人之国者，此揽乎三王之利而不见其患者也。此以人之国侥幸也。几何侥幸而不丧人之国乎？其存人之国也，无万分之一；而丧人之国也，一不成而万有馀丧矣！"但是，为了捍卫孔孟

---

① 王夫之：《读四书大全说》，见《船山全书》第6册，第1021页。

② 吴季子，即吴与弼（1391—1469），字子傅，号康斋。学程朱理学，有《康斋集》。王夫之批吴的言语见《读四书大全说》第433页。

③ 见《读四书大全说》第801页。

④ 见《读四书大全说》第1084页。

⑤ 见《读四书大全说》第439页。

正统，王夫之坚持庄子所讥讽的儒生乃暖姝、濡须式的小儒，而不是孔子式的真儒。从这个意义上，程颐倡导的学圣人言行以成圣等观点皆在批评之列。真儒则是，不执定先圣先王之陈迹，明晓圣人顺应自然、教化万民的精髓，因时制宜，下而可以修己之德以赞太虚之和气，上则可以化成天下而不启兵端。据此，王夫之盛赞庄子虽然未能全体圣道，但能与化同流，而许之为“狂者”。

第三节　仁道与庄子之道

王夫之在《庄子通·叙》中说：“凡庄生之说，皆可因以通君子之道。”所谓“因以通”，是就庄子思想加以改造、提升，可以与君子之道相合。要明白这个论断，必须明白什么是王夫之所谓的君子之道，以及为什么庄子思想可以经过改造、提升而合于君子之道。王夫之论述“君子之道”说：“君子之道，则自于己性上存养者仁义礼智之德，己情中省察喜怒哀乐之则。”①可见，“君子之道”是存养本性中自有的仁义礼智之天德，是省察情感中的喜怒哀乐之准则。简言之，就是儒家的仁义礼智之则，或者说中和之道。

进一步，王夫之指出“君子之道”不是天地自然之道，而是人之所以为人之道，是“天道”在人中的具体化。一方面，他认为君子之道不是万事皆知，而是通过人为，合于天理；一方面，他指出君子之道兼备知识和能力，必须将知识付诸实践，才能算实现了君子之道。所以他结论说：“只此亦见君子之道非天地自然之道，而有其实事矣。”②君子之道，必有所为，“以人尽天”，这就是“有其实事”，绝不是纯任天然而无所作为。因此，王夫之的君子之道乃是人道，是儒家的循仁义礼智以修己相天之道。这样，王夫之

① 见《读四书大全说》第 491 页。

② 见《读四书大全说》第 494 页。

与庄子的根本区别昭然若揭。王夫之重视人道，以天道论证人道，以人道相天，赞化育民。庄子重视天道，任自然，反对人为。

明白王夫之所谓的君子之道，就不难发现王夫之如何通庄或如何改造庄子的思想。其方法就是援儒家之人道入庄子之天道。王夫之指出庄子的思想可以通君子之道后，接着说：

> 然而予固非庄生之徒也。有所不可“两行”，不容不出乎此。因而通之，可以与心理不背；颜渊、蘧伯玉、叶公之行，叔山无趾、哀骀它之貌，凡以通吾心也。心苟为求仁之心，又奚不可！[①]

这段话的意思是：我并不是庄子的门徒。生于现实世界，有无可奈何之时，也不得不采取庄子“两行”的做法。根据时势的需要，对庄子的思想加以利用，可以不违背自己的原则。像颜渊、蘧伯玉、叶公之行为，叔山无趾、哀骀它之容貌，都可以用来与自己的心理相通。其实，只要我的心不迷茫，始终保持求仁之心，就可以利用庄子的思想。这里，王夫之否认自己完全接受庄子的思想，指出自己只是权且借重庄子的思想，如“两行”，以处乱世。虽然借用了庄子的思想，但是自己的心仍然为“求仁之心”。可见，“求仁之心”既是君子之道的根本，也是王夫之通庄的根本准则。王夫之在《诗广传》中更明确地表达了这种“通庄”的原则。他说：

> 人情之无端，是其是，非其非，不言而一任其自然，此齐物之术也。弗获已，而于不可治之世议处己之道，姑用此尔乎！[②]

由上述可知，王夫之所谓的庄子思想可以通君子之道，是将庄子的思想

---

① 王夫之：《庄子通》，见《船山全书》第13册，叙第493页。

② 王夫之：《诗广传》，见《船山全书》第3册，第471页。

与儒家的仁义之道相通，或者说，是以求仁之心来利用庄子的思想，使庄子的思想服务于儒家的修身成己以平天下的理想。按照这个原则，王夫之对庄子的诸多概念加以改造利用，表现在王夫之通过吸取庄子的顺化、养生、自然等思想，提出寓庸、循斯须、因理达权等主张。同时，也是基于这个原则，王夫之对《庄子》各篇的思想做了定性和分类，认为内篇是庄子的思想，外、杂篇是庄子后学的模仿之作，《让王》等四篇则是赝作。

第二章

王夫之对《庄子》内外杂篇作者的判定

王夫之认为,《庄子》非成书于一人之手，应该是庄子后学多次编纂而成。他基本上认为内篇是庄子的作品，而外、杂篇为庄子后学的作品。他以内篇的思想和风格作为标准，判定外、杂篇与庄子的思想或风格的关系。他评价外篇说：“盖非出一人之手，乃学庄者杂辑以成书。”(《庄子解》：76）对于杂篇，他认为“言虽不纯”，但能“发内篇未发之旨”“学庄子之学者，必于杂篇取其精蕴，诚内篇之归趣”(《庄子解》：196），是学习庄子思想的入手处。

第一节　内篇及《寓言》《天下》为庄子作品

以下我们分别谈论王夫之是如何论证内篇、《寓言》《天下》是庄子的作品的。

一、内篇是庄子的作品

首先，在评解《天下》篇时，王夫之根据庄子对惠施的评论指出，庄子“或因惠子而有内七篇之作，因末述之以见其言之所由兴”。意思是，庄子是在与惠施辩论的过程中写成内七篇的，故在《天下》中提及惠施，说明自己学说兴起的渊源。梁漱溟也指出，王船山《庄子解》的卓识之一就是认为

“内篇为庄子原著”。[①]

其次，从文章风格上，王夫之以内篇为参照来评价外篇，也说明他认为内篇是庄子的作品。

> 外篇非庄子之书，盖为《庄子》之学者，欲引申之，而见之弗逮，求肖而不能也。以内篇参观之，则灼然辨矣。（《庄子解》：76）

这里，王夫之肯定外篇不是庄子的作品，只是学习《庄子》的人的模仿之作。其断定标准就是内篇。这个对比说明他认定内篇是庄子的作品。那么，外篇与内篇到底差别在哪里呢？王夫之接着说了很多，其大义是：内篇意思一贯、言博指约、圆而不滞、不党邪以丑正、超越老子的矫激权诈；外篇则意思不连贯、言穷意尽而缺乏神理、文章死板、思想偏执，以致忿戾诅诽。据此，他断定外篇乃是学庄之人杂乱地编辑而成，并没有真正领会庄子的思想。根据这个标准，他若判定外篇不是庄子的作品，就必须承认内篇是庄子的作品。否则，以非庄子的作品判定外篇，也决不能断定其与庄子作品的关系。

再次，从思想内容上，王夫之认定的庄子的思想基本上是内篇的思想。他在《刻意》篇注解说：

> 庄子之学，虽云我耦俱丧，不以有涯之生殉无涯之知，而所存之神，照以天、寓诸庸，两行而大小各得其逍遥、怀之含之、以有形象无形，而持之以慎、德不形而才自全、渊涵天地万物而不出其宗，则所以密用其心，固以心死为悲。（《庄子解》：132）

在这里，王夫之用十多个短语概括了庄子内七篇的思想主旨。“我偶俱

---

① 梁漱溟：《梁漱溟全集》第7卷，山东人民出版社，1993年版，第854页。

丧”是《齐物论》的“吾丧我”。“不以有涯之生殉无涯之知，而所存之神”即《养生主》的去知以养神。“照以天、寓诸庸，两行而大小各得其逍遥”，既是《齐物论》中对待物论的方法，也是达到逍遥的方法。“怀之含之”也是消除物论的方法，在于怀藏知识而不外示，不与人争辩。“以有形象无形，而持之以慎”就是不执有形之形体，而冥合于道，是《大宗师》的思想。“德不形而才自全”，即《德充符》孔子对哀骀它的评价。“渊含天地万物而不出其宗”，像深渊那样包容天地万物，而不与大道相离，乃《应帝王》的主旨。所谓“以心死为悲”，也是《齐物论》之语：“其形化，其心与之然，可不谓大哀乎？”可见，王夫之认为的“庄子之学”主要是指内篇的思想。

另外，在《庚桑楚》中的注解中，王夫之也同样表明了这个观点。他说：

> 庄子之旨，于此篇而尽揭以示人：所谓“忘小大之辨”者此也（但是《逍遥游》并不强调“忘小大之辨”，这是庄、王之不同）；所谓“照之以天”者此也；所谓“参万岁而一成纯”者此也；所谓“自其同”者此也；所谓“目无全牛”者此也；所谓“知天之所为”者此也，所谓“未始出吾宗”者此也。（《庄子解》：197）

“忘小大之辨”正是王夫之所谓的《逍遥游》的主旨；“照之以天”“参万岁而一成纯”，是《齐物论》的主旨。“自其同”即《德充符》“自其同者视之，万物皆一也”的缩写，是成德之人的写照。“目无全牛”出自《养生主》，意思是人若悟道，自然超越形体，而不见形体，合于道。“知天之所为”是《大宗师》首句，王夫之引用的意思在于指示《大宗师》篇的主旨。“未始出吾宗”则是《应帝王》壶子体道的写照。总的来说，王夫之所谓的庄子之旨仍然是内篇的思想。但是既然《庚桑楚》将庄子的思想“尽揭以示人”，那么是不是它也是庄子的著作呢？我们将在下一节论及。

王夫之在其他地方的论述也说明他认为内篇中之具体篇章是庄子的思

想。例如，他在《齐物论》解题时说："此庄生之所以凌轹百家而冒其外者也。"（《庄子解》：10）认为《齐物论》正是庄子超越其他各家之所在。

二、《天下》和《寓言》是庄子的作品

王夫之明确表示《天下》是庄子本人所作。他说："或疑此篇非庄子之自作，然其浩博贯综，而微言深至，固非庄子莫能为也。"（《庄子解》：277）"浩博贯综，而微言深至"也是王夫之对内篇的评价。可以看出，王夫之认为，《天下》的文章风格与内篇的风格一致，唯有庄子本人才能写出这样的绝妙文字。

王夫之认为《天下》与《寓言》二篇乃《庄子》全书的"序例"。所谓序例，就是今人之书的序和跋，交代著书的缘由和阅读此书的方法。从这个角度，也可以看出，王夫之倾向性地认为《天下》篇应当是庄子本人的著作。他以《孟子·尽心下》和《史记·太史公自序》的体例来比较《天下》，认为庄子同孟子和司马迁一样，在《天下》中"历述先圣以来，至于己之渊源"。接着，他指出，庄子之所以不标新立异，将自己置于诸家之中，是因为他认识到，虽然自己的学说可以超越诸家的学说，但是，一旦用言语表达出来，就不足以穷尽无穷的大道。所以，他也说"古之道术有在于是者"，甘愿像诸家一样，表面上也是只见古之道术的一偏。自己的言论与别人的言论混而为一，无彼此之分，那么所有的辩论、声响都可以齐同。

王夫之接着猜测，庄子之所以将自己的学说放在诸家学说之后，作为学说争论的归宿，是因为庄子认为"言不达意"，希望后人能够理解他学说的言外之意。这就是王夫之所说的：

> 于此殿诸家，而为物论之归墟，而犹自以为未尽，望解人于后世，遇其言外之旨焉。（《庄子解》：285）

可以说，在王夫之看来，《天下》是庄子对自己作内篇的原因的表白，

也是对自己学说的一种评价。这与王夫之认为，从风格上，《天下》只能出自庄子之手的论断是一致的。但是，文章风格只能定性地判定一篇文章是否属于某一学派，而不能断定就是属于某个人。王夫之自己也承认外、杂篇中有学庄子学得很像的，如《秋水》《知北游》和《庚桑楚》等。因此，王夫之并不能仅仅依靠文章风格就排除《天下》为庄子后学写作的可能。而且，《天下》篇对天人直至民众、六经、诸子等评头论足，与《齐物论》中“六合之内，圣人论而不议；春秋经世先王之志，圣人议而不辩”的宗旨也是有出入的。最后，若《天下》篇是“全书之序例”（《庄子解》：246），那么它必须出现于外、杂篇之后。这既关系到庄子本人是否能活到其弟子将这些篇章汇集成书之时，也关系到如何解释《胠箧》篇所载“田成子一旦杀齐君而盗其国”而“十二世有齐国”的史实，因为后者“十二世有齐国”明显地晚于庄子百年。因此，我们对王夫之的断定只能存疑。

《寓言》到底是不是庄子的著作，王夫之没有明确指出。从他认为《寓言》和《天下》是《庄子》全书的序例来看，可能认为《寓言》是庄子所作。因为只有庄子能够规定《庄子》的文章风格和写作方式。“寓言十九，重言十七”，如果将含虚托的人物，如王骀、长梧子等故事算作寓言；将含历史上或有的人物，如尧、司马子期等算作重言，那么按照孙以楷等人的统计考察，内篇所含正好是寓言十九条，重言十七条。因此说，《寓言》为内七篇之序例，大约是可能的。[①]由此可以推断，《寓言》很有可能是庄子本人所作。但是，孙的解释将《庄子》缩减成内七篇、《寓言》和《天下》，就没法解释为什么《庄子》是三十三或五十二篇的历史记载。

王夫之对《寓言》的注解也表明他认为《寓言》应当是庄子所作。因为王夫之的注解是完全站在庄子的角度上说的。王夫之说：

> 庄子既以忘言为宗，而又繁有称说，则抑疑于矜知，而有成心之师。

① 孙以楷、甄长松：《庄子通论》，东方出版社，1995年版，第47页。

> 且道惟无体，故寓庸而不适于是非，则一落语言文字，而早已与道不相肖。故于此发明其终日言而未尝言之旨，使人不泥其迹，而一以天均遇之。（《庄子解》：246）

意思是，庄子虽然于《齐物论》倡导忘言，但是自己又著述言说。这就会使人怀疑庄子也在矜示自己的智慧，怀有成心。道没有形体可执，故可以寓庸随成、无是无非。但是，一旦以文字语言将道表述出来，所表述的东西早已不是道。因此，庄子在《寓言》发明终日言说，却不曾言说的宗旨，使人们不执着语言等形迹，而以天均、大化的思想来神会自己的思想。王夫之这段话似乎表明，《寓言》是庄子的自我辩护，其前提当然是认为是庄子所作。

进一步，王夫之指出："以此读内篇，而得鱼以忘筌蹄，勿惊其为河汉也。"（《庄子解》：246）明确表明，《寓言》是庄子专门教人读内篇的方法。因此，本文倾向于认为，王夫之以为《寓言》是庄子的作品。

但是，王夫之在揭示《寓言》篇为何列于《庄子》全书篇中而不是篇头或篇尾时，却显得武断臆测。在声称《天下》和《寓言》乃《庄子》全篇之序例之后，王夫之解释说：

> 古人文字，序例即列篇中；汉人犹然，至唐乃成书外别为一序于卷首，失详说乃反约之精意。（《庄子解》：246）

但是，我们查看《史记》和《汉书》，序例皆列于篇尾，并没有列于篇中。至于他说："其《列御寇》篇，夹于二篇之中，亦古人错综不滞之文体；不可以唐宋之局法例之。"（《庄子解》：246）更属于主观臆测，无法解释《寓言》篇为何出于《列御寇》篇之前。近人余嘉锡对此做了反驳。余指出，从先秦至汉初，大部分著作都是以单篇文章的面貌流传，如《管子》《晏子》《庄子》，都是从刘向、刘歆校书才被编为一书的。那么先秦著作中所谓的一书“序例”，就难以形成通例。先秦书籍中也有已经编定的，如《诗》《书》，其《诗序》《书序》为单篇流传，“古者序为一篇，后人始引之各贯篇首”[①]。

余嘉锡的论述给我们一个启示：《寓言》篇首段很可能是庄子自述，是对自己所作之文章的阅读指导，而且是像《诗序》《书序》那样单篇流传的。问题是，庄子死后，其弟子将庄子的作品与弟子的作品汇集成书。估计最初的汇集在二者之间还是有分别的。弟子为了光耀师们，崇尚庄子，作《天下》以殿全书。待后来刘歆，特别是郭象等人编纂时，打乱了原来的顺序，以《逍遥游》等命名内七篇，塑造一个思想整体，而以《天下》殿全书。但是，郭象等在处理《寓言》篇时显得草率了。王夫之看到了《寓言》篇乃全书之序例是非常睿智的，但是他却根据郭象之错排误认为《天下》乃是庄子所作。

第二节　《让王》《盗跖》《说剑》《渔父》为赝作

王夫之明确指出，《让王》等四篇是赝作。在《庄子解·杂篇序》中，他声明：《让王》《盗跖》《说剑》《渔父》四篇，从苏轼以来就被认为是赝作。他又从文辞上加以贬低，说这四篇“粗鄙乖戾”，真像庄子所说的天机浅陋、理屈词穷之人的言语。其实，无论对四篇的定性还是评价，王夫之基本上延续了苏轼的观点。苏轼曾经于《庄子祠堂记》中猜测道：“余尝疑《盗跖》《渔父》，则若真诋毁孔子者。至于《让王》《说剑》，皆浅陋不入于道。”但是，苏轼没有给出论证。王夫之却直接将苏轼的猜测落实，对四篇进行攻击：

---

① 余嘉锡：《目录学发微》，巴蜀书社，1991年版，第18页。

《让王》称卞随、务光恶汤而自杀，徇名轻生，乃庄子之所大哀者。盖於陵仲子之流，忿戾之鄙夫所作。后世因庄子有却聘之事，而附入之。《说剑》则战国游士逞舌辩以撩虎求荣之唾余。《渔父》《盗跖》则妒妇詈市、瘈犬狂吠之恶声。列之篇中，如蜣螂之与苏合，不辨而自明。（《庄子解》：196）

这里，王夫之指出，《让王》作者不理解庄子“哀莫大于心死”的道理，殉名轻生，正是庄子所批判的。这个作者应当属于於陵仲子那种固执不化、怨愤粗鄙的人。这个作者因为听说庄子辞退楚国聘请的故事，便作《让王》混入《庄子》之中。《说剑》乃战国时代纵横家游说君主，追求荣华富贵之唾余。文中说庄子不接受聘礼却往见太子，显得庄子有自我炫耀、施展技能的倾向。这与庄子“曳尾涂中”“不做牺牲之犊”的思想完全背离。因此，这篇文字也只能是不善学庄子的人所作。《渔父》《盗跖》与《庄子》其他篇章比较，就像屎壳郎与苏合香放在一起，明显不是《庄子》之文。而且，这两篇文辞粗鄙，就像妒妇骂街、疯狗乱叫。

王夫之的判定有一定道理。例如，《说剑》篇提到的为赵文王说剑，按钟泰的考证，赵文王即赵武灵王之子惠文王。庄子当梁惠王、齐宣王之世，而惠文王之立，在梁襄王二十年、齐湣王十五年，时庄子即未死，亦已老矣。且庄子不受魏、楚之聘，安得以赵太子悝一言见惠文而说剑哉！[①]钟泰的考证说明《说剑》乃后人依托庄子而作，或推崇庄子，或传播己说，但是并不能排除是庄子后学所作。

王夫之之所以严厉指责《渔父》《盗跖》二篇，一个原因就是这两篇文字明显地诋毁孔子，诋毁王夫之心目中的圣人。撇开对孔子的批判，我们可以看出，这两篇的内容主旨在于守真、守天。虽然盗跖有顺性纵欲的倾向，但是二篇在守真或守天这一点上是一致且连贯的。其实，它们对孔子的批判

① 钟泰：《庄子发微》，上海古籍出版社，1988年版，第716页。

也是就孔子“弃真”“灭天”方面说的。这种批判显然与外篇《骈拇》《马蹄》《胠箧》等对儒家的批判一致。但是，我们并不能因为这两篇批判孔子就认为它们不是庄子后学的著作。因为庄子虽然对孔子没有明确的批判，但是批判已经暗含于言辞之中。庄子后学在儒家日益拘于礼节、死守先王之道的背景下，如孟子言必称三王，不得不明确地对儒家进行批判，这也是学术发展之必然。王夫之执定庄子没有批判孔子，就认为庄子后学也不能批判孔子，未免有点太主观了。

王夫之更从文章体例上断定，《让王》等四篇“为无知小人之掺入”。王夫之的根据又是苏轼《庄子祠堂记》中的一个推断：《寓言》的末段“阳子居南之沛”与《列御寇》的首段“列御寇之齐”从句法和文意上相连，“是固一章也”，而结论是四篇乃不明白庄子之言的愚昧之人所插入。他辩解说：“其《列御寇》篇，夹于二篇（《寓言》和《天下》）之中，亦古人错综不滞之文体。”（《庄子解》：246）王夫之注解《寓言》“阳子居南之沛”一段后，说“此段应在《列御寇》篇首”，更表明了他的立场。其实，苏轼和王夫之这种观察只能证明《庄子》原来的章节被郭象等人在编纂中打乱，但并不能断定四篇是“无知小人之掺入”。按照二者的逻辑，我们何尝不可以认为《外物》篇末段“尧让天下与许由，许由逃之”与《让王》首段“尧让天下与许由”乃一体，而且后者是对前者的解说。

而且，王夫之的断定也与其前的历史记载不一致。《史记·老子韩非列传》载有相反的看法，说：“庄子者……故其著书十余万言，大抵率寓言也。作《渔父》《盗跖》《胠箧》，以诋訾孔子之徒，以明老子之术。”苏轼也知道这个记载，但是他认为司马迁乃“知庄子之粗者”，甚或说不懂庄子，而未加思考。朱熹则认为《人间世》《天下》和《渔父》同为庄子所作，说：“观其第四篇《人间世》及《渔父篇》以后，多是说孔子与诸人语，只是不肯学孔子，所谓知者过之者也。如说‘易以道阴阳，春秋以道名分’

等语，后来人如何下得！”[①]相比较，王夫之更是忽略司马迁和朱熹的记载评价而证成己说。

第三节　外篇及杂篇的其他篇为庄子后学所作

王夫之明确断言外篇不是庄子本人的作品。在王夫之看来，外篇的特点是：蠢驳不连贯，言多而意寡，固执粗说而不圆，忿戾怨诽，党邪不正，且不能活用和超越老子的思想。根据这个判断，王夫之认为外篇不但不是庄子本人的作品，而且也不是一个人的作品，应当是庄子后学“杂辑以成书”。（《庄子解》：76）例如，他注解《天道》“士成绮见老聃”段说：

> 此节于庄子之旨为合，但上下不相为类。……外篇之文，杂纂而无定论，纯驳相间，非有得于庄子之言者所撰次，益可见矣。（《庄子解》：119）

他接着指出外篇可“与内篇相发明者，十之二三”（《庄子解》：76），意思是外篇多数篇章不能畅发或引申内篇的微言大义，只有少数篇章有这样的功能。这少数篇章就是王夫之费笔墨较多的《天地》《秋水》《达生》《田子方》《知北游》。其他篇章，王夫之则直接批评，如他说：“其（指外篇）间若《骈拇》《马蹄》《胠箧》《天道》《缮性》《至乐》诸篇，尤为悁劣。”（《庄子解》：76）之所以有如此的评价，因为在王夫之看来，这些篇章不符合内篇的宗旨和文章风格。

除了总体评价外，王夫之对外篇各篇也有自己的评价。他批评《骈拇》对“至正”“常然”表达不精、矜气固执，断言不是庄子之言。（《庄子解》：76—77）同时，批评《胠箧》固执成心，死守老子“圣人不死，大

① 黎靖德编：《朱子语类》，中华书局，1994年版，第2989页。

盗不止”以为真理，而不达庄子寓庸、两行的含义。(《庄子解》：85）又言，《在宥》虽然言说有条理，但是间杂老子的学说、滞而不圆，也不是庄子的学说。(《庄子解》：90)《天道》篇不但不合于庄子之旨，而且也与老子不完全相合。言语前后相互矛盾。不但不是庄子之书，也不是善于学习庄子的人所作。据此，王夫之推测，《天道》可能是“秦汉间学黄老之术，以干人主者之所作也”(《庄子解》：114)。《刻意》虽然欲畅发《养生主》《大宗师》之旨，却沦为执粗迹而忘精义。并于此发表见解说：“外篇非庄子之书，于此益验矣。”(《庄子解》：132)《缮性》语言杂乱，前后不合，归其要旨于“不以轩冕为志，而叹有道之人不兴而隐处”，虽然不完全背离庄子，但庄子思想决不如此狭隘。据此，王夫之推定，此篇乃不得志欲的当时之人所作。(《庄子解》：135)《至乐》以死为乐，明显地背离庄子“奚暇至于悦生而恶死”的两行态度，因此，“此盖学于老庄，掠其肤说，生狂躁之心者所假托也”(《庄子解》：149)。

其他篇章，王夫之认为《马蹄》《天运》是为老子作训诂；《天地》在于畅发无为之旨，与《应帝王》相发明；《秋水》推广扩充《逍遥游》《齐物论》的思想；《达生》阐述《养生主》《大宗师》的学说；《山木》阐明《人间世》的旨意；《田子方》明确《齐物论》“照之以天”的思想；《知北游》推广“自然”之旨意。可见，王夫之对外篇并不是一概否定。他称赞《达生》说：“虽杂引博喻，而语脉自相贯通。且其文辞沉邃，足达微言。虽或不出于庄子之手，要得庄子之真者所述也。”但是，据此，他进一步强化自己“外篇非庄子之书”的结论，说：“外篇非一人之笔，肤陋者与深醇者相栉比而并列，善读者当自知取舍也。”(《庄子解》：155)

在行文注疏中，王夫之也多有评价，表明自己对外篇的判断，今不一一列举。

王夫之对杂篇的判定没有外篇那么明确。但是，我们如果以他判断外篇非庄子之书的标准来考察杂篇，也不难发现他对杂篇的看法。王夫之是以内篇的内容和风格判断外篇不是庄子的著作的，当然，这个标准也可以适用于对杂篇的判断。前面指出，王夫之认为，庄子的思想，“意思一贯、言博指约、圆而不滞、不党邪以丑正、超越老子的矫激权诈”。根据这个标准，首先可以确定，除《庚桑楚》《寓言》《天下》之外，其他篇章皆不是庄子的著作。因为王夫之认为这些篇章意思不连贯。他说：

> 杂云者，博引而泛记之谓。故自《庚桑楚》《寓言》《天下》而外，每段自为一义，而不相属，非若内篇之首尾一致，虽重词广喻，而脉络相因也。（《庄子解》：196）

至于剩余的三篇，前文已经说明王夫之认为《天下》和《寓言》是庄子的作品，则需要澄清的只有《庚桑楚》一篇而已。在《庄子解·庚桑楚》最后一段，王夫之在述说了天均、寓庸等含义之后，对《庚桑楚》的结论是：“言此以明休天均者之所以阅人阅世而应帝王，究亦未始出吾宗，是庄子应迹之绪论也。”（《庄子解》：210）意思是，休于天均，阅人阅世以主宰天下，都不外乎道。但是，这些却不过只是庄子应迹的绪余之论。这表明，《庚桑楚》全文只是对庄子思想的实践应用，是庄子思想的余波，并不是庄子思想的全体。据此，我们可以推断，王夫之很有可能认为《庚桑楚》是庄子后学的作品。

通过以上对王夫之内、外、杂篇的划分，我们发现王夫之与今人的流行观点基本相同。只是今人对《天下》《寓言》的作者仍然争论不休。虽然王夫之认为《天下》和《寓言》为庄子内、外、杂篇之序例，是庄子的作品，但是王夫之也遇到了不可克服的矛盾。因为既然二者是内、外、杂篇之序例，则表明王夫之认为这两篇成文于其他篇章之后。那么即使除去那些王夫之认为非庄子之书的伪托和赝作诸篇，王夫之仍然得承认《庄子》成书于庄子去世以前。否则，《天下》和《寓言》便不可能为内、外、杂篇的序例。但是，王夫之又认为《庄子》不但不是一人所作，而且不是一时所作，甚至认为《天道》为秦汉间人所作，则无形中与《天下》《寓言》为内、外、杂之序例相矛盾，因为庄子不可能活到秦汉之间。鉴于此，孙以楷等修正王夫之的观点，认为《天下》是内篇的跋，《寓言》是内篇的序，但是孙以楷没有敢声明这两篇定为庄子所作。据此，孙认为《寓言》《天下》之所以被排列到现在的第二十七篇和第三十三篇的位置，是由于后人编纂，将别的文章置于此二篇之前所致。[①]

① 孙以楷、甄长松：《庄子通论》，第47页。

第三章

王夫之研究《庄子》的方法

王夫之对《庄子》的注解可以从下述的三个方面理解。从解庄的目的上，王夫之是为了从《庄子》那里吸取积极的有利于儒家修身、平天下的成分；从对待《庄子》的态度上，他认为庄子的思想可以与儒家的修身、平天下思想相通，可以被改造成君子之道。从具体的注解过程看，王夫之是“以儒通庄”，试图将《庄子》的某些概念或命题赋予儒家思想的含义。王夫之这种做法并不是偶然，也不是他个人首创。其实，早在王夫之之前，郭象已经将《庄子》的某些概念儒家化，为“名教即自然”论证。当然，王夫之自己也意识到不能过分歪曲《庄子》的原意，否则，《庄子解》也失去了注解的意义，因此，在不妨碍儒家思想或与儒家思想不明显对立的地方，王夫之尽量尊重庄子的原意。总的来说，虽然表面上我们说王夫之的解庄方法有三，其实可以归结为一点，就是：王夫之是以儒家思想，特别是《中庸》的“赞天地之化育”、《论语》的“知生知死”，来注解《庄子》的，即“援儒入庄”。

王夫之虽然称其书为《庄子解》，但是其解庄方法并不是解释《庄子》文本，而是文本批判和评价，从自己的角度述说庄子的短长。他也用解释学循环，也就是说，以庄子及其弟子所处的时代和写作风格来断定《寓言》《天下》以及内外杂篇的作者和真伪。例如，他从写作风格断定内篇为庄子本人所作，进而以之断定外篇、杂篇非庄子所作。他以《天下》篇对惠施的评价说《天下》乃庄子所作，并进而推论说《庄子》因与惠施辩论而成。在行文之中，间或也做了一些句子或术语解释，但这不是全书的主要特点。

第一节　“入其垒，袭其辎”的实用态度

王夫之虽然以儒家正统自居，但是对儒家外的“异端”思想并不是全盘否定。在《老子衍·自序》中，他建议对待异端应当“入其垒，袭其辎，暴其恃，而见其瑕”，也就是进入他们的营垒，袭取他们的财富，揭示他们的依据，发现他们的缺点，从而改造他们的思想财富，为我所用，弘扬和恢复儒家的君子之道。可以说，这是王夫之对待异端的大纲，也是他注解《庄子》的准绳。

以道家的“虚”为例，王夫之首先肯定“虚”在乱世中自全全人之功用，说：

> 唯养无用，而去知以集虚，则存于己者定而忘人。生死可外，而况于名？物不能伤，而后庶几于化。此篇为涉乱世以自全而全人之妙术，君子深有取焉。（《庄子解》：34）

在他看来，如果一个人能够去除自己的知见，虚己以待人接物，就可以忘记生死得失，从而不为外物伤害，达到合于大道的境界。不仅如此，“宅心于虚”还可以感化他人。他说：

> 若然者，凝神以坐，而四应如驰；即有不止者，亦行乎其不得不行。则有鸣可也，不鸣亦可也。暴人之茀然自失，而化之于无迹矣。禹之于舜，舜之于尧，亦此而已。虽暴人亦无容不以此也。圣狂在彼，而虚以待之者存乎我；皞天之所以化物，伏羲、几蘧之所以化民，皆此而已矣。（《庄子解》：40）

若然者，指一个人能够宅心于虚。言若能够宅心于虚，就能够“外无耦（对象）而内无我”，就能够心顺于道，而不以耳目取舍外物，就能够凝神镇定而迅速恰当地处理万事，言说与不言说都各得其分。像卫君那样的暴人就会迅速怅然若失，失其所据，而被感化于无形之中。禹之感化舜，舜之感化尧、天之感化万物，伏羲、几蘧感化万民都是如此，当然卫君也不可能例外。

那么如何才能“虚”呢？王夫之要求必须忘生死或超越生死，说：“不悦生而恶死，而后其虚也果虚也，其一也果一也。”当然，五官百骸并不知道悦生恶死，而是“心悦之，心恶之”。因此，王夫之建议，要做到真正的“虚”或不悦生恶死，就必须忘记自己的心：“自事其心，事者无事也。事无事，则心无心矣。忘其心乃可以忘其身。”（《庄子解》：41）意思是，无所执着、安时顺化，自然可以忘心忘身。

王夫之也看到了老子和庄子后学将“虚”实体化的倾向。针对《天道》“以虚静推于天地、通于万物”的观点，他批评说：

> 虚静之中，天地推焉，万物通焉，乐莫大焉。善体斯者，必不嚣嚣然建虚静为鹄而铙心以赴之，明矣。[1]

王夫之的批评很可能是针对老子的“致虚极、守静笃”（老子第16章）而发。他批评老子滞于虚静而陷于“玩世”的境地。老子发现虚、静、柔弱可以避免外物之伤害，过分推崇这些手段以与世人交接，结果他（老子）“黏滞乎虚而虚亦玩心”[2]，游戏于万物之中，游戏人生。相对地，王夫之指出，虚、静是心德或心灵境界，不可将之视为一“物”。

---

① 王夫之：《庄子通》，第508页。

② 王夫之：《尚书引义》，见《船山全书》第2册，第360页。

"运而无所积"，则谓之虚；古今逝矣，而不积其糟粕之谓也。"万物无足以铙心"，则谓之静；以形名从其喜怒之谓也。虚静者，状其居德之名，非逃实以之虚，屏动以之静也。[①]

"运而无所积""万物无足以铙心"，出自《庄子·天道》。天道运行而没有滞碍，称之为虚。虚则能够安时顺化，心无所执，不遗留糟粕于世间。万物不足以扰乱心神，则称之为静。静则能够根据外物的形状和名称，有喜有怒，而不立己意。虚静，只是描述天道和圣人之德的名词，不是与实、动相对的一物。

王夫之也认为虚不仅是天道之德，也是圣人之德。他说：

虚者，天下之至正也。（《庄子解》：174）

吉凶无成心，故曰虚。[②]

虚者，君子所以受人也。君子于已皆实，受物则虚，善用虚实矣。若宅心皆虚，不尽其实则是不诚无物，恶足以受天下哉！老庄之诡于易也以此。[③]

这样，通过对"虚"的多方评价，王夫之将"虚"改造成了君子之德，是君子所以受人的方式。虚作为心之德，本质在于没有成心，不执着外物。老子的错误就在于以虚、静为某一物，执之以为宝，与天下相玩。"宅心皆虚"是说老子心中没有实理，只是若佛教之空诸所有，所以不能称之为"诚"，不足以容纳天下。基于对老子的这种判断，王夫之认为老子怀有机心，"宅于虚以待阴阳人事之挟实而来者，穷而自服"（《庄子解》：284）。

对于庄子的"两行"，王夫之也采用了类似的手法。他肯定"两行"的

---

① 王夫之：《庄子通》，第507—508页。

② 王夫之：《张子正蒙注》，第377页。

③ 王夫之：《周易大象解》，见《船山全书》第1册，第716页。

优点，认为它超越了老子的固执机心，而合同于大化，说：

> 若庄子之两行，则进不见有雄白，退不屈为雌黑；知止于其所不知，而以不持持者无所守。虽虚也，非以致物；丧我而于物无撄者，与天下而休乎天均，非姑以示槁木死灰之心形，以待物之自服也。……其高过于老氏，而不启天下险侧之机，故申韩孙吴皆不得窃，不至如老氏之流害于后世。（《庄子解》：284—285）

文中，王夫之称赞庄子的“两行”：进不知有雄强和明亮，退不为柔顺和冥昧。知道休心于自己不知道之处，以无所持守来持守，而归于无所持守。即使任虚，不是为了诱引外物。没有物我之分，与外物不相搅扰。这样，与天下一起止于大道之中，而并不是向外界显示出槁木死灰的心形，等待外物来投。他认为两行的思想超过老子，不向天下开启险诈不测的机巧，因此，申不害、韩非、孙膑、吴起等都不能窃取庄子的思想，为害天下。

这里王夫之袭取的“辎”就是吸取庄子的“两行”。“两行”超越了老子的“致虚守静”，随遇而安，无所知，无所守。虚而不执，无我而与天下同于大化，不像老子那样守虚居静以待外物，怀机心以操纵天下。

但是，王夫之并不认为“两行”就是君子之道。前面《庄子通·叙》中，王夫之指出，“两行”只是居于乱世的权且之道，还不足以为君子之道。因此，王夫之要以“求仁之心”通庄，使庄子的两行等思想得到升华。

第二节　坚持儒道可以互通

王夫之基本上认可了苏轼《庄子祠堂记》的观点，认为《庄子》的许多方面与儒家圣人的思想是一致的。“其非毁尧舜，抑扬仲尼者，亦后世浮屠诃佛骂祖之意。”（《庄子解》：280）因此，王夫之特别注重以“儒道互通”

的方法来评论《庄子》。可以说，这既是王夫之注解《庄子》的缘由，也是他注解《庄子》的方法。

一、不昧大易、《论语》之知生知死

王夫之非常欣赏《庄子·达生》"能移以相天"的命题，认为这个命题与《易传》和《论语》所言的生死之理相通，值得借鉴。他说：

> 读《庄子》者，略其曼衍，寻其归趣，以证合乎《大易》"精气为物，游魂为变"，与《论语》"知生"之旨，实有取焉。孔子许狂者以不忘其初，其在斯乎！（《庄子解》：156）

王夫之要求人们从《庄子》的汗漫言辞中发现被掩盖的真理，或者说庄子的真正意旨。在他看来，这个意旨是与《易传》和《论语》中关于生死幽冥的道理是一致的。据此，王夫之用孔子之言"狂者不忘其初"[①]赞扬庄子。这个"初"就是王夫之在《天下》篇的注解中所说的，庄子不忘记自己的学说来源于"六经之教"。"归趣"的内容就是"能移以相天"，就是顺从大化，

① 从上下文的意思可知，"狂者"应当指庄子。王夫之为什么称庄子为"狂者"，王夫之的称谓有没有什么特定的意义，倒是需要解释一下。"狂者不忘其初"出于《孟子·尽心下》，按照孟子的解释，子张、曾点都属于"狂者"，这种人的特点就是立志做"古之人"，向圣人看齐，但是"夷考其行，而不掩焉者"，也就是行动上不能达到自己的志向。但是，王夫之的"狂者"却有他自己的规定。王夫之说："通明之谓圣，炯然在心之谓明，始终一贯之谓通，变易之谓狂，惟意而为之谓易，今昔殊情之谓变。由此言之，彼异端者狂也，其自谓圣而适得狂者，罔念而已矣。"（《尚书引义》：389）这里，王夫之将异端归为狂者，这是与孟子不一样的。在他看来，圣者意念一贯，昭然自明于心。狂者按照自己的意念行事，前后不能保持一致。按照这个标准，王夫之认为庄子"罔念"，说："庄周曰逍遥，可逍遥则逍遥耳，不撄于害。所往而行，蔑不利也，固罔念夫枋榆溟海之大小也。"（《尚书引义》：390）相应地，他将曾点提升为圣贤，将曾点的"春风沂水""风兮舞雩"与庄子的"逍遥"区分开来，认为庄子逃避责任，不愿意承担现实世界的兵农礼乐之事务，目的只在于图个清闲自在，而于相天成化之意义了不关心或理解。曾点则顺儒家之理而行，无所逃避，欣然承担应尽的责任，相天成化。（《读四书大全说》：764）

没有执着，安生安死，保全自己的形神，达到相天赞化。

在《庄子·达生》看来，人之形神不过是一气之化生。气聚合则有形神，气散失则形神复归于天地之间。聚散不同，同为一气。明白这个道理，就可以安于生死，听从气的变合。这就是能移。《易传》“精气为物，游魂为变”讲的也是这个道理。精气聚合则成为万物，精气散失则为天地间之游魂。或聚或散，都是精气的变化。明白这个道理，就可以通达生死、鬼神的情状。

《论语》“知生”之旨指孔子对知生知死的论述。孔子的意思是，只有知道如何生，才可以知道如何死。王夫之的解释也是侧重于知生，只有知生之当为，才能知死。但是，王夫之侧重从本体论上指出生死、天人一理。一心于理，可以生不愧于人，死不愧于天。他说：“反诸其所成之理，以原其所生之道，则全而生之者，必全而归之；而欲毕其生之事者，必先善其成之之功：此所谓知生而知死矣。”[①]穷究自己被天地生成的道理（即一阴一阳之理），以探求自己生存的方式，就会知道，天地给了我一个完全的身体，我必须交还一个完全的身体。因此，一个人要想完成生之事务，必须首先欣赏天地成就我的功劳。这就是通过知生而知死。

在对《达生》的注解中，通过对浮屠、道士两种人的批判，王夫之揭示出“能移以相天”不仅“知生”，也达到了“知死”。他认为道士希望长生，却草率地处理死后之尸体。浮屠注重来世之果报，“而方生之日，疾趋死趣，早已枯槁不灵，而虚负其生”。只有“能移以相天”，才“庶乎合幽明于一理，通生死于一贯”（《庄子解》：154）。“能移”就是通过修为改变自己的气质，变本来的不纯之气为精纯和谐之气。能够如此，则有生之年，将不会作恶于人类和自然，死后形体消散也不会遗留恶戾之气于世间，从而达到善生而善死。明白这个道理，就可以通达鬼神的情状，知道生死的意义。

---

① 王夫之：《读四书大全说》，第752页。

二、不昧六经之源头

《庄子·天下》首先述说了古人道术的三个方面，一是度数，二是诗、书、礼、乐等六经，三是诸子百家之学。接着，对六经阐述说：“《诗》以道志，《书》以道事，《礼》以道行，《乐》以道和，《易》以道阴阳，《春秋》以道名分。”据此，王夫之评论说：“若其首引先圣六经之教，以为大备之统宗，则尤不昧本原，使人莫得而摘焉。”（《庄子解》：277）意思是，庄子以六经作为道术之正统和自己学术的源头，说明庄子还是推崇儒家的。庄子的这种做法，使别人无法指摘他为离经叛道。

王夫之认为庄子的学术渊源来自儒家的六经还有别的依据，这就是他认为庄子是子张的后学。王夫之说：

> 圣人之教，如天覆地载，无所偏倚，故云“不志于谷，不易得也”，而终不以辞禄为正。学者之心，不可有欲禄之意，亦不可有贱天职、天禄之念。况如子张者，高明而无实，故终身不仕，而一传之后，流为庄周，安得以偶然涉猎于俗学，诬其心之不洁乎？[①]

意思是，圣人的教导，像天一样无所不覆，像地一样无所不载，是没有任何偏颇的。孔子虽然说“不以利禄作为志向的人，不容易获得”，但是他并不以辞退俸禄作为正道。学者之心，不可怀有追求利禄的意念，也不可有鄙视正当的官职和利禄的念头。像子张这样的人，高明却没有切身体会圣人之言，选择了终身不做官。所以，他的学说传了一代之后，便变成庄周的学说。因此，不可因为子张偶然涉猎干禄之学，就说他的心不纯洁。

这是王夫之对朱熹《四书集注》发表的评论。以往学者，包括程颐、朱熹，都因为《论语·为政》有“子张问干禄”一条，就说：“子张学干禄，

① 王夫之：《读四书大全说》，第609页。

故告之以此，使定其心而不为利禄动，若颜闵则无此问矣。”[①]王夫之则反对这种解释。在王夫之看来，“子张学干禄”并不是说子张有追求功名利禄的心，而是他那个时代实有一种干禄之学，子张学习了这门学问而已。至于子张之心地，仍然洁净，不为世俗学问所染，不可诬陷他心地不洁。子张的过失不是染于世俗的功名利禄之念，而是过于洁己自高、不为功名利禄动念和终身不仕。因此，他的学问作风传了一代之后，便产生出庄子这样的狂放之人。总之，有心干禄和有心辞禄都不是圣门正学。子张不仕、庄子宁游戏于涂中皆有贱天职、天禄的念头，是不符合圣学相天成化、哺育民人的宗旨的。

这里，王夫之明确指出，庄子乃孔子弟子子张的再传弟子。考虑到孔子治《诗》《书》《礼》《乐》等六经[②]，以六经为教，并明确指出“兴于诗，立于礼，成于乐”（《论语·八佾》），子张作为孔子之弟子，不可能不谙熟六经而继承孔子的传统，以之传之于自己的弟子。《论语》中关于子张问政、问仁、问礼、问行和引《书》以论丧礼等，足以证明这个结论。其实，即使庄子不是子张的再传弟子，《庄子》中对《诗》《礼》《乐》的论述至少也透露出庄子对六经和孔子的思想还是很熟悉的。例如，庄子在《人间世》直接承认天地间君臣之分为大义、亲子之爱为大命，《天运》篇则以音乐来揭示大道，《天下》则批判墨子非毁音乐的不经，《外物》则讥讽儒以《诗》《礼》发冢盗墓，等等，都可以说明庄子及其后学对六经有深厚的理解和体验。由此可见，王夫之认为庄子不昧儒家六经的传统，是很有见地的，虽然他认为庄子为子张后学尚缺乏有力的证据。

---

① 朱熹：《四书章句集注》，中华书局，1983年版，第58页。

② 《庄子·天运》：孔子谓老聃曰：“丘治《诗》《书》《礼》《乐》《易》《春秋》六经，自以为久矣，孰知其故矣，以奸者七十二君，论先王之道而明周、召之迹，一君无所钩用。”

三、倡导内圣外王之道

王夫之认为内圣外王[①]乃儒家圣人之学，庄子之学也是内圣外王之一端，因此庄子之学与圣学可以相通。他说：“盖亦内圣外王之一端，而不昧其所从来，推崇先圣所修明之道以为大宗，斯以异于天籁之狂吹，是其所是，非其所非也。”（《庄子解》：280）所谓“不昧其所从来”，指庄子在述说自己学术渊源之时，首先提及儒家六经，其次又以儒家圣人的内圣外王之道作为归依，这就是“推崇先圣所修明之道以为大宗”。正是这个缘故，王夫之肯定庄子之学的思想价值，认为它不同于儒墨的物论是非。

但是，王夫之所谓的“内圣外王”是什么呢？庄子又何以能成为内圣外王之一端呢？王夫之有他自己的理解。首先，王夫之认为内圣外王之道就是天均。王夫之解释《庄子·天下》“圣有所生，王有所成，皆原于一”说：

> 一者所谓天均也。原于一，则不可分而裂之。乃一以为原，而其流不能不异，故治方术者，各以其悦者为是，而必裂矣。然要归其所自来，则无损益于其一也。一故备，能备者为群言之统宗，故下归之于内圣外王之道。（《庄子解》：278）

这段话解释了“一”“天均”与“内圣外王之道”之关系。“一”就是“天均”，而“天均”就是大化流行之自然。在王夫之看来，所有人文设施都应该以之为准。“一”本身最为完备，所以为内圣外王之道的全体，各种学说的正统和源头。这就是《天地》篇“通于一而万事毕”之意。苟能通于一，就能够若姑射山神人，自己“神凝”而“使物不疵疠而年谷熟”。“治方术者”指各种学说派别，是由源头发出的支流。这些支流彼此相异，各是其所是，非其所非。自这些学派支流看道之本体，则只见道的一个片面，而

---

① 关于内圣外王的含义，详见第九章。

不见全体，所以导致“道术的分裂”。但是，这些派别的片面只能遮蔽他们自己不见道体，并不能改变道自身的完备。“道”仍然是“一”，仍然为“内圣外王之道”。

由此可见，王夫之之所以认为庄子为内圣外王之一端，是因为庄子于“天均”有所见。“天均”从存在上就是一气之流行，也就是《知北游》“通天下一气也”；从性质上，就是自然。从人的体悟上，就是虚而无执，安时顺化，这就是王夫之所说的“丧我而于物无撄者，与天下而休乎天均”（《天下解》：284）。那么庄子是如何体悟到这个境界的呢？王夫之解释说：

> 尝探得其所自悟，盖得之于浑天。盖容成氏所言“除日无岁，无内无外”者，乃其所师之天，是以不离于宗之天人自命，而谓内圣外王之道皆自此出。而先圣之道、百家之说言其散见之用，而我言其全体，其实一也。（《庄子解》：284—285）

王夫之认为，庄子体悟大道的根据在于庄子对“浑天”有所认识。“浑天”就是容成氏所说的“除去日子和年岁的划分，泯除内外的差别”的状态。庄子以这个“浑天”为师，自视为与这个“大宗”合一的“天人”，掌握了内圣外王之道的全体。“浑天”其实就是庄子《应帝王》中的混沌。人能混沌其心，则时间、空间皆混而为一，没有今日、昨日的分别，没有内外的远近。王夫之认为，庄子认为内圣外王之道就是对浑天的体任和参悟，因此庄子以“天人”自命，认为自己的学说才是真正的不离本原的学说。先圣的大道、百家的学说只是述说浑天偶尔散发出来的功能，而庄子自己却论说浑天的全体。

虽然王夫之承认庄子于浑天而悟道，窥见内圣外王之一端，但是他并不同意庄子之自命为天人。相反，他批评庄子“不及”圣人之道、偷安懒惰，说：

究竟释、老之教，也只是不及，而不能过。尽他嗒然丧耦，栩然逍遥，面壁九年，无心可安，都是向懒处躲闪，丢下一大段不去料理。[1]

“嗒然丧耦，栩然逍遥”都是庄子的思想。王夫之为庄子的定性就是“向懒处躲闪，丢下一大段不去料理”。在另一处，王夫之则直接点名批评庄子为追求逍遥而怠弃人事，说：

看他说大鹏也不逍遥，斥鷃也不逍遥，则兵农礼乐、春风沂水了无着手处，谓之不凝滞于物。[2]

这些评论皆说明王夫之只同意庄子对内圣外王之道有所见，但是这个狂放之人的学说还需要充实以儒家的礼乐人道，才能真正完备。因此，王夫之同荀子一样，批判庄子“蔽于天而不知人”（《荀子·解蔽》）。

四、崇尚真儒，指斥小儒

王夫之认为庄子并不是真的反对儒家，他说：“庄子于儒者之道，亦既屡诮之矣。而所诮者，执先圣之一言一行以为口中珠，而盗发之者也。”（《庄子解》：279）意思是庄子所多次讥讽的“儒者之道”，是那些执先圣的言行陈迹以为道的人所认为的“道”，不是真正的儒家之道。像盗贼发墓，欲得死人口中的珠宝那样，一些儒生将在典籍中发现的先圣之言行作为真理，固执不化。

真正的儒者什么样？其所悟的道又是什么？在王夫之看来，真儒就是孔子等圣人，真正的道就是天均，就是内圣外王之道。针对庄子之言“以鲁国而儒者一人耳，可谓多乎”，王夫之评论说：

① 王夫之：《读四书大全说》，第795页。
② 王夫之：《读四书大全说》，第764页。

冠履佩服，皆步趋之迹也。凡言凡行而见为当者，皆冠、履、佩、服也，转变而穷矣。不死其心以不忘其大常，有待以生心而无故吾，夫乃可以不穷。唯夫子之奔逸绝尘，为能独立于儒门。（《庄子解》：180）

这里的“夫子”指孔子。意思是许多戴着儒帽、穿着儒服的人，都不过是执定先圣之陈迹以为宝，并不达圣人之微言大义。只有那些心合于大化，顺化而日新的人，才可以因应无穷，成为真儒。可见，王夫之的真儒观与庄子是一致的。

针对“天均”，他说：

且夫天均之一也，周遍咸而不出乎其宗，圆运而皆能至。能体而备之者，圣人尽之矣。故或迩言之，易言之，而所和于天倪者，则语不能显，默不能藏，自周浃隐跃于其中，乃以尽天下事事物物，人心之变变化化。志也、事也、行也、和也、阴阳也、名分也，时为帝而无乎不在；六通四辟，小大精粗，宗皆不离，不必言天均，而自休乎天均矣。……盖君子所希者圣，圣之熟者神，神固合于天均。则即显即微，即体即用，下至名法、操稽、农桑、畜牧之教，无不有天存焉。（《庄子解》：279）

“天均”，简言之就是“天”，就是文中末尾所说的，上至于神，“下至名法、操稽、农桑、畜牧之教，无不有天存焉”。具体言之，天均就是一气之大化流行，就是自然。这一气的自然流行无所不至、无所不为。天倪，天的分际，即万物各自的分位。圣人就是通过体认自然，任万物各行其是，得以穷尽“天下事事物物，人心之变变化化”。但是，这个“天均”或自然，只能体认，而不能以言语或沉默来指定。这就是老子所言“道可道，非常道”，也是庄子所谓的无法“期而后可”但又“无乎逃物”的道（《庄子·知北游》）。但是，这个自然却贯穿于所有的志、事、行、和、阴阳和名分之中，成为圣人君子冥神体道的关键。

简言之，圣人与天均为一，故能“尽天下事事物物、人心之变变化化”。天均运而无所滞留，圣人也因时而化，而无所不宜。这样，大到天地阴阳之和气，小到名法、操稽、农桑、畜牧等人事，圣人无所不能，处置无所不当。圣人之所以能如此，因为圣人无处不以天为本，以神为用。这就是庄子所称的“古之人，其备乎”之备，也就是内圣外王之道。

但是，问题就在于后人不明白圣人之所以为圣，不明白内圣外王之道的含义，以圣人之言行、陈迹为道，必然导致泥而不通。因此，王夫之说：“特以得迹而忘真，则为小儒之陋；骛名而市利，则为风波之民，而诸治方术者，兢起而排之。”（《天下解》：279）可见，由于后世儒生的寡陋，导致真儒的稀少，也导致众人对儒术的攻击。诸子百家都起来反对小儒。但由于他们反对的不是真儒，因此，他们的反对并不能说明儒家的道理不通。真正的儒生上知天时，下知地形，中精人事。一般的儒生只是无其实而徒具儒生的外表而已。察遍鲁国，只能找到一个这样的人（孔子）。这又一次证明王夫之同意庄子对儒生的评价。

基于此，王夫之认为，庄子之所以出“卮言”，“和天倪”，目的在于“救道之裂”，使天下人能够明白真正的道，而不被儒、墨等物论所迷惑。庄子虽然有对儒家的指责，但并不是真的指责，其目的在于从反面成就儒家。因此，王夫之得出结论说：“则其非毁尧舜、抑扬仲尼者，亦后世浮屠诃佛骂祖之意。”（《庄子解》：280）后世浮屠呵佛骂祖，在于使人不执着于佛教的经典、神像，而直探佛理。王夫之用之来比喻庄子对儒家的攻击，可见，他并不认为庄子真正地反对儒家。

第三节　援儒入庄

正是基于儒道互通，甚至庄子乃子张之后学的观点，王夫之试图在

《庄子》中发现儒家思想，并试图以儒家思想来解释《庄子》。可以说，这是他解庄、评庄、通庄的主要方法。这主要体现在他以儒家的生死观、人生观、养气说和人道来诠释《庄子》中的相应概念。

一、以孟子的养气说入庄

《庄子·达生》说："夫形全精复，与天为一。天地者，万物之父母也。合则成体，散则成始。形精不亏，是谓能移。精而又精，反以相天。"人能够保持形体和精神不受伤害，就能够与天合一。天地阴阳二气是人和万物的父母。二气聚合就形成人和万物的形体；二气消散就恢复到未有人物的本始状态。形体和精神皆能保全，无论聚合消散都不失其本然，叫作"能移"。如此保全精神达到极致，就能够反过来相天。这段话提出了保全形体和精神以相天的思想，对内篇《养生主》的思想加以阐明和补充，使庄子的养生思想与《中庸》的"赞天地之化育"相通。因此，王夫之赞颂之曰：

> 唯此言"能移"，而且言"能移以相天"，则庶乎合幽明于一理，通生死于一贯；而所谓道者，果生之情，命之理，不可失而勿守。（《庄子解》：154）

王夫之认为，只有《达生》篇讲"能移"，且讲"能移以相天"，几乎达到了合幽明为一理、通死生为一贯的境地，使庄子的"道"真正地成为生命的实情、命运的实理，而不可不加以守护。所谓"合幽明于一理，通死生于一贯"，就是通达幽明、死生皆二气聚合、消散所致。聚而可见，为明为生；散而不可见，为幽为死。本来只是气之屈伸，并无什么分别。明白这个道理，就能够不贪生、不乐死，顺化安命。这就是知"道"，也是知生命的实情和命运的条理。

在对于如何保全形体和精神上，《达生》提出"守纯气（即精气）""守神""用志不分""重内轻外"等，其实归结到一点就是以志守纯气，而忘记外在的世界和事物。[①]因此醉酒的人忘记外在的祸害，保全其神，能够免于常人在不忘的情况下遭受的祸害；齐桓公不能守神而被怪物恐吓致病，反衬出神全的重要。王夫之对这些观点和方法基本上持赞同态度，也讲守气，也讲以志守气。不同之处在于，王夫之暗中引入了孟子的养气说以诠释《达生》的养神守气。

王夫之认为，神就是寓于形体中的醇气，或纯气。养神就是养纯气。但是纯气像水那样容易波动，容易随着形体而受外物影响，要使纯气不受摇荡，必须忘记自己的形体，忘记一切外在的事物，专心于养神养气。他说：

> 唯形若橛株拘，臂若槁木之枝，则天地万物群炫其色，而弃之若亡，然后气不随形以淫而可守。（《庄子解》：158）

"形若橛株拘，臂若槁木之枝"，就是忘记自己和外物，达到形若枯木的不动心状态。这样，即使有外物的干扰，也不会入于心中。从而，纯气（神）可守，而不会随形体而泛滥。然而，这只是内在主观的层面上的要求。王夫之也意识到了外在客观的条件，因为在很多情况下，是外物搅动人的心灵，使心神不守。

为超越外物的干扰，王夫之首先要求人具有"知天下之无所不可有"，即一切皆是可能的心态，从而不会因为见到怪异之事而动其心神。其次，他意识到外物通过耳、目、鼻、口、身来摇动心灵，虽然一个渠道宁静而不接受外物，别的渠道却会启动。这样，此起彼伏，仍然不容易守住纯气。为此，他撇开庄子"形若枯木，心若死灰"的守气方式，而提出了自己的守气方式："以专持志，以志凝神。"在他看来，只有心有所主之时，心对所主之

---

① 《庄子·达生》则指出，守神就是守纯气。关尹回答列子"至人潜行不窒，蹈火不热，行乎万物之上而不栗"的原因，说："是纯气之守也，非知巧果敢之列。"接着，关尹明确指出，守纯气就是合天，就是守神。"若是者，其天守全，其神无隙，物奚自入焉！夫醉者之坠车，虽疾不死。骨节与人同而犯害与人异，其神全也。"

外的东西，才会雷霆不闻、风雨不知。这样，通过心有所主，王夫之认为心神就可以避免耳、目、鼻、口、身等感知的干扰。这个心之所主就是“志”。王夫之认为，只要一个人能专于所“志”，就能够“摄官骸于一静，而尽诎其机”（将身体器官安静下来，消除它们受外界干扰的机缘），就能够任凭外物纷至，而气定神闲。（《庄子解》：158）

这样，问题就在于“志”是什么和“志于”什么。从功能上讲，“志者，神之栖于气以效动者也”（《庄子解》：163）。也就是说，志是心神对血气形体的行为指向的主导。从内容上，王夫之所说的“以志凝神”之“志”是养神复朴。例如，他说：“至于本合于天，而有事于天，则所以立命而相天者，有其在我而为独志，非无可奈何者也。”（《庄子解》：155）这里，“独志”就是事天、立命和相天，而其实质就是养神而安于生死。在注解《天地》时，王夫之更直接说：“忘机、忘非誉、以复朴者，独志也。”（《庄子解》：109）因为只有忘记机心非誉，才能复朴养神。

那么如何才能“以志凝神”呢？王夫之建议“以志守气”。这是因为神的本质就是纯气，是“气之神”（《庄子解》：162）。守气者必须从容镇定，慢慢积累。“守气者，徐之徐之，以俟其内充，而自不外溢。内充而神安其宅，外不溢则气定而终不变。举天下可悦可恶可怪可惧者，自望而反走，纯气不待守而自守矣。”（《庄子解》：162）这就像慢慢地往容器中倒水一样，不可猛烈。等到气充到一定程度，就可以免于外在之物的影响，达到守神的效果。

在用志方面，王夫之说：“专于一者，勿忘而已。忘其所忘，而不忘其所不忘，绵绵若存，而神气自与志相守，疾徐之候自知之而自御之，力有余而精不竭，此则善于用志者也。”（《庄子解》：164）“忘其所忘”，就是忘记世俗成见。“不忘其所不忘”，就是不忘自己养神的志向。就像农民种庄稼一样，既不拔苗助长，也不全然忘记。而是根据禾苗的长势浇水、施肥和除草。这样，神气不受外物、利欲的干扰，就能够得到养护。“专于一者，勿忘而已”，使人联想到孟子的“必有事焉，而勿正，心勿忘，勿助长也”以养浩然之气。(《孟子·公孙丑上》)孟子要求学者立定一个志向，然后去有条不紊地实现它，就像农民种庄稼一样，尽了养护之功，时机到了，自然有收获。否则，怀有期必之心，急于求成，就是“正”和“助长”。虽然孟子的“浩然之气”与庄子的“神”不完全一样，但是二者都是人超越生死利害的精神境界。可见，从思想上，王夫之在这里试图以孟子的思想来解庄。孟子反对助长、期必，王夫之也强调“神不可持，气亦不可迫操”。孟子反对告子的不动心，认为告子的不动心是强迫地压制自己的心思使不动，是迫操；王夫之也反对老子和庄子静定无为以排除外物干扰的方法，认为这种方式不能使耳目心知等众多渠道同时免受外物的干扰。因此，王夫之认为“形若枯木，心若死灰”的丧我方式还不足以养神、养气(其实《庄子》中佝偻丈人的“用志不分，乃凝于神”，并不是简单的枯木死灰)。可见，王夫之是变相地用儒家的养气说来改造庄子的养生说。

二、以儒家的人道解释庄子的天道

《庄子·秋水》对天、人的分别非常明确，说：“牛马四足，是谓天；络马首，穿牛鼻，是谓人。”天，就是事物的自然状态；人，就是在事物上面附加本来没有或人为创造的东西。按照这个标准，所有违背自然、不合于事物本性的行为，都属于人。《庄子·马蹄》从“性”的角度，对这个观点有进一步的阐述，说：“马，蹄可以践霜雪，毛可以御风寒。龁草饮水，翘足而陆，此马之真性也。虽有义台路寝，无所用之。”这是庄子所理解的天和真性，这种天和真性是纯任自然，排斥任何人为的。

但是，王夫之却不以为然，他注解上述《秋水》篇的引文说：

> 天者自然之化，人者因功、趣、差等而达权者也。既已为人，不得而不人。络马穿牛，不容已则不已之，无不可为也。而不以马之宜络，遂络其牛；牛之须穿，并穿其马，则虽人而不灭天。天怀于内，然后可以人寓于外。非知自然之理者，不可与权。所以小大无垠、贵贱无等、

然非无定，而不可不约于其分。分者，天也，道之所自显也。（《庄子解》：145）

这段话意思是，天自然无心，一直变化将去。人则可以根据事物的功能、趣好、差别进行权变。既然生之为人，也是自然化生，就得顺从自然来做人。络马穿牛，是人之当为，就不能不为。只要根据牛马各自的功用，加以作为，即使有人为，也不会泯灭“天”。只要怀有“天”于心，就可以以人为行使于外。这就是通过知道自然之理所达到的权变。所以，虽然小大、是非、贵贱等变换无穷，只要你根据它们各自的性分，就可以有所作为。性分，就是天，就是道的具体呈现。

首先，王夫之同意庄子对“天”的界定，但是他对“人”的界定却不同于庄子。王夫之认为，“人”就是根据功用、趋向、差别等不同情况，行使的权变，并不一定与天相对立。这就是王夫之所说的本于“天道”以建立“人道”。据此，他认为，牛鼻生来就适合“穿”，马首生来就适合“络”，络马首、穿牛鼻也属于自然，因为这是它们的“分（命）”，也是它们的“天”。这样，王夫之反过来以“人道”界定“天道”，认为“天”就是“分”，就是万物各自生来的“分命”。所以，王夫之毫不掩饰地说：穿牛鼻、络马首，而不是穿马鼻、络牛首，这虽然有人为，但只是顺其天性而为，并没有“灭天”。据此，他声称：“天怀于内，然后可以人寓于外。”当然，这个“天”不是庄子的自然，而是王夫之的分命，是儒家所谓的“命”或“分”，已经添进了儒家的等级、分位。在他看来，虽然小大、贵贱、是非等无法确定，但是都必须“约于其分”，并以“分”为天。这样，王夫之将“天”从自然顺化的含义改造成了儒家的“安分循礼”。

在《庄子通·马蹄》中，王夫之则直接道出他宁可为“人道”而破除“天道”的态度。他说：

马不衔勒，将焉用马？木不斫治，将焉用木？不为牺尊，将焉用朴？

> 不为圭璋，将焉用玉？不取仁义，将焉用道？“踶跂好知，争归于利”者，圣人之过，圣人尸之而不辞。知圣人之为道，任过而不辞，则所以酬圣人之德而不敢昧也，将若何乎！[①]

这里，王夫之完全从功用的角度来处理人与万物的关系，而抛弃了庄子所倡导的“鱼相忘于江湖，人相忘于道术”的“相与于无相与，相为于无相为”。他认为，马、木、朴、玉、道都是在人为、有用中显示其意义，而忘记了功利性地对待外物只能导致人性和万物之性被戕害。王夫之的目的在于为圣人“立德、立功、立言、立教”做辩护，认为正是圣人之教使人类超越蛮荒，走向文明。所以他说：“使在后世，犹为狉狉榛榛之天下，则又何道之可言，何言之可破？”（《庄子解》：279）因此，虽然圣人倡导知识，引导天下归于利益，是圣人的过错，但是正是因为圣人的作为使人类摆脱蛮荒愚昧，所以“圣人尸之而不辞（圣人甘愿接受指责）”，而人类应当感谢圣人的恩德。

可见，王夫之无论在通庄还是解庄之时，都是以儒家的人道为中心的，他所说的“天道”其实就是人道：“须知天道者，在人之天道，要皆敏政之人道尔。”[②]由此可见，王夫之以儒家的人道改造了庄子的天道，为儒家的人为、相天赞化找到了立脚点。

三、以儒家的生死观解庄

上节我们已经谈过王夫之称赞庄子“不昧于大易、《论语》的知生知死”，已经对《论语》《易传》的生死观做了介绍，显示出王夫之解庄的趋向。这里我们具体探讨一下王夫之如何利用儒家的生死观来解释庄子的生死观。

庄子的生死观可简单地概括为顺化以齐同生死。生、死只是一气的聚

---

① 王夫之：《庄子通》，第505页。

② 王夫之：《读四书大全说》，第519页。

散，或只是一气变化的首尾，本来是一体，没有必要分别，更没有必要贪生怕死或恶生乐死。从这个角度上，王夫之批评《至乐》篇“以死为大乐”的观点，认为它不达庄子的生死观。庄子对生死的齐同表现如下：

在《齐物论》中，庄子以不可知论的态度指出悦生恶死不一定正确。他以丽姬初来晋国时恐惧哭泣，后来因受国王宠爱而后悔哭泣说明，人死后的世界不一定比活着时差。所以他反复说：“予恶乎知说生之非惑邪！予恶乎知恶死之非弱丧而不知归者邪！……予恶乎知夫死者不悔其始之蕲生乎？”（《庄子·齐物论》）弱丧，就是年少时被拐离家园之人。

在《知北游》中，他以生死乃一气的两种变化状态来揭示死并不可怕。他说：“生也死之徒，死也生之始，孰知其纪！人之生，气之聚也。聚则为生，散则为死。若死生为徒，吾又何患！”意思是，生为死所跟从，而死又是新生的开始。生死递变，气聚气散，无始无穷。一个人如果认识到生死乃是一体，相伴不离，就可以将有限的生命与无限的存在合一，超越生死。

在《至乐》中，庄子将“通天下一气”的理论运用到他妻子死亡的事例上。在他看来，人本来与天地阴阳为一，偶尔有了人形和生命，那不过是冰块偶尔凝结于水中罢了。今冰块融化，回归本然，犹若游子回家，应当高兴。为何要为死亡而悲伤！因此，他为妻子鼓盆而歌。

总之，《齐物论》对死生分别投以怀疑的眼光，以骊姬的遭遇做比喻，解释人们对生的珍惜、对死的恐惧不对。《知北游》则直接从气化上说明死生没有分别，喜好厌恶时刻在转化。《至乐》以具体事例说明庄子已经通达了死生一体的道理，自觉地顺从大化。

从这种齐同生死的观点出发，庄子指出至人外生死，不为死生扰乱自己的心神；真人齐同生死，以死生为一贯，而不为世俗拘束。要解决世人的困苦，莫过于教他们齐同生死，泯除利害。因此，老聃要以此解脱孔子；子祀等人以此交友；孟孙氏以此事亲居丧。明白这个道理而实践于自身，就能够享受天乐，因此庄子说：“知天乐者，其生也天行，其死也物化。静而与阴同德，动而与阳同波。”（《庄子·天道》）可见，天乐就是自觉地安于生死，合同阴阳。

需要指出的是，庄子教人安于生死，顺从大化，这里面并没有人为，或者说一切都应当顺从天的安排，人为是要不得的。照这种观点，王夫之的儒家思想便无法落实，因此他批判《庄子·逍遥游》中视尧舜治理天下为尘垢秕糠的思想，抨击《骈拇》齐同伯夷、盗跖的观点，认为这样的话，庄子所谈的养生、逍遥、知“道”便变得毫无意义。据此，王夫之从《达生》篇入手，将儒家的生死观引入对《庄子》的注解。

《达生》篇一开始就批评那些注重养护形体而不知养护精神的人，认为这些人不通达生、命的本然。这些人以外物养护自己的形体，未必能够使形体得到养护；即使形体得到养护，也未必等于得到了人生的意义，因此说“形不离而生亡者有之矣”。这个思想其实仍然是《养生主》弃形养神的继续，其所说的“神”，所说的人生意义不过是道家的安时顺化，精神不死。其不同于《养生主》之处在于，《养生主》虽然强调薪尽火传，精神不死，并没有提出“相天”。《达生》则提出“能移”“相天”，颇有儒家《易传》《中庸》相天赞化的色彩，但是其所说的“能移”“相天”只是保全自己的精神和形体，完整地归还于大化，其方法则在于“弃世”“无为”，与儒家的“鼓万物而不与圣人同忧”①的“人为”还是不同的。

王夫之抓住“能移”“相天”大做文章，认为《达生》真正通晓了人生的意义，契合了儒家《论语》《易传》的知生之旨，并对此评价说：

> 盖人之生也，所勤勤于有事者，立德也、立教也、立功也、立名也。治至于尧，教至于孔，而庄子犹以为尘垢秕糠而无益于生。使然，则夷跖同归于销陨，将纵欲贼物之凶人，与饱食佚居、醉生梦死之鄙夫，亦各自遂其逍遥，而又何事于知天见独、达生之情、达命之情、持之以慎、守之于默、持不可持之灵台，为尔劳劳哉？唯此篇揭其纲宗于“能移而

① 王夫之：《周易内传》，见《船山全书》第1册，第527页。

相天”，然后见道之不可不知，而守之不可不一，则内篇所云者，至此而后反要而语极也。（《庄子解》：154）

人生忙于有为的目的在于立德、立教、立功、立言。达到了唐尧对天下的治理、孔子对天下的教化，庄子还认为这些治理教化如同尘垢秕糠，无益于天下苍生。这样的话，伯夷、盗跖就会一样归于毁灭，纵欲害物的恶人和饱食无事、醉生梦死的鄙夫也可以说各自达到了逍遥。那么庄子又为什么还要忙于知天、见道、通达生命的情实、谨慎地保持神明、不矜示自己得道、保持自己那不可固执的灵明呢？只有这篇文章将庄子的纲要宗旨揭示出来，这就是“顺从大化以相天”。然后，才使人明白道为什么不可不知，神为什么不可不守。这样，使内篇的思想变得精要而完备。

从这段评价可知，王夫之对支道林的逍遥观有所继承和改造[①]，认为人生的意义就是要立德、立功、立教、立言，因此尧、舜、周、孔都尽了人生的意义，达到了相天赞化。这明显与《逍遥游》“至人无己、神人无功、圣人无名”，以及对尧汲汲治理天下的讥讽不一致，也正中《应帝王》“混沌凿窍”的批评。对于庄子，齐同万物，混同是非，已经没有什么伯夷、盗跖，也没有什么纵欲贼物之人和饱食佚居、醉生梦死之鄙夫；而王夫之却仍然立于儒家的立场忙于分辨，可见，他并不是为注解《庄子》而注庄，而是借此改变《庄子》，改变世人对庄子的理解，使《庄子》对儒家的批评柔和化。因此，王夫之借“相天”的概念，认为《达生》使庄子的思想圆而不滞，使庄子所倡导的“达生之情”“达命之情”“持之以慎”等思想行为变得有意义，并称赞“相天”的提出使《庄子》内篇的思想达到了极致。

王夫之认为“相天”使“达生之情”“达命之情”等的意义得到落实，反照出他对《庄子》内篇没有提出相天思想的批评。他曾经批判庄子

① 支道林批评郭象“足性即可逍遥”的观点，说：“桀跖以残害为性，若适情为得道，彼亦逍遥矣。”（《高僧传》：第160页）

的“逍遥”是“玩”而不经，批评养生家只是养护形体而不顾死后之事。但是，他却认为“相天”使这些思想都变得纯正。为此，王夫之称赞说：“论至于此，而后逍遥者，非苟求适也；养生者，非徒养其易谢之生也；为天下之大宗师而道无以加也。……读《庄子》者，略其曼衍，寻其归趣，以证合于《大易》‘精气为物，游魂为变’，与《论语》‘知生’之旨，实有取焉。孔子许狂者以不忘其初，其在斯乎！”（《庄子解》：156）可见，不是《达生》的“相天”使庄子的思想变得有意义，而是王夫之的理解使之如此；不是《庄子》的思想可以证合《易传》《论语》之旨，而是王夫之的解释使它们相合。

四、以荀子的天人观评庄

《荀子·解蔽》：“庄子蔽于天而不知人。”杨倞注说：“天为无为自然之道。庄子但推治乱于天而不知在人也。”[①]考察《庄子》的天均、天倪、道、天等概念，以及《应帝王》《在宥》《马蹄》等对待天下和万物的方式，可知，荀子的评价甚为公正。庄子认为，只要效法天或自然，天下万物各安其性，天下便得到治理。这里是要不得人为的，是摈弃人道的。因此，《骈拇》《马蹄》等有对儒家人为的批评，《逍遥游》有对尧治天下的讥讽。当然，荀子所说的“人”，不是指人情世故、人心的机变，而是指人道，或者说儒家治理天下、教化民人的方式。

王夫之对庄子的评价基本上沿用了荀子的观点。一方面，他同意庄子对道、天有所见，认为庄子“师天”；另一方面，他又批判庄子“卤莽师天”，不能尽“人所自生纯粹以精之理”，即人伦物理。王夫之说：

> 环中者，天也。……故无人也，人即天也；无物也，物即天也。得之乎环之中，则天皆可师，人皆可傅。……观于此，而庄子之道之所从出，

① 王先谦：《荀子集解》，见《诸子集成》第3册，上海书店，1986年版，第262页。

尽见矣。盖于浑天而得悟者也。……庄子以此见道之大圜，流通以成化，而不可以形气名义滞之于小成。……其言较老氏橐籥之说，特为当理。周子“太极图”，张子“清虚一大”之说，亦未尝非环中之旨。但君子之学，不卤莽以师天，而近思人所自生纯粹以精之理，立人道之极，则彼知之所不察，而惮于力行者也。（《庄子解》：230）

环，比喻大化的运行，像一个旋转不息的环。天均也是这个意思。环中，即环之中，不随环运行改变的部分。其实，化本身就是不化，环本身就是环中。浑天，即内篇的混沌。“道之大圜”，即环，指万物皆一气之化，循环往复。“橐籥”，老子比喻天地化生万物像风箱一样，空虚无物而出气不穷。“人所自生纯粹以精之理”，指人伦或人道。彼，指庄子。这段话的意思是：环中就是天。万物都处于环中，互相变化生成，本质上都属于天。因此，没有什么所谓的人，人本身就是天。没有什么所谓的物，物本身就是天。处于环中，与天为一，可以以天为师，也可以以人为师，因为人、天是一样的，都是天。明白这个道理，就可以知道庄子的大道。庄子原来是从“混沌”之天得悟大道的。庄子以此瞥见大道流行，主动顺从大化，而不留恋于形体、气节、名义等小小成就。他的学说比老子的橐籥的比喻，更符合天地化生万物的实理。周敦颐的“太极图”，张载的“清虚一大”的学说，也是讲述环中的道理。但是，他们的学说，不像庄子那样盲目法天，而是思考人之所以为人的道理，以立人道。而庄子却不能认识到这个道理，又不能力行。

这段话首先肯定庄子于天、天道有所见，认为庄子是由“浑天”悟出道即天，即自然，即大化流行，不可以可言可象的东西称之、名之。老子以“橐籥”“玄牝”比喻天地之根，使道落于形象名义，故不及庄子对道的理解。这是王夫之对庄子的认可。但是，接着，王夫之开始批评庄子的思想不及周敦颐“太极图”既通天道，又立“人道之极”。所谓“人道之极”，就是儒家的仁义，就是周敦颐所说的“圣人定之以中正仁义而主静”[①]。王夫之还批评庄子的思想也不及张载的“清虚一大”之说，认为“清虚一大”之说从太和阴阳氤氲一气说起，一直落实到“人所自生纯粹以精之理”。所谓“人所自生纯粹以精之理”，就是张载通过对阴阳一气聚散成就万物，体悟到人生应当超越对形体的执着，达到“聚亦吾体，散亦吾体”，认识到“死而不亡”，从而保守太和所予之和气，合于《易传》的相天赞化。相比较而言，庄子则只知道天，只倡导法天而行，而不知道为天地立心，为生民立命，只图个自得逍遥，因此不足以为君子之道。所以王夫之批评庄子于人道有所不见，或者即使有所见，又懒惰而不愿意践行。这就是他说的：“偷安则以义为繁难而外之，庄、告是也。”[②]

王夫之对庄子的批评基本上都从“卤莽师天”和“惮于力行”两个角度出发。他在《诗广传》中批评庄子“鲁莽师天”而不知人当有所为，说：

> 愚哉！庄生之言天全也！必哀骀它、叔山无趾而后天全也，则天胡不使之为纵目乎？胡不使之为歧舌乎？胡不使之为顽石与瘣木乎？必不可以淫而后贞，必不可以佞而后直，则彼都之士女固不如狄，狄不如禽，禽不如木石，而天地之生毁矣。[③]

王夫之认为，庄子的“天全”的观点非常愚昧。按照庄子的要求，只有像哀骀它、叔山无趾这样的人才算天全。既然这样，那么天为什么不将人生成纵目、歧舌的形状；天又为什么不将人生成顽石、病木那样？如果认为只有不可能淫乱才算贞节，不可能饶舌才算正直；那么，美好的士女必定不如丑陋的野人，野人又不如禽兽，禽兽又不如木石。这样的话，天地的生气早就毁灭了。

---

① 周敦颐：《周子通书》，上海古籍出版社，2000年版，第48页。

② 王夫之：《张子正蒙注》，第260页。

③ 王夫之：《诗广传》，第332页。

“哀骀它”“叔山无趾”都是《庄子·德充符》中的人物。彼都人士，郑玄笺曰：“古明王时都人之有士行者。”[①]此处彼都士女指那个城市的青年男子和女子。《庄子·德充符》以哀骀它等说明“德有所长而形有所忘”，即一个人如果有德，即使形体残缺，仍然会得到众人的喜爱，并没有贬低形体完整之人而崇尚残缺之人的意思。王夫之的批评有点断章取义，只在于说明不可法天而忘记人为。王夫之的目的在于为人的作为、为人为万物之灵、应当相天赞化找到根据。但是，这个批评仍然可以看作王夫之对庄子“卤莽师天”批评的充实。

王夫之批评庄子的另一角度就是批评庄子懒惰、逃避。王夫之从《易传》刚健不息的角度，倡导人生应当主动地尽人道，承担责任和义务，成就儒家的圣德。他说：

> 大人以分义尽伦，曲士以幽忧捐物，古有之矣。道之所不废，则君子亦为存其人焉。然而礼者自履也，行者自型也。合天德之潜龙、行可见之成德，其庶几焉。若夫土木其形，恢槁其心，放言洸洋，而托于曳龟逃栖之术，以淫乐于琴酒林泉，匪艰而自诧无交，被衣、啮缺之所以不见称于圣人。[②]

“大人”是王夫之所推崇的，他们按照自己的本分和义务去实践人伦之理。“曲士”是王夫之所贬低的，他们因为拘谨、忧虑而遗弃外物。在王夫之看来，大道能否得到施行，完全在于执行者之态度。因为礼仪是执行者自己主动践履的，行为也是行动者自己选择的。只有那种通过自修，内有天德、外现成德的人，才能接近大人的境界。相反，庄子所推崇的被衣、啮缺却放弃人能弘道的能动性，甘愿“形如枯木，心若死灰”，不与世人交接，

---

① 郑玄笺、孔颖达疏：《毛诗正义》，见《四部精要》第1册，上海古籍出版社，1993年版，第493页。

② 王夫之：《周易外传》，见《船山全书》第1册，第860页。

像曳尾涂中的乌龟和逃避牺牲的牛犊那样逃避责任，淫乐于山泉、音乐、酒水之中。因此，他们不为孔子所称许。

被衣、啮缺都是《庄子》中的人物，数次出现于内、外、杂诸篇。庄子引用这些人物在于说明道无可知、智力不可崇尚、有为不及自然等。这些宗旨显然与儒家的立命相天不一致。“曳龟逃栖之术”指逃避人事，以免于祸患，语见《庄子·秋水》，也与儒家勇于承担道义相背。因此，王夫之批评这些人不能像大人那样“以分义尽伦”，像张载那样坚持“人能弘道”，而是“以幽忧捐物”，故不值得称道。

据此，我们引《读四书大全说·孟子·尽心下》对天道、人道的区分以结正此篇。王夫之说：

> 天道自天也，人道自人也。人有其道，圣者尽之，则践形尽性而至于命矣。圣贤之教，下以别人于物，而上不欲人之躐等于天。天则自然矣，物则自然矣。蜂蚁之义，相鼠之礼，不假修为矣，任天故也。过持自然之说，欲以合天，恐名天而实物也，危矣哉！①

天道自然属于天，人道自然属于人。人有自己的大道，圣人体之于心，便能够践形尽性，从而合于天之所命。圣贤的教化，在下则将人与物区别开来，在上则不让人鲁莽法天。天是纯任自然，万物也是纯任自然。蜜蜂、蚂蚁的君臣之义，老鼠之间的礼，不需要修行学习，是因为它们纯任天然本能。过分坚持自然本能的思想，本想合天顺自然，恐怕所谓的天实际上沦为一个具体物事，真危险呀！

从这段话可知，在王夫之看来，天、人自有分别，庄子法天而遗人是不足以为大道的。这种学说将会把人等同于禽兽，使人生失去应有的意义。因此说庄子名义说是效法天，实际上沦为效法具体的物，因为他将天或自然

---

① 王夫之：《读四书大全说》，第1144页。

当作一个具体的效法对象了。相应地，王夫之强调人为，依天道建立人道，也就是《易传》所谓的依天道之阴阳建立人道之仁义，从而达到以人道相天的目的，因此他盛赞圣人“立德、立教和立言”，而反对庄子的完全因任自然。

第四章

《庄子解》中的天人关系

虽然王夫之批评庄子盲目地效法“天”，认为庄子的智力不能够察知“人所自生纯粹以精之理”和“人道之极”，且“惮于力行”，但是在《庄子解》中，王夫之对自然、无执、包容意义上的“天”却非常推崇，认为这个“天”就是“道”，居于人中就是人之“性”“神”和“灵台”，应用于治理天下就可以无为而治。真人正是“内全其天而外全人之天”，因为“天者，人之源也。纯乎天而听物之变以循之”，则“天即已，已即天”（《庄子解》：223），从而达到天人合一。

第一节　天

王夫之从多个方面论述“天”。为便于论述，本文主要从天是浑沦一气、天是大化、天是人和万物各自的性分、天是神、没有生死和分辨等方面介绍《庄子解》中天的含义。从天是浑沦一气可以看出，王夫之坚持了张载“太虚即气”的思想，认为一切都是实有，不存在绝对虚无。虽然王夫之也谈论“无”，但是所指只是无法规定、无可名状的浑沦一气的本然状态，而不是绝对的虚无。

一、天是浑沦一气

王夫之基本上继承了庄子将“天”看作浑然一气的思想。在《则阳》篇，他声称庄子由“浑天”而悟道，而所谓的“浑天”就是“浑沦一气”。在《张子正蒙注·太和》，他指出“太虚即气……其升降飞扬，莫之为而为万物之资始者，于此言之则谓之天”[①]。“浑天”，其实就是《庄子·应帝王》中的混沌，就是天的原始状态，也是人心的原始状态。如果认识到这个事实，则会明白所有的人为划分和概念反映出来的都不是天的原貌，而是人为的扭曲。“浑天”作为浑沦一气，无所不在，时刻处于流动生化之中，从而形成天、地、万物等有形有象的东西。即使人们所说的大道，也是气流行生化的过程本身，并不是在浑然一气之外，还有什么道。所以，王夫之说：

> 观浑天之体，浑沦一气，即天即物、即物即道，则物自为根而非有根、物自为道而非有道。（《庄子解》：184）

可见，这一气的流行就是天，就是物，就是道。万物各自因气的流行自生，而不是有什么生育万物的东西，万物本身就是大道本身，而不是在万物之外有什么大道。

王夫之虽然已经接触到了利玛窦传入中国的“地圆说”，并以之解释日食、月食，[②]但是他因为其华夷之辨情结，否定“地圆说”，转而拥抱中国固有的“浑天说”，并妄称利玛窦“附会之（天地如鸡卵之浑天说），而为地球之象”[③]。王夫之解释浑天说：

---

① 王夫之：《张子正蒙注》，第 33 页。

② 王夫之：《思问录》，见《船山全书》第 12 册，第 454 页；《续春秋左氏博议》，见《船山全书》第 5 册，第 587 页。

③ 王夫之：《思问录》，第 459 页。

> 浑天之体，天，半出地上，半入地下，地与万物在于其中，随天化之至而成。天无上无下，无晨中、昏中之定；东出非出，西没非没，人之测之有高下出没之异耳。（《庄子解》：229）

正是因为天无上下、东西、早晚之时空分别，王夫之结论出：

> 天之体，浑然一环而已。春非始，冬非终，相禅相承者至密而无畛域。……上者非清，下者非浊，物化其中，自日月、星辰、风霆、雨露，与土石、山陵、原隰、江河、草木、人兽，随运而成。有者非实，无者非虚。（《庄子解》：229—230）

这里，王夫之认为，天的本体只是浑然变化流行的一个大环。在这个环中，春夏秋冬变化交替，而没有明确的界限。天没有清浊高下。万物都在其中，顺从气的流行，各自得到成就。天也没有有无的分别，人们所谓的有，因为瞬息变为他物，实际上不是真正的有。人们所谓的无，因为有气的充满，也不是真正的无。

由此可知，天就是浑然变化无穷的一气。万物都在这一气中生而灭，灭而生，循环往复，因此，王夫之称之为“环”或“天均”。看到环本身运行无穷，就是瞥见道体。顺从天均或大化，没有执着，就是体道。可见，“浑天”既是王夫之认为的庄子悟道之门径，也是王夫之悟道或理解庄子思想的门径。王夫之以“浑沦一气”解释天，既可以说是他对《庄子》“通天下一气也”的发挥，也可以说是他用《易传》的阴阳之气解释《庄子》的证明，也反映出他对张载“清虚一大”的气本论的继承。王夫之在如此评价和解释了庄子的浑天之后，指出张载的“清虚一大”也是见道的学说，就是证明。

在王夫之看来，由于对浑天有所见，庄子便因此而瞥见大道，从而形成自己的思想，这些思想实际上都是对浑天的具体应用。王夫之说：

> 庄子以此见道之大圜，流通以成化，而不可以形气名义滞之于小成。故其曰“以视下亦如此而已”，曰“天均”，曰“以有形象无形”，曰“未始出吾宗”，与《天运》篇屡诘问而不能答其故，又曰“实而无乎处者宇也”，皆浑天无内无外之环也。其曰“寓于无竟”，曰“参万岁而一成纯”，曰“薪尽而火传”，曰“长而无本剽者宙也”，皆浑天除日无岁之环也。（《庄子解》：230）

这里，王夫之从时间和空间两个方面对庄子的思想做了归类。一类是对空间上内外远近、形体的分别的泯除。“以视下亦如此而已”，出于《逍遥游》，意思是大鹏飞行于天中，向下看，与向上看，所见的一样，都是苍苍茫茫。“天均”，出于《齐物论》，具体解释见于《寓言》，指万物形体的变化无穷，像环一样运转不停。“以有形象无形”，出于《庚桑楚》，指以有形象的形体效法无形象的大化。“未始出吾宗”，出于《应帝王》，指壶子合于浑然一气的本初状态。“实而无乎处者宇也”，出自《庚桑楚》，指实际上存在却找不到具体的地址，这就是空间。“《天运》篇屡诘问而不能答其故”，指天的大化运行。以上都是从空间、形体上论说庄子对浑天的具体应用。这个具体应用就是浑然视之为一，没有远近高下等分辨。一类是对时间上的分别的超越，认识到随着时间的变化，一切都无可执定。“寓于无竟”，出于《齐物论》，指休心于没有终止的地方，达到永垂不朽。“参万岁而一成纯”，出于《齐物论》，指泯除时间的分别，成为一个大岁。“薪尽而火传”，出于《养生主》，指时间推移，形体耗尽，精神永存。“长而无本剽者宙也”，出自《庚桑楚》，指长久却没有开始和末尾的东西，就是时间。以上都是说庄子对泯除岁月的分别，与时间的流行融而为一。

这段话指出了王夫之所认为“庄子于浑天得悟”的具体内容。简言之，就是泯除人为的是非分别，从时空上认识到人类分别的狭隘和不足，自觉地与大化融而为一，真正地达到合天、体道。他要求求道者要放眼大道流通以成就万物，而不能将大道拘滞于形体、气象、名称、义节等细枝末节。

二、天是大化

上文提到，天就是流动不止的浑然一气。这个流动本身就是气化，就是道，或天均。因此，王夫之又直接将天等同于道、天均或大化。

首先，王夫之认为，天就是气化的自然状态，即“自然之化”。在这个变化中，有形体的天、人和万物都得到成就。他说：“人也，天也，物也，皆自然之化也。得其自然之化而无不乐，则乐之出虚，以有形象无形，摇动天人万物之和者，可以征道焉。”（《庄子解》：125—126）“自然之化”，就是气的流行变化，也是万物自身的变化。天、人和物都是自然之化的结果。“乐之出虚”是气化产生出声音。“以有形象无形，摇动天人万物之和者”指能够超越形体，冥合大化，增加天地间和气的人或行为。在王夫之看来，这两种行为都可使道得到体现。明白这个道理，就可以因任万物，让它们各自成就自身。

大化之中，万物生灭递变，循环往复，因此，又被称之为“天均”。王夫之描述天均说：

> 若夫天均者，运而相为圜转者也，则生死移而彼我移矣。于其未移，而此为我，彼为人；及其已移，而彼又为此，此又为彼。（《庄子解》：197）

但是，这个“天均”或循环往复指的是万物的生死成坏，而不是佛教的三世轮回。它是一物的气散开之后，与宇宙间的气重新结合成新的事物，就像一个人死后，其散开之气与别的气结合成坟上之松柏或地中之蝼蛄，而不是转世为另一个人。这种生死循环是自然的，非目的性的。在王夫之看来，如果一个人能认识到天均运行不息，自觉地顺从大化，让万物各自得到成就，就可以福泽天下。他说：

均者，自然不息之运也。均如其恒而不桎，则物自成：瓮者成其瓮，缶者成其缶，无有滑之者也。（《庄子解》：203）

“滑”，乱也。意思是，只要气化永恒地运行下去，而无所凝滞，万物就会自然生成，瓮成为瓮，缶成为缶，就不会有什么外在的东西干扰其生成过程。不受干扰，万物就会得到充分的发展，这就达到了相天的效果。由此可见，王夫之的天道观基本上是庄子“鱼相忘于江湖，人相忘于道术”的无为自然观，是与儒家的教化有距离的。这更体现在王夫之《庄子解》中对圣人的描述：

圣人休于天均，而不随气机以鼓动，则圣人一天也。万籁皆于此乎取之，可以两行而无不齐于适得，则千轨万辙，无不可行。（《庄子解》：23）

意思是，圣人休心于大化之中，不随人为的言论争斗来鼓动自己的和气，从而与天合一。万物都来取法，是非成败皆任其自然，得其所得。这样，圣人能够成为万物之天，包容万物，成就万物，同时也可以成就自身。其实这就是庄子的姑射山之神人。

其次，王夫之直接指出，天就是道，而道就是气化流行。他说：

无所谓道，天而已矣。即《在宥》篇所谓“主者天道也”。“万物一府”，天府也；“死生同状”，同于天也。于人见异，观于天则几无不同矣。玄同者，同于玄也。可见者则异矣。其死生圆运于大钧、而函万有于一环者，不可见也，蔑不同也。（《庄子解》：102）

这段话的意思是，没有什么所谓的道，只有天罢了。这就是《在宥》篇所说的“君主之行，当如天道”。“万物一府”，是万物被包容于同一个天。“死生同状”，是齐同于天。人们有分别，从天来看就没有什么不同。

玄同，就是同于深远无知、不可分别的状态。凡是可以见到或分别的，都是不同。真正将死生通为一气，将万物包容为一的东西，是不可见的，是没有什么不同的。

可见，天、道、天均本质上是一样的。大均、环既是指天均，也是指道。能够认识到天就是大化，而自身只是大化的一个暂时环节，就是“知移”。付诸行动，顺从大化，不执着形体，视生死为一，就是“能移”。这样，就可以保全自己的和气，上以帮助保持太虚的清明平和，下以保持自己的心神宁静。这就是“相天”。

三、天是人之神，万物之性

天作为浑然一气，其凝结为人，在人之中，则又有形体和醇气（神）的分别。王夫之认为，形、神虽然都来自天，但是由于形体为人所执着，所以圣人不以形体作为在人之“天”。神则是天之清明之气寓于形体之中，不受形体的限制，时刻与太虚之天相通为一。这才是人真正的“天”。他说：

> 盖人之生也，形成而神因附之。形蔽而不足以居神，则神舍之而去；舍之以去，则神者非神也。寓于形而谓之神，不寓于形，天而已矣。寓于形，不寓于形，岂有别哉？（《庄子解》：33）

在人的生命形成的过程中，神同时被赋予于人的形体之中。形体敝坏不足以保持神，神就会舍弃形体。神离开形体，就不再称谓神。在形体之中称之为神，不在形体之中，就是天。其实，在形体之中与不在形体之中，本来就没有什么差别。可见，“神”就是在人之“天”，因此，人的心神可以像天一样博大无穷，包容万物，在宥天下，与天相感。

从天是气化流行的角度，天没有不同，任何地方都是一阴一阳之气的流行和化生。从万物各自生成自身的角度，虽然万物同为一气化生，但是万物各自却因为气的凝结的程度、时间、位置等不同而各不相同。万物各自的不同是与生俱来的，称之为“物之固然”。这就是万物各自的“天”，其实就是万物各自的“性”。因此，王夫之论述天时，也常指万物或人各自的固有的本然状态或性。例如：

> 夫天，天也；人，亦天也。“劳神明为一”者，见天而不见人之一天，则命物之化、浑然一致、能无益损之真隐矣。（《庄子解》：61）

天（指苍茫可见的天）是“天”（指大化），人也是“天”（指大化）。劳役自己的精神以人合天（苍茫之天）的人，只看到苍茫之天，没有看到人也有一个“天（大化所成之性或神）”。这样，主宰万物的化生、始终保持一致而没有损益的真（大化）就被遮蔽了。

这句话指出，天、人和万物各自有各自的“天”，不可将它们不加分别地齐同为一。只有按照各自的“天”来作为，才能真正地合天，不与大道相背离。这里，“天”实际上就是万物各自的本然状态。“真”则是通天、人、万物为一的天均或大道。这就是王夫之在其儒家著作中倡导的“一本万殊”。“一本”是共有之大化之天，“万殊”是各自化成之特性。大化流行之整体和化生的具体万物都是自然，都是“天”。万物之间不应该相互效法，而应该各自按照自己的本性发展，才能达到“鸢飞鱼跃，一片活泼泼的景象”。所以他结论说，“耕者自耕、织者自织、礼者自礼、刑者自刑，相安于其天，而恩怨、杀生，不以一曲之知，行其私智”（《庄子解》：74）。如此，与大宗（天）不相分离，就可以执环中以应对无穷的变化，没有期望治理天下的心思而天下自然得到治理。这里的“天”，既是耕者、织者等各自的本然状态，也是大化的浑然一气在万物中的具体体现。

明白了天人之异，王夫之警告说：“人所有者，人之天也。晶然之清，浩然之虚，沦然之一，穹然之大，人不得而用之也。”[①]“上士自敦其天，而

① 王夫之：《诗广传》，第463页。

不因天之天。中士静息以尚其事，而不爽天之天。”[1]意思是，人应当安于其性，按照自己的性分生活，而不应该去师法或应用那浩瀚无际的太虚之天。上士知道这个道理，自安其性；中士知道这个道理，尽自己本分之事，而不违背天道自然。

王夫之定义“性”说：“生而有者曰性。”（《庄子解》：77）从这个意义上说，所谓的“天之天”“人之天”“物之天”[2]实际上都是指天、人、物各自的性。这样，“天之天”与“人之天”只是狭义的天人关系，而不是“大化之天”与人之作为之关系。

王夫之进一步指出，要以万物各自的“天”来对待万物，这样，才能使物我各自保全自己的“天”：

> 人之于天，无一间之离者也。……物之于天，抑未有一隙之或离也。则物恃物之天，我之待物亦恃其天，而固无损益矣。堇审乎堇之天，桔梗、鸡廱，豕零，各审乎其天，而自可为帝。（《庄子解》：224）

人与天，时刻不离。万物与天，也时刻不离（以上两个“天”指大化）。这样，万物各自依赖各自的“天”（指性），我也按照万物的“天”来对待万物，就不会有什么增损。堇慎于保持堇的天，桔梗、鸡廱、豕零也各自慎于保持各自的天，那么，我就可以成为天下的帝王。

不仅顺应事物的“天”或本性不会伤害事物，还可以与事物相知。也许人们会问，事物与人各自的“天”不同，如何相知？首先，虽然各自的“天”不同，但是它们本质上都是相同的一气流行，因此可以相感。其次，虽然各自的“天（性）”不同，但是只要我顺应它们的“天”与它们相处，仍然可以知道它们。具体地说，我与事物各自安于自己的性命，统之以天之

① 王夫之：《诗广传》，第368页。

② 王夫之：《尚书引义》，第270页。

自然无为，就可以相知。因此，王夫之相信庄子知道“鱼之乐”，说：

> 困于小大、贵贱、然非之辨者，彼我故不相知。不相知，则欲以己之有，怜物之无，而人乃灭天。夫知彼者，岂必如彼而后知哉？人自立于濠上，鱼自乐于水中，以不相涉而始知之。人自乐于陆，鱼自乐于水，天也。天者，含万化而未有极者也。使自困于其量，则人入水而忧沉溺，且将怜鱼之沉溺，而奚以知其乐哉？人之所贱，鱼之所贵；人之所非，鱼之所然。惠可以知庄，庄可以知鱼，此天之不隐于人心者，万化通一之本也。约之于其分，而天人彻，大小、贵贱、然与非之辨悉忘矣。（《庄子解》：149）

意思是，固执于大小、贵贱、是非分辨的人，不能相知。不能相知，就会根据自己的所有，可怜他人、他物的没有，从而导致以人为泯灭天然。彼此相知，难道真的是与对方一样之后才能相知吗？人自立于濠水的桥上，鱼自乐于濠水之中，人与鱼因为不相干涉才相互知道。人自乐于地上，鱼自乐于水中，这是各自的天然本性。天，是包含各种变化而没有穷尽的东西。如果人拘泥于自己的陆地之乐，就会担心在水中的沉溺，就会可怜鱼的沉溺，又如何能够知道鱼的快乐？人之所贱，正是鱼所贵重；人之所非，正是鱼所认可。惠子可以知道庄子，庄子可以知道游鱼，这是无法隐藏于心中的“天”，是各种变化相通为一的根本。各自按照自己的本分生活，天与人就可以相通。大小、贵贱、是非的分辨就会全部忘记。

这里，王夫之反复强调“天者，含万化而未始有极者也”和“此天之不隐于人心者，万化通一之本也”。这个“天”就是通万物为一的一气。正是人和鱼共享这一气，人、鱼、惠施、庄子虽然不同，仍然可以相知。王夫之要求人们超越形体的限制，以神合天，就会自然相知。否则，在躯壳上生念，“自困于其量”，就会“人入水而忧沉溺，且将怜鱼之沉溺，而奚以知其乐哉”。要超越形体的限制，就要超越小大、是非之辨，但是这个超越不是简单遗忘，而是各安于其“分”。虽然安于“人”之“分”，但心却有天游，与天为一。这就是庄子所说的“有人之形，无人之情”。当然，这种相知不是日常的目击耳闻，而是直觉或冥会。用《庄子》中的话，就是“目击道存”，连声音都要不得，更不用说言语、分辨了。

四、天没有生死，没有分辨

天是浑然一气，这一气流动无穷，当然超越生死。所谓生死，只是人们的分辨，因为“生死者，知之生死，而非天之有生死也”（《庄子解》：25）。知就是人们的认识分辨能力。王夫之接着描述天说：

> 寥天者，无生也，无死也；哀乐现其骇形，如浮云丽空而无益损于空。夫乃无撄不宁，而生死一，是之谓大宗。（《庄子解》：68）

寥天，没有生，没有死。如果人心能够任凭哀乐出现在面前，就像浮云飘过天空而不受影响，就会任凭外物的干扰而保持宁静，视生死为一，这就是合于大宗。换言之，天本身没有生死，人心能够视生死哀乐为一，则人心也是天。

天不仅没有生死，也没有是非。这是因为天本身就没有对万物的分辨。所以，王夫之说：

> 物无非我者，唯天为然。我无非天，而谁与我为偶哉？故我丧则偶丧，偶丧则我丧，无则俱无，不齐者皆齐也。（《庄子解》：11）

物我为一，只有天如此。我如果能够与天为一，那么自然与万物为一，又怎么会有与我对立的东西存在？因此，没有我则没有与我对立的东西；没有与我对立的东西，又会没有我。没有则一起没有，不齐的东西都归于齐同。

王夫之于《庄子解·寓言》中更明确指出，天均没有非，因此也没有是，是超越是非的。人能够超越是非、忘记生死，就可以合于天、安于化。“生死得丧迁，而天均之环，运而不息，哀乐无留，则无系。夫乃谓之化。”（《庄子解》：249）能够安于化，就能够忘记是非、忘记物我，从而任万物各畅其性，达到圣治。

> 天唯无为恩于物之心，故不受怨；惟不治物，故物不能乱。立体莫善于在，而适用莫善于宥。天唯无不在、无不宥，故阴阳不毗，节宣自应其侯。在宥天下者，喜怒忘于己，是非忘于物，与天合道而天下奚不治，又奚治邪？（《庄子解》：90）

天正因为没有恩惠万物的心思，才免于受抱怨；正因为不治理万物，万物才不能为乱。天之所以如此就在于天能够“在宥”天下。“在”就是将智慧、分别之见等存之于心，而不外示。“宥”就是宽容包涵，不计较是非利害，使“天下宽然足以自容，而复其性有余地”（《庄子解》：90）。天正因为能够包含、宽容和不自我炫耀，才保证阴阳各得其正，节气自然按时令来到。在宥天下的人，在己忘记喜怒，在物不辨是非，与天一样来化育天下万物，天下又如何得不到治理？

相反，如果任用自己的知见，辨别是非物我，就会干扰万物的发展状态，导致对万物的伤害。同时，由于有自是之心，又会炫耀自己的成就，希望别人认可，劳心伤神，形成对自己的伤害。所以，王夫之说：“智故行，名誉兴，而后以人灭天。”（《庄子解》：146）

第二节　人

人的含义主要是对应天来讲的，根据这种对应关系，人首先指由大化形成的人的形体；其次，指因认识能力而产生的分辨，包括是非、生死等，以及对是非、生死的执着。由此分辨执着产生有心、有目的的作为，从而与天之自然相违背。但是，人之为人，本来也属于自然，人之不同于天、地和其他万物，也属于自然。“既已为人，不得而不人。”（《庄子解》：145）“斯须之生，亦不得不循而卫之。”（《庄子解》：202）因此，“人”不是与“天”决然分离，“人”之中自有“天”。人之法“天”不是舍弃人之灵明活动而效法天之空虚死寂，若慎到之“块不失道”，而是根据人的特性和万物的特性进行作为。这样就达到了“天”和“人”的统一。这就是王夫之所谓的人的又一层含义，即“因理达权”的人道。本文将从四个方面剖析人的含义。

一、“人”是大化所成的万物之一

同万物一样，人是大化流行的产物。从这个意义上，人本身就是天。所以，王夫之说：“人也，天也，物也，皆自然之化也。”（《庄子解》：125）前面我们指出，人的神本身就是天，时刻与天相通为一。其实，人的形体也是如此。王夫之说：“道与之貌，则貌之美恶皆道也。天与之形，则形之全毁皆天也。”（《庄子解》：54）“道”“天”互文，都是大化。人的形体容貌都是天所赋予。天不仅主宰其形成，而且还主宰其毁灭。实际上，自始至终，天无时无刻不在主宰着形体面貌的变化。既然如此，形体的存留又如何是人自己所能左右的？可见，无论形体和精神，都是天所赋予。人自身是没有选择的余地的。王夫之说：

> 人之生也，天合之而成乎人之体，天未尝去乎形之中也。其散也，形返于气之实，精返于气之虚，与未生而肇造夫生者合同一致，仍可以听大造之合而更为始，此所谓幽明始终无二理也。（《庄子解》：155）

人之产生，天之气聚合成为人的形体，但是天并没有离开人的形体。等到人死而气体消散，形体返回到气的实体部分，精神返回到气的虚空部分。这样，人之气又与尚未有生化万物而可以生化万物的天地之气合而为一，仍然可以听从大化的重新整合，生成新的事物。这就是幽与明、终与始同为一理的实情。

由此可见，人从生到死，从形体到精神始终都是与天为一的。人只不过是天地大化的一个环节而已。时间过了，这个环节失去其存在，又随从大化转移到新的环节。王夫之把这个环节叫作“黬（黑点）”。他说：

> 生于天均之运，埏埴为瓮为缶之委形者，于太虚纯白之中而成乎形象，亦白练之点缁而已。其黬也，渐久而渝，则离披而解散。天弢解，天袠堕，非灭也。灭者必有所归，移此而之彼，彼又据为此矣。所移者未有定，而要以所移为此。（《庄子解》：207）

黬，锅底的黑灰，此处用来比喻气凝结而成的人体。人生于天均大化之中，就像陶匠用钧将和好的泥土做成瓮、缶等器具。人体在太虚中的位置，就像一个黑点在一大块白布上。这个黑点，时间久了，就会褪色，就会分解消散。虽然消散，并不是消灭，而是转移到别的地方了。从“此处”转移到“彼处”，“彼处”又将变成“此处”。虽然转移的地方不定，但是转移的内容仍然一样。

可见，人本身就是天，不需要在人之外寻求天。如果将“天”看作一个外在之物，舍弃自己的本性，用心去合“天”，反而会失去“天”，堕入造作虚伪。相反，“率其自然，使天下相保于自然，则无忧无知无行，亘终始而不忧其匮，而圣人亦自逸矣。性故逸，逸故天”（《庄子解》：228）。“率其自然”就是圣人按照自己的本性去作为，无心去模仿或服务他人。“使天下相保于自然”，则天下万物各自按照自己的本性生活。“自然”是各自如此，自己按照自己的本性作为。这就是为什么王夫之接着说“性故逸，逸故天”。因此，“天”不在外，就是自己的本性。按照自己的本性生活，就自然合于天。

其次，王夫之认为，能够知道人生不过是大化的一个环节，不执着于这个环节，而顺从大化的流行，则人的形体和精神始终与天保持合一。这就叫“休乎天均”，又叫“得乎环中”。他描述这种情形说：“故无人也，人即天也；无物也，物即天也。”（《庄子解》：229）意思是，人能够得乎环中，就会合天人物我为一。

由此可见，王夫之承认人是一种物质性的产物，是阴阳二气化生的结果。朱熹也有类似的思想，认为宇宙间“第一个人”是“气化”所生。[①]这说明王夫之对朱熹的思想有所继承。但是，虽然王夫之与庄子都讲气化生成万物，庄子并不强调人的特殊性，从存在性上视人与万物如一，并不认为人的生命就高于蝴蝶的生命；王夫之则不一样，他认为人得天地之精气而最灵，是为天地立心者，没有人，天地万物也就失去了其存在的意义。

> 天地之化、天地之德，本无垠鄂，唯人显之。人知寒，乃以谓天地有寒化；人知暑，乃以谓天地有暑化；人贵生，乃以谓“天地之大德曰生”；人性仁义，乃以曰“立天之道，阴与阳；立地之道，柔与刚”。[②]

因此，人虽然生于天，却反过来相天、成就天。是人使天地具有了生机和德性，是人使天地不再是死寂的世界。可见王夫之与庄子虽然都讲大化、天人关系，但二者的目的是不一样的。

二、“人”是对生死的分辨和形体的执着

人是大化之一物，人的神或智力也是自然之产，“灵台者，天之在人中者也”（《庄子解》：164），灵台就是心或神。但是，在如何利用自己的心神上，出现了天人的分离，或者说一旦对自己的心神应用不当，就会导致天人的分离，而堕为“人”。在王夫之看来，这种导致天人分离的不当应用，就是将“神”之感通直觉能力转变成“知”的分辨执着。“人（人为）”就

① 黎靖德编：《朱子语类》，第 7 页。
② 王夫之：《读四书大全说》，第 704 页。

是这种分辨执着，和因之而产生的一切是非、固执和冲突。

因为认知能力的分辨执着导致人类有君子、小人之分。王夫之反问说："天奚有君子小人哉！人则有之。"（《庄子解》：67）意思是，是"人"导致了君子、小人的区分。有了这种区分，必然导致各自是人所非，非人所是，争论不休，为偏见固执所误导，而不能顺应自然。这就叫"以人灭天"。王夫之说：

> 困于小大、贵贱、然非之辨者，彼我故不相知。不相知，则欲以己之有，怜物之无，而人乃灭天。（《庄子解》：148）

因为人们为自己的偏见分别所困，便不能理解他人的观点和行为，从而想把自己的观点强加于他人。因为自己的观点并不是根据别人的具体情形产生的，就必然不合于别人。这样，对这种观点的固执，在己是对自己本性的戕害，在人则是对他人本性的扭曲。在王夫之看来，关龙逄、比干等人正是固执己见，要将之强加于他人，才导致自己受到杀戮。

可见，"人"的含义首先是分辨。这种分辨首先表现在对生死的分别，而生死的划分只是人的知识分辨能力对人之始终的划分，天并没有生死的分别。而且，生死是人之心智对人之形体运动的执着。"生死者，人之形生而形死也。"（《庄子解》：48）假如人能意识到寄寓在形体中的死生只是气化的暂时状态，自觉地超越形体而与一气之化合一，就能够"养其无形之真"（《庄子解》：48）。这个"真"就是神，就是寓于形体中的"天"。

其次，"人"指因分辨而产生的好恶和固执。王夫之批评那些有好恶固执的人说：

> 说生而非能益生，恶生而无能不死，乘于浮明而忘其天。凡夫狂驰之心，捐道助天，惘于生所自始，而彻求不可知之终，皆说生恶死之心引之歧出也。（《庄子解》：58）

"恶生"，怀疑当为"恶死"。浮明，指因分辨而有的知见。喜爱生存，并不能延长生命；厌恶死亡，并不能不死。固执自己的知见而忘记固有的天性。这就是为什么芸芸众生心神狂躁，抛弃大道，强加人为的东西给天然的原因。他们迷茫于自己的本始，却要追求无法知道的终结。这都是因为他们有悦生恶死的心思所致。这个"本始"就是万物皆始于"天"、始于"大化"。这个"终结"就是众人所希望的福、禄、寿等。由此悦生恶死之心，众人之爱物、逐物甚或厌物之心层出不穷，从而自入烦恼。

再次，"人"指因人们分辨好恶而产生的知识、成见。王夫之说：

> 夫物之所自造，无一而非天。天则非人见闻之可限也。而以其习见习闻，为欣为厌为怪，皆心知之妄耳。（《庄子解》：161）

天包含一切可能性，而人的知见因为受到闻见的限制，则是局部的、有限的。这就是为什么张载以闻见为见"性"悟道之障碍，说："德性所知，不萌于见闻。"[①]常人正是因为被经常见到的、听到的东西所束缚，对新奇古怪的东西便产生好恶。这都是因心知分辨而产生的虚妄状态。

由此可见，人之所以会有分辨、知见、好恶等，是因为人被习闻习见所束缚，而忘记了自己和万物都是天之所生，都是大化的一个环节，而固执自己之形体、种类，妄加分别。王夫之说：

> 人已黖而有生，则其拙于天者多矣。无他，人尽芒而不知所移者之无定是，则各据其名实，以为实为节，以留黖而成乎伪。（《庄子解》：209）

意思是，人因为气的聚合而有生命之后，很多的人就会精于人为，而拙

① 王夫之：《张子正蒙注》，第145页。

于天然。这是因为人们都很迷茫而不知道大化本来就没有什么一定的是非。人们各自以自己的名称、实体，作为真实的东西，作为自己的行为准则，意欲保留这个形体，导致人为的附益。

这里，王夫之完全是从负面的角度看知识分辨的。这种观点乍看起来与王夫之在其他书中，如《读四书大全说》《尚书引义》等对知能的推崇相矛盾，其实不然。王夫之自始至终是反对固执、成心的，这一点是他对孔子“毋意，毋必，毋固，毋我”（《论语·子罕》）、庄子无心顺化的思想的继承。更确切地说，王夫之并不反对知识分辨，他反对的只是不能够因时制宜、死守一孔之见或一定的师说而不知道变通、不知道生命之理的做法。他同庄子一样，称这种行为为“人”，当然更以批判的态度对待这种“人”。具体王夫之所谓的真正的“人”，是指“因理达权”“天怀于内，然后可以人寓于外”的人。

三、“人”是有心、有为，是不顺自然

由分辨、好恶必然产生固执和成见，于是，人们以自己和社会形成的成见作为知识和行为的准则，用来养护自己的生命，同时也将这个准则推广于外，用来认识外物和改造外物。这就是“人”的第三种含义：有心、有为而不顺自然，其表现主要在养生和治理天下两个方面。其实，这两者是相关的，因为治理天下本身就是将自己以为能够养护自己的思想推广于外。

在养生方面，王夫之首先指出人们误以为“形体”乃“生之主”，而忘记了真正的“生之主”——神。他说：“惟于其生也，欲养其形而资外物以养之，劳形以求养形，形不可终养，而适以劳其形，则形既亏矣。遗弃其精于不恤，而疲役之以役于形而求养，则精之亏又久矣。”（《庄子解》：155—156）这句话指出，舍神养形，不但不能够养形，反而导致形神俱亏。但是，正如前文所讲，人们喜生恶死，执着生命，所执着的其实只是形体之生死。这种对形体的执着导致他们劳役其“神”以养形。

“神”是怎么被用来养形的呢？这是因为“神”本身可以退变为心知。

王夫之说："神则非不知而固无知也。"（《庄子解》：276）一旦神这种"知"执着外物，就会与神分离，从而沦落为"知"或"心知"。这种心知反过来为了养护形体，更要观察分辨外物，以扩大其知识，所以王夫之说：

以有涯之生随无涯之知，实则以其知随其生也。为善为恶而至于有厚，无他，求以利其生而已矣。……唯恐其形之伤，而役其知以争大軱，自以为养生而神王，身幸免于劓刖，而违天以全人，恶知人之残也多矣乎？（《庄子解》：32）

生，指有生命之形体。神王，因形体完好而自认为的神采奕奕。人，也是指形体。此处指出，众人为了养护形体，汲汲求知，劳役其心神，自以为养护好了形体，其实"神"也早已受到了严重的伤害。而且，没有"神"的形体，也只是行尸走肉而已，并没有得到真正的养护。这就是为什么当今很多贪得之人，表面上形体完好、神采奕奕，其实精神萎靡、缺乏生气。所以王夫之慨叹说："其形在，其心使之然，神日疲役，以濒危而不知，谓之'不死奚益'。"（《庄子解》：30）"其心使之然"就是其心养形求知而忘养神。这种结果只能使"神"耗散消亡，使人变成行尸走肉。

但是，真正将万物通而为一，使它们能够相互感化的是"神"，因为"神"就是暂寓具体形体之中的"天"。形体的阻隔、心知的片面只能导致人和万物之间的隔阂。这就决定因形体和心知而获得的知识不足以治理天下、感通外物。把这种知见强加于外物，就会扭曲它们的本然状态，就是不顺自然，就是"以人灭天"。王夫之说：

以己之有，意人之有；以己之无，欲人之无；是穿马鼻、络牛首之见也。以己之然，怜人之不然，则且见人之然而己不然、因以忮人而思伤之；此两害之道，以人灭天者也。（《庄子解》：146）

这段话意思是，因为自己具有，推测别人也具有；因为自己没有，希望别人也没有。这是给马穿鼻、给牛络首的知见。因为自己如此，可怜别人不能如此，于是看到别人之所能而自己不能时，就产生妒忌伤害之心。这是互相伤害的举措，是以人为泯灭天然的举动。

因此，“人”就是将自己的好恶、自己的标准附加于外物，或者希望外物与自己相同。这种观念产生的原因，就在于不能看到万物各自有各自的适好、各自有各自的“天”。每一个事物都有它的天，表现在外就是它的性命本然，它自己的生活方式和好恶。只有根据万物的性命本然来对待万物，才能不伤害万物，使万物得到正常发展，从而达到天下的治理。从这个评论，我们可以发现王夫之受到庄子的影响，对儒家推己及人的治理方式有所保留。王夫之说：

> 人莫不在宥于天，而各因仍于其道，则不以物撄己，不以己撄物，虽乱而必治，物自治也。物之自治者，天之道也。屑屑然见有物而说之，以数撄之者，人也；有司之技也。（《庄子解》：100）

天下人都为天所包容含育，都各自有各自发展的方式。这样，不主动去扰乱外物，也不让外物来扰乱自己，即使天下大乱，也会回到治理。这就是万物的自行治理。万物的自治，是天固有的大道。忙忙碌碌以讨好外物他人，利用技巧来扰乱外物，这是人为，是具体办事的人的举动。

这里，王夫之明确指出，“人”就是以自己的智巧扰乱天下的固有状态，是违背天下万物本性的非自然的举措。所以，王夫之强调要顺自然以成就天德，而不要落于人为丧失天德。古代的帝王能够顺从自然，不治理天下，天下安于治理。后世之人，自私用智，忙于治理天下，导致天下越来越乱。从这个角度，王夫之肯定老子“绝圣弃智”有所见，对儒家倡导仁义以讨好天下有所微词。

进一步，王夫之指出，“人”不仅指强加于外物所不需要的东西，还指给予外物以人们所喜好的东西。最好的办法是任物自然。他说："民未尝不自知爱也，而乌用吾爱？有所爱者，必有所伤。无伤焉足矣。"（《庄子解》：129）这种情形在动物园的动物身上最能体现。因为人的"爱"和饲养，这些动物失去了在自然界生存的能力。难道对动物有比这种伤害更大的吗？

可见，只有顺应自然，没有丧失，也没有得到，使天下万物都保持如此，才能使天下得到正常的发展，也才是对万物和他人的尊重。这就是庄子所谓的"鱼相忘于江湖，人相忘于道术"。只有无相互干扰之心，各自安于己分，才是真正地爱护自己和仁爱天下。因此，王夫之称颂顺应自然说：

> 哀至则哭，不勉于哀也。因其隆而隆之，因其杀而杀之，无所勉也。哀乐因其自然，则虽极哀乐而性不屈，命不摧，寿夭各尽其天年。以此听天下之治，其仁天下也至矣。唯无成心而一因乎自然，则万变而不渝其真。日月以此保其自然之明，山川以此养其自然之精，四时以此顺其自然之序，无机无缄，合而为一大之体，散而成万有之章。圣人亦因人、因天、因物而已。自本无圣，而恶自以为圣哉！（《庄子解》：130）

在丧礼上，悲哀就哭，不有意装作哀痛而哭泣。当隆重就隆重，当杀减则杀减，没有什么刻意。哀乐因任自然，即使达到哀乐的极致，性命也不会受到毁坏，长寿和夭折之人各自尽其天年。以这样的方式来让天下自行治理，对天下的仁爱也就达到了极致。只有没有成心，一切因顺自然，才能经历万变而保持真性。日月以这样的方式来保持它们的光明，山川以这样的方式来养护其精华，四时以这样的方式来保持其顺序。没有机心，没有技巧，与万物为一而通于大化，分散开来又成为形形色色的万物。圣人之于天下，也是因任他人、因任天然、因顺万物而已。本来就没有什么可执定的圣明，又如何可以自名为圣？

因此，王夫之所谓的仁和圣是顺自然而为的仁和圣，类似于二程所谓的孝悌仁爱皆从天理中自然流出，无一毫之造作安排。这样，"人"的有心、有意、不顺应自然的含义都得到揭露。王夫之虽然不完全赞同庄子的去除人为、土木其心以顺应自然的方式，但是他也绝不同意真正的“人”就是有心、有为、不顺应自然和时势的固执和乱来。孟子推崇孔子是“圣之时者也”，注重的是孔子因时制宜，不妄意造作；孟子强调有心有为以养“浩然之气”，也不是有“意、必、固、我”于心中，仍然是顺应自然的发展，绝不是若宋人的“拔苗助长”。世人之所为，大多数怀有成心、偏见于中，因此，他们的作为必然沦为刻意的有心有为，一旦与自己的意见相忤，必致争论或忮害。王夫之同样继承孟子的思想，吸收庄子的合理成分，这就是他说的至人虽然有知识却不忙于显示运用；即使运用了也不有意去分辨；即使有所分辨也绝不会固执。这样，顺应外物的客观形势，不怀有成心于内，就可以实现真正的人为，这就是下面王夫之所谓的真正的“人”。

四、“人之天”与“因理达权”

人生于天地之间，是大化流行所致，本身就是自然。不但人之形体和精神如此，人的心智能力也是如此。所以王夫之说：“不但化声为天气之所吹，举凡官骸之用、心知之灵，皆气机之变也。”（《庄子解》：27）“天气”“气机”，都是指一气的流行。“化声”指人之声音。既然这样，生之为人，就应当安心地做人，安心做人就是顺应自然，不可羡慕天地、他人或外物，到身外去寻求自然。但是，大化既然生成了人，人并不再像原始的浑然一气那样，简单地属于大化，而是有人之所以为人的特性。这些特性将人一方面与原始的天区分开来，另一方面又将人与大化所成的万物区分开来。这些特性称之为“人之性”，是人之所以为人的东西，又称之为“人之天”。因此，人之顺应自然不是简单地跟着天地亦步亦趋，而是按照自己的本性生活。

那么，人们会提出疑问？既然人根据自己的本性生活，就是自然，就是合天，王夫之为什么还要倡导“师天”？首先，王夫之指出：“天与人异形离质，而所继者惟道也。”[①]人们从天那里继承或效法的是“道”，是万物之自然成长，而不是具体的一言一行。比如，同为吃饭，我效法他人的是吃饭的方法，用口吃可食之物；而不是人吃什么，我也吃什么，生搬硬套。进一步，王夫之指出：“故师天者不得师天，天无一成之法则，而何师焉？有所拟议以求合，合者一而睽者万矣。故无人也，人即天也；无物也，物即天也。得之乎环之中，则天皆可师，人皆可傅。”（《庄子解》：229）因此，所谓的“师天”并不是有心去效法什么，而是按照自己的本性去行为。内心没有人、我、物、天，空虚无执，自然合于大道自然，就可以效法天或他人。

据此，王夫之警告切勿以天之自然无为作为唯一标准，来齐一天下万物，将“师天”看作一个固定的物事。他说：

> 故人之所知，人之天也，物之所知，物之天也。若夫天之为天者，肆应无极，随时无常。人以为人之天，物以为物之天，统人物之合以敦化，各正性命而不可齐也。[②]

这段话意思是，人、物和天各有自己的“天”，各有自己遵循的规律。真正将人物统合起来以顺应大化的“道”，是让万物各自按照自己的本性生活，而不是让它们遵循相同的原则。这不但是对《庄子·齐物论》“夫吹万不同，而使其自已也”的阐释，也是对《孟子·滕文公上》“物之不齐，物之情也”的继承。

受庄子这种思想影响，王夫之也对儒家的教化民众的观点有所修改。他接着说：

> 由此言之，贤智有贤智之天，愚不肖有愚不肖之天，恶得以贤智之

① 王夫之：《尚书引义》，第270页。

② 王夫之：《尚书引义》，第270页。

天，强愚不肖而天之也哉？[①]

如果这样，那圣人的教化政策将无法落实。于是王夫之提出“按能而教”的观点。虽然圣人欲培养人们成为贤智之人，但是对于愚不肖之人，圣人并不强迫他们接受成就圣贤之道。圣人只是就其能力所及要他们明白春温夏暑、秋凉冬寒之序，赏荣刑辱、父亲君尊之理。王夫之这个观点显然也受到了《庄子·外物》篇的感发。在看到关龙逢、比干、伍子胥等人忠谏不听而反遭杀身时，他说：

己有知而必不知者之知，己有能而必不能者之能。夫既不知不能矣，而尚可必乎？有不知，有不能，不自怙以受人忠孝之忧者，唯圣人为然，而以望之昏昏陷溺之人乎？不知不能者，既不能受，反愧以相忮。（《庄子解》：238—239）

通过《外物》，王夫之不仅看到了贤智忠言不会被昏君暴君接受，而且也意识到儒家的成圣成贤的说教并不适合芸芸众生。鉴于此，他提出如何处理“人之天”与“物之天”的方法：

故圣人所用之天，民之天也，不专于己之天，以统同也；不滥于物之天，以别嫌也；不僭于天之天，以安土也。[②]

圣人严格区分“民之天”“物之天”和“己之天”。按照民众的特性来治理天下，而不是按照自己的标准来强加于人。也不盲目地去效法“天之天”和“物之天”，而忘记自己做人的本分。因此，明白人本身就是自然，

① 王夫之：《尚书引义》，第270页。
② 王夫之：《尚书引义》，第270页。

就可以按照人的本性有所作为，而不违背自己的“天”；也就可以顺应天地万物之性进行作为，这就是《庄子·秋水》的“因理达权”。王夫之解释说：

> 天者自然之化，人者因功、趣、差等而达权者也。既已为人，不得而不人；络马穿牛，不容已则不已之，无不可为也。而不以马之宜络，遂络其牛；牛之须穿，并穿其马；则虽人而不灭天。天怀于内，然后可以人寓于外。非知自然之理者，不可与权；所以小大无垠、贵贱无等，然非无定，而不可不约于其分。分者天也，道之所自显也。（《庄子解》：145）

这样，王夫之不但接受了庄子“物各付物”、任物自为的思想，还加上了他自己的理解：按照物之本性来相天成化，增加人类的福利。“既已为人，不得而不人”是说安于人之本然，不舍己效他。“络马穿牛”则是寓人为于自然之中，以应用外物。在他看来，牛之须穿、马之宜络都是它们本性使然。因此，他所说的“自然之理”就是万物相对于人类的功用，也就是它们的“分”。他认为它们的功用是生来使然，是生来为人类服务的。这一点颇有《圣经》万物皆为人造的意思。

可见，“人”就是根据事物的特性而为。其前提是通达自然之理，通达万物各自的“性分”。这样，即使有人为，由于适合万物的本性，不但不伤害万物，还可以相天成化。这就是人之当为，也是生之为人的意义所在。所以，王夫之不同意庄子的绝对无为、视尧舜对天下的治理为尘垢秕糠的说法，更不同意庄子等同伯夷和盗跖同为残生伤性的观点。究其实，是因为王夫之不同意庄子摒弃人为，一切顺从天然的做法。在王夫之看来，庄子的做法是鲁莽地效法天，不知道人之作为本身也是合于天的道理。庄子以大化自然作为效法对象，完全不顾人之为人的现实，将他的学说推到极致，必然是将大化自然看作一个可以执定、效法的物，将人变成一个无知无心的物，这样是泯除人之为人的意义，也是违背人之为人的事实。

既然要通达天地万物之理，又要根据万物各自的具体特性和情形行事，这说明知觉分辨能力是必不可少的。因此，王夫之承认知觉分辨能力是人自然而有，也是不可去除的，反对《齐物论》中“形如枯木、心若死灰”的做法，他强调的是一颗活生生的心，是一颗与天地大化生生不息相一致的心。这就需要人应用自己的知觉灵明去主动地合于大化，而不是若庄子那样，虽然强调不可心死，但是却有点被动地顺从大化之嫌。可见，通过王夫之的“因理达权”的提升，使《庄子》中“人”的负面含义得到纠正，使真正的人的含义得到展示。

第三节　从原始的天人合一到高层次的“复合于天”

由以上天、人各自的含义来看，王夫之的天人关系可以从两个方面来讲：天人合一与天人对立。从天人对立方面，天主要指自然和万物固有的本性或本然状态，人则是一切人为造作，包括有心、有为的作为，以及利用自己的智力、技巧、知识来养护形体和治理天下。在这种情况下，人是对自然状态的戕害。从天人合一的方面，天既指大化流行的浑然一气，又指万物各自固有的本性。人则是天地之化的一个暂时的产物，本来就没有与天分离。这是天人固有的合一状态。但是，既然生之为人，人又不完全等同于无思无虑的大化，而是有自己的神明心知以成就人之所以为人。从这个意义上，人与天的合一不是气合于气、水合于水的简单合一，而是通过人的智力认识天地万物各自的性分或理，从而行使应有的权变，用王夫之的话说，就是“天与人异形离质，而所继者惟道也”[①]。这就是王夫之所谓的法天不是效法天的亦步亦趋，而是合于天道的无执顺化、因任万物各自的本然的精神。可以说，这是发挥人的主体性之后的辩证的合一。

① 王夫之：《尚书引义》，第270页。

从王夫之与庄子的关系上，一方面，王夫之继承了庄子的思想，以天为师，作为行身、养生和治天下的最高准则，如："唯天是放，性无不得矣"（《庄子解》：83），放，仿效。另一方面，王夫之不同意庄子凡属于天的皆至善的思想。正是基于这个不同，庄子认为"虎狼，仁也"，王夫之否定之。庄子反对络马穿牛，王夫之肯定之，并指出此乃圣人因理达权的表现，并不违背天。王夫之之所以不同于庄子，是因为庄子消解了人类之知见分别之后，没有给"天"或"自然"做出明确的标准，使人生的意义无处着落。故王夫之又于"自然"中挖掘人之主体性，以成就人之所以为人之意义。他说：

> 夫生必有所以为生，而后贤于死。……有生之情，而奚容不有所为耶？……至于本合于天，而有事于天，则所以立命而相天者，有其在我而为独志，非无可奈何者也。（《庄子解》：155）

意思是，既然人有生命，不同于死物，则必须有所作为。否则，若慎到之"块不失道"，只能是"死人之理"（《庄子·天下》）。因此，生必须实现生之意义，才能胜于死。否则，生不如死。这个作为就是基于天人本来合一的基础上"立命而相天"。

其实，这就是王夫之所说的圣人通过知道万物之理进行的权变。世俗之人希望养护形体，长生不死，不知道这是人无可奈何的事。所以，他们的作为没有任何意义，不如无为。圣人明白人之所以为人在于顺从造物主来做人，在于保持天地赋予我的纯气，因此，通过养神、顺化、安命，对保持天地的和气做出自己的贡献，成就人生的意义。

一、原始的天人合一

无论庄子还是王夫之，都认为天人本质上是相通为一的。天是一气之流行，而人是此一气之流行的一个暂时环节。所以，庄子说："通天下一气

耳。”（《庄子·知北游》）而王夫之说：“人之于天，无一间之离者也。”（《庄子解》：224）

天就是道，就是自然（自己如此，不需外因）。道或自然虽然生成万物，但这个生成不是母亲生子女的分娩，而是自身之转变。王夫之通过解释“是生”来揭示这个道理，说：“‘是生’者，立于此而生，非待推于彼而生之，则明魄同轮，而源流一水也。”[①]意思是，“道”生万物是即道而生万物，不是从“道”生出个分离的万物。就像即明而有魄，即源而有流，二者是一个相续的整体。他接着说：

> 自然者，有自而然之谓。而所自者，在精神未生以上，不可名言，而姑字之曰道。乃形物既成之后，此道亦未尝暂舍，而非根本枝叶各为一体。（《庄子解》：188）

“形物”，指形体和万物，当然包括人。可见，人与道、天始终是合一的，没有必要另外再倡导天人合一，只要按照人的本性生活，就是合天，不是另外有一个天要人去并合。

虽然人的形体和精神都来源于天，本来都与天为一，但是，王夫之所谓的人与天合一从根本上说是“神”与天的合一，而不是形与天的合一。他说：

> 道与之貌，则貌之美恶皆道也。天与之形，则形之全毁皆天也。忘其内而饰其外，外神劳精，皆于生之外而附益之也。……恶知形之与貌，号之为人者，非我也！（《庄子解》：54—55）

这里，道、天的意思一样，都是大化。人的形体容貌都是天所赋予。天不仅主宰其形成，而且还主宰其毁灭。作为人，忘记内在的东西而粉饰自己

① 王夫之：《周易外传》，见《船山全书》第1册，第1024页。

的外表，忘记神明，劳役精神，都是在生命上黏附其本来没有的东西……又哪里知道自己珍贵的号称为人的形体容貌，并不是真实的自己。

可见，虽然形体容貌也是天所赋予，与天为一，但是王夫之所重视的是内而不是外，是精神而不是形体容貌。在王夫之看来，只有精神才是真正的人，真实的我，形体容貌只是变灭的我，不足为贵。人之合天，不是形体的合天，而是精神的合天。王夫之进一步指出，神乃寓于形中之天。形只是神之附庸或寓所，是宾而非主。人生之意义便在于自觉此神天合一之理，由有心到自然地顺天行事。因此，从天人本来就合一的角度来看，王夫之与庄子没有太大的区别。庄子虽然说“通天下一气耳”，但是《养生主》《德充符》《达生》却揭示出庄子所重视的是“神”而不是形，则其合天也是以神合天。

二、天人的分离

虽然天与人的分离可以说从大化形成人体之际就出现了分离，但是，在王夫之看来，天人分离不是指人之形体与大化浑然一气的分离，而是指人利用自己的心智产生分辨、是非和好恶，不顺应自然，不尊重自身和万物的本性而乱为。王夫之认为，人的神可以发用为知，也可以不发用为知。发用为知，则神为知的分辨服务，从而与天分离。不发用为知，则神保持其自身，与天相通为一。可见，知的分辨是导致人与天分离的主要原因。

天包容万物，无分辨、无执着，没有自矜、自是之心。人有了分辨能力并将之应用于外在世界之后，却忙于分辨、执着、自矜和自是，导致天人的分离。所以，王夫之说：“天奚有君子小人哉！人则有之。”（《庄子解》：67）

天本身就是道，就是自然。据此，天人分离又体现在王夫之对人与道和自然的分离的论述上：

天地万物林立而各约其分，不自为大，不自为小，不能自贵，不欲自贱；其所以有小大贵贱之云云者，存乎人之观之耳。唯以道观之，并育于天地之中，无贵贱也。而以道观者鲜矣。（《庄子解》：142）

意思是，天地万物各自独立，各自安于自己的分位，不以自己为大，也不以自己为小；不能自我尊贵，也不能自我作践。之所以有大小、贵贱等分别，是人根据自己的看法产生的。只有从道的高度观看万物，才能将万物包容含育于天地之中，没有贵贱等分别，但是，从道的高度观看万物的人太少了。

以道观看万物，就是以天来对待万物。只有如此，才能保持与天一致。但是，人们忙于区分万物，固执自己的成心和成见，将之强加于天下，认为如此可以福泽万物。其实，这种有心、有为的做法，不但不能福泽万物，反而会扰乱万物的正常发展，使自己和万物都失去固有的本性，导致天人分离和自然之德的丧失。王夫之说：

天地之化，无非自然。上皇因而顺之，不治而不乱；后世自勉以役其德，而自然者失矣。（《庄子解》：122）

所谓“自然者失矣”，不仅仅是治理天下的人的“自然”的丧失，而且也指因为他的治理，导致天下万物的“自然”的丧失。这样，人类丧失固有的与天合一的状态，迷茫于人为之中，导致天人的分离越来越大。

人们迷茫于人为分辨之中，与天分离，庄子称之为“梦”。其实，人世间的一切人文，都可以说是因为成心分别而生起的梦幻。开始的时候只是一个梦：我与非我的分别。接着，这个梦越发展，梦中之梦就越多，以致形成一个巨大的梦。这个大梦使世人终生处于梦中而难以醒悟。因此，庄子说：“且有大觉而后知其大梦也。”（《庄子·齐物论》）去除人为分辨，无心无知，或许梦醒。但是，执着于梦、觉的分别的人也是处于梦中。只有没有分别，梦觉俱泯，才能从大梦中跃出。因此，庄子说：“万岁之后一遇大圣，知其解者，是旦暮遇之也。”（《庄子·齐物论》）意思是，万岁之后遇到知“一切基于你我彼此的分别而建立的人文”都是梦幻的大圣，就像早晚之间那么短暂。为什么庄子如此说，因为没有了分别，万岁、旦暮都成为虚无，古今旦暮都成为一体。

类似地，王夫之也认为，人因为气的聚合而有生命之后，很多的人就会精于人为，而拙于天然。这是因为人们都各自以自己的名称、实体，作为真实的东西，作为自己的行为准则，意欲保留这个形体，而不知道大化本来就没有什么一定的是非。这样，人们就因为自己的固执背离天然，产生虚假。要超越这种分离和虚假，王夫之建议人们忘记天、人、物、我之间的分别，说：

> 无天、无人、无吾，浑然一气。能不失其清虚静正之恒，则天下皆入吾之笼，而虫之能即天之能，天之能即我之能，无非可好者也，而后天全于灵台。（《庄子解》：209）

去除是非和执着，合于天地的浑然一气。这样，我与天地万物为一，虫之能、天之能、我之能也浑然为一，从而天在我心（灵台），天人合一。可见，王夫之对天、人分离的论述基本上沿袭了庄子《齐物论》的观点。

天人的分离必然产生一些不利的后果。从普通个人来说，人为的分辨导致悦生恶死、趋利避害，于是喜怒哀乐交荡于胸中，使个人所得的天地和气丧失。不仅使人类不能保持恬淡中和的性情，而且还与天地之气相感，使天地之和气受到干扰，伤及天下。王夫之说：

> 人之先合于天。为命之情者，纯而已矣；无所凝滞，更生而不穷，不形于色而常清。唯人之不达乎此，淫于物而化于物，则物之委形块结于中以相杂，忧患水火交相窒栗而纯气荡；则且化天之纯气，为顽鄙、窒塞、浮荡以死之气，而贼天甚矣。（《庄子解》：157）

王夫之认为，人本来与天合一。成就人的生命的是天之纯气。纯气没有凝结瘀滞，生生不息，没有色相形体，永远保持清明。人们不知道这个事实，沉湎于外物，被外物控制，于是外物凝结于人心，与纯气相掺杂，形成忧患、恐惧等情感，将纯气变成顽鄙、窒塞、浮荡以死之气，从而导致对天的伤害。

进一步，这种郁结于心中的利欲之气，若在有生之年得不到化解，虽人死之后，也不会轻易散失，反而会作为一个单元随大化构成他物。于是，害气在天地间延续不已，而后生之人以邪恶、下愚、贪婪等为天生之人性。实际上这种贪婪之性却肇端于前人。故王夫之接着说：

> 夫人之杂气一动，开人之“智巧果敢”，以闭天之纯，则其散而更生者，害延不已，于是攻战杀戮之气动于两间，而天受其累。（《庄子解》：157）

意思是，人的掺杂之气一旦发动，演化成智巧、果断、勇敢等行为，就会郁闭天地赋予的纯气。等到这种杂气散开，再生化成别的人物，就会产生攻占、杀戮的恶气流荡于天地之间，使天下都受到危害。

对君临天下的人来说，“以人灭天”的行为对天下人和天地之和气的伤害就更为显著。故庄子文中多批评往古圣王，原因是君人者对天下和天地的责任更大。天地之气以中和为至，故人当法天地之中和，而不当有任何偏好。否则天人同处一气之中，一旦有所偏，必然相感无穷。如水波之相感，久而难息。君主是天下之仪表，一旦有所偏好，必为天下效法，于是其所导致的偏差混乱远非普通个人所能及，故君人者亟当法天体道，去除偏好喜怒，一以天行。王夫之论之曰：

> 喜则其性必淫，欣欣然趋乐利者导之以靡也。怒则其德必迁，瘁瘁焉恶死亡者、为善不能、为恶不可、无所据以自安也。种种之民，喜怒人殊，

而一淫一迁，则嚣然并起，如巨浸之滔天，而莫之能遏。乃要其所自生，则唯一人之喜怒，有权有力，而易以鼓天下也。（《庄子解》：91）

使天下人喜悦，则他们的本性就会被惑乱，因为追求快乐和利益的兴奋使他们惑乱。使天下人恐惧，则他们的天德就会被改变，因为对死亡的恐惧使他们对善恶之行无所适从、惴惴不安。这样，诚恳朴实的民众，各有自己的喜怒。一旦他们的本性被惑乱、天德被改变，他们的喜怒之情便嚣然并起，像巨浪滔天，无法遏制。追究这种混乱的产生，其实只是一个人的喜怒所致。这个人有权力，容易鼓动天下。

这个有权力的人，就是君主。君主左右着天下人的富贵贫贱，他的喜怒必然影响天下人的喜怒好恶。君主一旦有所偏好，天下人便会撇开自己固有的生活状态，为追求利益，逢迎而至，从而引导天下人失去其本然的性命天德。可见，君主的所为更容易导致天下大乱，也更容易伤害天地的和气。王夫之又从本体论上解释君主之偏好导致天下大乱的原因，说：

君天下者与天下均在二气之中，随感而兴。天气动人而喜怒溢，人气动天而寒暑溢，非得环中以应无穷者，鲜不毗也。（《庄子解》：92）

“毗”，偏。“环中”，道或天。君主一个念头偏于阳，天下人就会狂奔向喜悦的方向，再用刑罚也制止不住。君主一个念头偏于阴，天下人就会奔向愤怒，即使有赏赐也安慰不了。这是因为，君临天下的人与天下民众都处于阴阳二气之中，随从阴阳感应而兴起。天气感动人，则人的喜怒失常。人气感动天，则天的寒暑失序。除非让体悟大道的人来治理天下，否则很少有不偏毗的君主。

由此可见，从根源看，人类的一切祸害不是天生，而是人类自己招致。没有人类，天地的和气将永远保持，万物各自安于其性。有了人类，人类不自私用智，不刻意改变自己和万物，按照各自的本性发展，也不会干犯天地之和气，也不会伤害自己的和气。但是，人类由于被天地赋予了知辨能力，便用来执着形体，区分你我，以致是非好恶、辩论争斗，则上以干犯天和，下以丧失本性，从而导致天下祸害生生不已。迷昧的人将这些东西归咎于天，归咎于命，而不知道这正是人类背离天然的结果。因此，王夫之倡导相天，从我做起，从现在做起，保持自己的和气。即使自己的和气已经有所污染，也应澄心静欲，使之复归于清醇。这样，不增加天地间的邪恶、乖戾之气，便能够相天和福泽后世。

三、复合于天

鉴于天人相离造成的祸乱，庄子和王夫之要求人们自觉地回复到天人合一的境界。这种回复乍看起来，像是对原始混沌的复归，其实考虑到庄子、王夫之都不主张慎到为见“道”之人，可知庄、王二人的复归并不是简单的复归，即不是复归于无知之土块，同于槁木死灰，而是自觉地对天或自然的顺应。

复归于天的意义，可以从个人和天下两方面讲。从个人方面，向天的复归是个人从物欲是非造成的倒悬之苦中的解除，是逍遥的必由途径。其方法在于舍弃人为，效法天然。王夫之说：

> 以道德为乘者，才与不才，善与恶，名与刑，皆物也，非我所以物物也。因其自然，不见有名之可邀，不见有名之可避，不见有刑之姑试而无伤，不见有刑之不可婴而思免，誉訾得失，安危生死，物自推移，而不以滑吾心，吾行吾正焉耳。此则不受人益而与天合也。（《庄子解》：167）

“以道德为乘者”，合天任自然的人。“所以物物”，指神，就是寓于己形中之天。“人益”，指人为、世俗成见。对于顺应大道、不丧失天德的人，才与不才、善与恶、声名与刑罚，都是具体的外物，而不是他用来主宰天下万物的东西。他顺应自己的本性，将声名刑罚、得失毁誉、安危生死都付诸大化推移，而不足以扰乱自己的心灵。自己只是按照自己的性命之本然而行。这样，就可以不受到世俗人为的扰乱而与天合一。

从天下方面，唯有复归于天，才能使天下由乱返治，由浮华返回朴素，才能使万物皆安其性命，无灾害损伤，尽其天年。王夫之说：

> 天唯无为恩于物之心，故不受怨；惟不治物，故物不能乱。立体莫善于在，而适用莫善于宥。天唯无不在、无不宥，故阴阳不毗，节宣自应其候。在宥天下者，喜怒忘于己，是非忘于物，与天合道而天下奚不治，又奚治邪？（《庄子解》：90）

意思是，“天”正因为没有恩惠万物的心思，才免于受抱怨；正因为不治理万物，万物才不能为乱。建立本体没有比包含不露更好，付诸应用也没有比包容无别更高。天正因为包容而不自是，才保证阴阳各得其正、节气自然按时令到来。在宥天下的人，在己忘记喜怒，在物不辨是非，与天一样来化育天下万物。这样，天下又如何得不到治理？

由此可见，君临天下的人若欲由乱返治，必须法天之在宥，包容无辩。唯包容无辩，方能任万物各如其自然，亦方能使天地之和气长保，万物各尽其性，各得其天。其在天下可以使浇漓之风俗返归朴素；其在万物，可以使“物不疵疠而年谷熟”。

既然复合于天的意义如此重大，那么如何才能复合于天呢？从根源上说，天人的分离是由于知之分辨能力对人之形体和外物的执着。因此，复合于天可以从如何对待知辨能力和如何对待形体外物两个方面入手。从如何对待知辨能力上，虽然人具有知辨能力，如果能够不执着是非生死，就能够不沉迷于外物而丧失本性。因此，王夫之论述至人对待道和知的方式说：

> 至人于道，有守而无知，知之而不用，用之而不分；则合万变、周遍咸而无异知、无异用。唯不求知以假于用，故合乎天而为万用之资。（《庄子解》：193）

“周遍咸”，指一切时空和万物。至人对待大道，慎于守护而不求知之。即使知道了也不求应用，即使应用了也不事分别。这样，至人就可以与大化为一，始终保持相同的知见和应用。只有无心将知见付诸应用，才能与天合一，成为各种应用的资本。可见，不任知、不应用、不分辨，则通乎万物为一之理，虽然历经万变，也不会被知辨能力和知识扰乱，从而达到凝神合天。其实，这也是王夫之对《庄子·缮性》“恬知交养”的发挥。

从如何对待形体和外物上，要真正地达到不执着外物，包括自己的形体，就要认识到实际上没有什么外物可执。故庄子提出“物化”，认为形体时刻皆处于递变之中，现在之庄周，或是蝴蝶之梦境；现在之蝴蝶，或是庄周之所梦。庄周和蝴蝶无法分别，也无法执定什么为我，什么为人。这样，超越固执而合于大化。同样，王夫之说：

> 是非之所自成，非声之能有之也，而皆依乎形。……故于篇终申言物化，以见是非之在物者，本无已信之成形。梦也，觉也，周也，蝶也，孰是而孰非？物化无成之可师，一之于天均，而化声奚有不齐哉？此以夺儒墨之所据，而使荡然于未始有无之至齐者也。（《庄子解》：29）

“成形”，一成而不变之形体。“己信”，自己确信不疑。“儒墨之所据”，指因形体而立的分别是非。形体时刻变化而不足作为依据，则儒墨之所据同归于无有。既然形不足据，则执着于形所立之分辨是非更不足称道，于是由是非分辨而起之物论、喜怒等更缺乏其存在之根据。这样，使人们悟出昔日之事事物物皆因分辨而有，本不足以存。世界的真正面貌是浑然一气，无是无非。于是，遗弃昔日之固执，通于大化，合天而天下自安。

王夫之还有许多其他的复合于天的方法，如“丧我”“坐忘”“寓庸”等。其实这些概念皆与“物化”相通。其根本宗旨在于让人认识到因时顺化、无执无囿的道理。人能无执无囿，则逍遥、两行、物各付物、未始出吾宗等皆自然达到。无执无囿作为一种精神境界，其外在表现是无知无为，因时顺化。但这种境界乃人之自觉地无知无为，它超越了无生命之物的被动性，也超越了无意识之物的盲目性。唯无执无囿，舍弃一己之偏好，以成天地之和，方成就王夫之所谓的“内圣外王之道”，此亦张载的“为天地立心”。基于此种理解，王夫之进而提出自己的“能移而相天”的思想。

四、能移而相天

庄子到底是破除主体性还是高扬主体性，恐怕是一个很容易引起争论的问题。但通观《庄子》，可以说庄子并没有反对主体性，其所反对的只是人们的自私、自矜和分辨是非。庄子反对分辨是非之目的在于让人不执着于是非，安时顺化，无可无不可。此种观点在《齐物论》中已明确言之。唯“两行”“寓庸”、无执无囿方可冥合庄子之道。故王夫之批判《至乐》篇“以死为乐”不通乎庄子之旨意。进一步，庄子《天下》篇中明言“慎到之道”非庄子之道，益证明庄子不否定人之主体性。王夫之明确提出相天成化的思想，可谓得庄子之言外之意。

唯承认庄子对主体性的承认，方可进一步谈论“以天为师”。庄子所追求的乃是人自觉地向天地无心无执的复归，其方法在于破除人们对有形之物的固执和因此而生起的喜怒是非。唯有破除这种固执，方能使人们免除因执着而带来的忧乐，而游心于恬淡自得之地。也唯有如此，方能止纷乱于其源，避免因分辨而兴起的攻占杀戮。由此可见，庄子著述之真义仍在于济世。唯其认为欲济世当首先有若天地之包容不辩之胸怀，否则，必因分辨固执而事与愿违。故曰：“道之真以养身，其余绪以治国家，其土芥以安天下。”（《庄子·让王》）因此他深斥有为用智之祸害，而以孔子、黄帝、尧舜等人物做寓言，批判后世君主治理天下的不当。王夫之深明庄子此种思想，故盛赞庄子于内圣外王之道有所见，而不以庄子之非毁尧舜、抑扬仲尼，而否定其学说。

基于庄子的济世思想，王夫之提出自己的“相天”思想。“相天”可以从两个方面来谈。一方面是顺着庄子的思想，养神合天，返归天地以清醇之气。一方面是逆着庄子的思想，主张人为，主张圣人因理达权，顺物性而有所作为，以赞天地之化育。

首先，我们看王夫之顺着庄子思想的讲法。他说：

> 若两者能无丧焉，则天地清醇之气，由我而抟合。迨其散而成始也，清醇妙合于虚，而上以益三光之明，下以滋百昌之荣，流风荡于两间，生理集善气以复合，形体虽移，清醇不改，必且为吉祥之所翕聚，而大益于天下之生；则其以赞天之化，而垂于万古，施于六寓，淯于万象，益莫大焉。（《庄子解》：156）

“两者”，指形神。如果形体和精神均得到保持，那么我就可以调和天地的清醇之气。等到我的形神消散复归于天，我的清醇之气也能够与太虚之气自然合一。这样，上可以增加日月的光亮，下可以滋润万物的繁衍。即使化为微风，流荡于天地之间，也能够不失生命之理，与善气合一。我的形体虽然变化了，清醇之气却得到保持，这股清醇之气必然能够为吉祥事物之核心，大大地福泽天下的生命。这样，我就可以赞天地之化育，可以永垂不朽，存在于天地之间，合于万象之中。没有比这样的福泽更大的了。

此处“形体虽移，清醇不改”，揭示出“能移而相天”之含义。能移，指形体之移，亦即顺化。清醇不改，指神不为形体的变化所动摇。唯不执着于形体者方能移，否则有执而不能顺化，心死于一乡，不可谈能移。简言之，能移而相天，就是不执着于形体，安时顺化，达到赞天地之化育的效果。

在具体方式上，王夫之倡导以和养和的相天方式。虽然和是天之本质，但是在阴阳运行的过程中，还会偶尔产生一些不和的东西，比如残疾人。先王认识到这个问题，他们就以这些残疾人作为乐师，以陶冶他们的性情，“进之于和豫之地”。这是因为：

乐者和以养也。和而及于不和之尤，使之消散其一日之哀郁，而后细类劣生不虚养，而有生之情效焉，则亦且荣生而无甘死之心，所以调阴阳之沴，而溥生理于无方也。[1]

这样，通过音乐，将这些残疾人身上的不和之气消除，使他们自乐其生而不以死为乐，就达到了调理阴阳、弘大生理的目的。

具体到一般人的日常生活，王夫之建议要慎于选择四时节气以活动，避天之过，迎天之和。比如，在盛暑极寒之时，就要慎于出门，注意乘凉或保暖。在狂风暴雨之时就要待在家里，不要自己招惹病害。而当春暖花开、秋高气爽之日，就应该登高望远、适时出游，以就天地之和。王夫之特别强调调节饮食以养和，说：

饮食之道，味以养阴，气以养阳。养阴者，非但养其血也，即所以养夫人柔顺洁清之德也。养阳者，非但以养其气也，即所以养夫人刚健文明之德也。血气清，而性情亦正矣。故夫治之未精，时之已过，浊有余而清不足者，皆能长人之浊气而使之乱。[2]

这里，王夫之明确指出，养阴养阳不是简单地养人之血气，而是养柔顺洁清、刚健文明之德。这就是要人效法乾坤之德而不是天地之形。通过这个养护，人之血气就会清明，性情就会平和。否则，就会被浊气充塞，堕落为贪饕愚昧之人。

---

① 王夫之：《周易外传》，第940页。

② 王夫之：《四书训义》（上），见《船山全书》第7册，第619页。

王夫之进一步指出，调节饮食和行为的原则就是儒家的礼。在他看来，正因为遵循礼，君子虽然饮食、听乐、上朝、祭祀，总能保其和。最终他得出结论说："不逢其欲，不丧其实，则虽否塞之世，而冲和之气固未尝亡。"[①]所谓"不逢其欲"就是不耽于自己的欲望；"不丧其实"就是不丧失自己的心神。这样即使在困境之中，自己仍然能够保持平和，保持自己的正气，达到相天成化的目的。

其次是逆着庄子的讲法。在庄子看来，天是至上至善的，人只要自觉地法天，因顺自然，一切皆能复性安命。世界上没有什么善恶，或者说凡自然的皆善，凡人为的皆恶。人为之含义并不是指人类的一切行为，而是专指那些自私用智的行为。因此人生的意义便在于认识和自觉保持自身和外物的本然和本性，按本性而为，不破坏这已有的和谐。因此他说"至人无己，神人无功，圣人无名"（《庄子·逍遥游》）。可以说庄子的无为是彻底的无为，一切功名德教于此俱泯除。至人与天彻底合一，其为即天为，故姑射山神人自己神凝，而使万物不生疵疠，年谷自然成熟。然而，王夫之却不同意庄子对功、名、德、教的泯除，在王夫之看来，德、教、功、名皆圣人相天成化和人之所以为人的根本，是人异于动物、植物和无生命之物的外在表现。假使泯除这一切，那么世界上将没有标准，也无从推崇孔子尧舜、区分伯夷盗跖，而且庄子所讲的通达生命之理、知天见独等命题的意义也就无法落实。

简言之，庄子的圣人或真人是无心任化、安时处顺、不事分别的。若说有分别，只是一切以天为准则，逆于天者皆非，同于天者皆是。王夫之的圣人是无执无囿，但并不排除分别，其处理分别的方法是寓庸或物各付物。王夫之并不认为天至高无上，而是要以人类的智慧来"因理达权"，提高人类之福利。因此，王夫之虽然讲了那么多师天、合天、无心无执的话，其实，从严格意义上讲，这些概念并不具备庄子的思想特色，反而透露着浓厚的

---

① 王夫之：《周易外传》，第957页。

理学气息。鉴于此，笔者认为，王夫之解庄是试图将庄子儒家化，于内篇不得其径，遂于《庄子·达生》“能移”处嵌入其“能移而相天”的思想。在庄子，伯夷、盗跖的行为同为损伤性命；在王夫之，必判伯夷、盗跖为圣愚之别，则见其所谓的无心、无分别本质上只是不执着于分别，而不是泯除分别。

这样，王夫之的改造也从另一方面暴露出庄子学说的缺陷。庄子的自然观若推至极致，必然导致一切属于天生的皆好的。那么物论之分别、蒯聩之邪恶，由于究其源，皆可归之于天，故亦无可非。因此，庄子后学中，便出现了对自然或天理解的偏差。有推崇无知之物、以死为乐者，如《庄子·至乐》；有倡导顺性而行，满足嗜欲者，如《庄子·盗跖》。王夫之看到庄子学说的缺陷，批评庄子的逍遥无为是“卤莽师天”，乏于思考人生的更为精致的道理，认为庄子的智慧不能认识到为人道立极的意义，并讥讽庄子逃避责任、惮于力行。在《续春秋左氏传博议》中，王夫之直接批评庄子的养生之说。在王夫之看来，养生之旨，本质上就是养神或养和。而养和的手段在于以礼养和，也就是“善养和者莫有如敬者也”。因为王夫之认为：“敬者，礼之神也”[①]。可是，庄子却撇开敬，以无知无识来养和。虽然庄子达到了养和，可是王夫之认为庄子养和的目的不纯。他说：

> 将为纪渻之鸡乎？将谓叔山之趾乎？将谓南郭之丧偶乎？将谓蘧伯玉之婴儿乎？夫如彼以为和，亦既自无不和也，然而其所由以和者不可问已。寝欲甘也，坐欲箕也，出欲不拂人之色笑，而入欲无所劳其耳目也，得此而和，不得此而不和，涂之人则大概胥然矣。[②]

显然，王夫之有点强词夺理，吹毛求疵。既然养和可以相天，养和就

① 王夫之：《张子正蒙注》，第215页。

② 王夫之：《续春秋左氏传博议》，见《船山全书》第5册，第554—555页。

是最高目的。而此处王夫之竟然首先批评庄子的无为以养和，接着以俗人之耽欲比附庄子。王夫之的目的就是要为他的儒家的礼义养和找到出路。因此，王夫之的相天本质上仍然是儒家的赞天地之化育。故他采取了一种积极有为的人生态度，认为既然生之为人，必须要有所作为，才能与无生、死亡区别开来。这就是他说的："有生之情，而奚容不有所为耶？"（《庄子解》：155）

庄子批评成心于中，逐物不反者为"心死"，认为这种人比形体之死亡还要可悲；旨在启发人们不要执着形体和外物，要息心于淡泊无名之境。王夫之从某种程度上同意庄子，然而他更强调根据生命的实际状况有所作为，这就是他所说的通过知"道"，因顺万物之理，行使人为的权变。这样，虽然有为，并不违背天然，从而使人为与天然、人与天达到辩证的统一。因此，王夫之并不否定"知"，也不否定人的主体性。他认为只要能够恰当地运用人的知辨能力，"知恬可以交养"，即知和体道之心可以相互巩固和促进。他说：

> 适然而无所好之谓恬。无所好，则知之而不为累，是以恬养知也。知愈大，则愈见天下之无可好而无不可适，是以知养恬也。故保其和以兼容顺逆，而各因其自然之理；仁义、忠信、礼乐，赅而存焉，而皆其寄迹；物至斯应，不以心识之德蒙覆天下，使出于一涂而碍其大通，徒滋好恶之扰；是恬知之交相养也。（《庄子解》：136）

这段话意思是，心情安适，没有偏好叫作恬。没有偏好，则即使有所知，也不会带来心灵的劳累，这就是以恬培养知。知见越广大，就越发现天下没有什么可以偏好的东西，从而没有什么觉得不安适。这就是以知养恬。因此，一个人能够保持其心境平和，对顺从冒犯都包容不辩，使它们各自按照自己的条理发展，那么仁义、忠信、礼乐，可以兼容于心中，都是自己神明寄托的陈迹。这样，外物到来就应接，不以自己的心知闻见加于天下，强迫天下顺从一个方向，而妨碍四通八达的大道流行、滋生好恶等扰乱。这就是恬知交养。

由此可见，“知”并不可非，可非者是分别偏好之成心。无成心分别，虽知盖天下而无往不当。人有知就可以明“道”，明“道”就可以使自己更加合于道而不违背天然，这就是上文的“知恬交养”。不仅如此，明道还可以因应万物，根据万物的本性，加以人为，完成天地未曾完成的业绩。这就是《庄子·秋水》和王夫之推重的“因理达权”。王夫之说：

> 夫既无可为，无不可为，然则天下倒置之民，为曾史，为桀跖，俱无不可，而何取于道？此语穷而思反之疑也。然而道也者，因理达权之本也。无其本则理而非理，权而非权。道则天之含万有而不主一形者也。明乎道者：察之甚精，持之甚宁，出之甚谨，怀之于内而不泻；而后可以外因乎人，以顺时而施，不近名而为所可为，不近刑而为所不可为；无成心以函天德，然后踯躅屈伸，皆位乎得。此反要至极之语，又岂冥行于可为不可为之途，以自薄于水火、寒暑、虎狼之害哉？（《庄子解》：144—145）

王夫之的意思是，既然没有什么可以作为，也没有什么不可以作为。那么天下之人做曾史还是做桀跖，皆无不可，又有什么必要知“道”？这是河伯言语穷尽，意欲返回世俗之际的迷惑。但是，“道”是人们根据事物的条理行使权变的根本。没有这个根本，所谓的事物之理就不是理，所行使的权变就不是权变。“道”是包含天下万物，但又不拘泥于某个形体的。明达大道的人，对道的观察非常精细，对道的保持也非常沉稳，慎于向人显示，含藏于心而不外露。这样，应接外物时，就可以顺应别人的实际情况，根据时宜有所作为，不接近声名而做不可为之事。没有成心，怀藏天德，这样，行住坐卧，一伸一屈，都恰如其分。这就是精要极致的话语。这样的人怎么会闭着眼睛，撞入可为不可为的烦乱之中，自己招惹水火、寒暑、虎狼的伤害呢？

可见，明道的意义在于“因理达权”。唯有明于道，才能知“无执无圄”乃人之所必行，才能因顺物性而有所作为，以相天地大化的不足。这样，绝不会若无知之物冥然妄行，自招祸害。这就是庄、王批评“慎到之道，非生人之行，而至死人之理”的原因。体道、因理达权并不意味毫无分别，而是不执着于分别，顺应物性，有所作为。可以说，这是新的层次上的合天。

王夫之所谓的“因理达权”的一个具体例子就是“络马穿牛”。庄子基于自然的角度，坚决反对扭曲物性，为人类谋私利。可以说，庄子是站在宇宙的角度，万物为一，反对以人类的利益为中心的，因为利益的算计会使人丧失朴实本性，戕害人类。王夫之虽然理解庄子的宇宙胸怀，但是却以之作为“因理达权”，顺物性而相天。王夫之所谓的“人”就是根据事物的特性而为。通过明白自然之理，也就是万物各自的性分，达到人类福利的获得和相天成化。

王夫之的相天是以人类福利为宗旨的。这在他对“赞天地之化育”的解释上可见一斑。“况夫所云尽人物之性者，要亦于吾所接之人、所用之物以备道而成教者，为之知明处当，而赞天地之化育。若东海巨鱼，南山玄豹，邻穴之蚁，远浦之苹，虽天下至圣，亦无所庸施其功。”（《读四书大全说》：456）王夫之关心的是对“备道而成教”有用的东西，给以化育。对那些对人类无益的，就不管。而所谓的“备道而成教”是儒家的教化和治理。这是与庄子万物共荣的思想有区别的。

第五章

《庄子解》中的神明关系

神可以说是《庄子》思想的核心。它是“生之主”，是“德之和”，是感通万物之关键和内圣外王之枢纽。“神何由降，明何由出？圣有所生，王有所成，皆原于一。”（《庄子·天下》）说的就是神、明、圣、王皆源于“道”或“一”，而内圣外王就是圣人对其自身神、明的应用。具体来讲，神出于天，明出于地。《庄子·天道》说：“天尊地卑，神明之位也。”而郭店出土文献《太一生水》更明确说：“神明者，天地之所生也。天地者，太一之所生也。”[①]“太一”就是道，因为《庄子·天下》在描述老子的学说时也说：“建之以常无、有，主之以太一。”可见，“太一”是统摄有和无的“一”，是道。

至于如何应用神、明，《庄子》则建议“明者唯为之使，神者征之”（《庄子·列御寇》）。之，就是外物。征，应也。意思是，“明”只能被外物所驱使，“神”才能真正应接外物。因此，庄子认为“明之不胜神也久矣”（《庄子·列御寇》），要求人们弃“明”而守“神”。王夫之接受了庄子这个思想，认为神明关系是理解《庄子》全书的门径。神作为人形体中的天，是逍遥、养生、感化外物和他人、应接天下的根据。神可以发用为“明”，但是，因发用的形式不同，明呈现为两种不同的形式。一种是在神合天的状态下发出的明，王夫之称之为“天光”；一种是神发出的认识和辨别能力，王夫之称之为“知”或“浮明”。一旦对“知”应用不当，反而会造成对神的伤害。

① 《郭店楚墓竹简》，文物出版社，1998 年版，第 129 页。

第一节 神

一、神的含义

自从西周伯阳父用阴阳之气解释三川地震以来，以“气”解释神便成为中国古代哲学的一种传统。神被认为是一种精气，万物和鬼神都是由精气生成。《管子·内业》：“凡物之精，此则为生，下生五谷，上为列星，流于天地之间，谓之鬼神。”“此”指的就是精气，是这种精气产生万物和鬼神。《管子·心术下》：“一气能变曰精”，“精也者，气之精者也”。“精”是气之精华，而且能够变化，与“神”是相同的。《管子》的其他语句也显示出精、神是同一的，如《心术上》：“虚其欲，神将自来；扫除不洁，神乃留处。”《内业》：“敬除其舍，精将自来。精想思之，宁念治之，严容畏敬，精将自定。”两处引文间的“精”和“神”可以互换。进一步，《管子·内业》认为精气具有思维的神妙功能，说：“思之思之，又重思之，思之而不得，鬼神将通之。非鬼神之力也，精气之极也。”表面上说是“鬼神通之”，实际上是精气的力量。这是因为鬼神本身就是精气的一种形式。

《庄子》不但继承了传统的形神二元论，而且也继承了《管子·内业》的致神方式。在《在宥》《徐无鬼》等篇，它直接形、神对立。在《知北游》，它借用《内业》的话语，说：“若正汝形，一汝视，天和将至；摄汝知，一汝度，神将来舍。”《庄子》还认为，人与外物的交接的最高境界是“以神遇而不以目视”（《养生主》），是以“神受”而不以“不神者”（知）求。（《知北游》）而且，从《人间世》中对“心斋”的描述，以及《田子方》所说的“夫至人者，上窥青天，下潜黄泉，挥斥八极，神气不变”，可以推知，神也是精气。

王夫之继承了“神即精气”的传统，他说：“神者，天气之醇者也。”（《庄子解》：93）意思是神是天气的精华，是精纯不杂的气。他有时称神为精，有时又称之为纯气。如在“唯以专持志，以志凝神……而后形可得全，精可得复也”（《庄子解》：158）中，恢复“精”就是恢复“神”。在解说《庚桑楚》时，他说婴儿“纯精而含，可以相天之道”（《庄子解》：202），婴儿所保存的“纯精”也就是婴儿的神；他说“不亏形精而相天”（《庄子解》：207），又是将“精”与形对举。

王夫之将神看作“纯气”的例子也很多，他常常将“凝神”解释成“守纯气”。例如，“此言持志凝神，以守纯气，精而又精之妙合乎自然也”（《庄子解》：164）。“守纯气”就是凝神。他论述“能移以相天”的功夫说：“唯纯气凝精，重内轻外，不以心稽而开其天于灵台。”（《庄子解》：154）“灵台”，指心或神明。“开其天于灵台”就是神与天合一。意思是，只有保持气之精纯，精神凝重，重视内心之安适，轻视外在之名利，才能不用心去计较是非得失，才能使自己的天性保全于心。可见，在王夫之看来，只有保全自己的精气，才能合于天，相天赞化。

精气具有神妙不测的感通功能和认识能力，王夫之也以为然。例如，他认为宋荣子忙于分辨，不能及神人之忘分忘辨，说：“视宋荣子则见为神人，彼于分有定、于境有辨、以形圄而不以神用，而忘分忘辨者，不测之神也。”（《庄子解》：5）言宋荣子为“分”“境”等外在形体所限，不能达到神感通万物的不测地步。他进一步描绘“用神者”的神妙，说：

> 夫内以自葆其光者，神也。外以凌大火大浸，而不害其逍遥者，神也。使人之意消而化，以其神而通物者，神也。神葆其光而天光发，虚室之白，无不照也。（《庄子解》：276）

意思是，使人含藏智慧之光芒于内而不炫耀的，是神。使人面对大火大水不影响心境、逍遥自适的，是神。感通万物，使人消除内心的成心成见的，是神。神含藏其光芒之时，天的光芒便发散出来，就像光线射入空房，一片明亮，无处不照。简言之，一旦一个人以神来感通和认识万物，他就会洞悉万物的本源，在己逍遥自适，在外感化万物于无形之中。这其实就是王夫之推崇的内圣外王之道。

神不仅是个人自我修行和应接外物的根本，而且也是天地生化万物的根本。一切有形有象的东西，都是神所化生。王夫之说："道生神，神生精，精乃生形，形乃相禅而生物。"（《庄子解》：188）又说："夫穹然而为天，隤然而为地，以有风雨、露雷、飞潜、动植之利，而人所惊为天地至大、莫测之化者，实神之末耳。"（《庄子解》：120）这里的"神"，实际上就是"天"。当然，这个"天"不是与地相对的有形之天，而是涵天地万物为一的太虚太和。万物之于神就像冰块之于水，乃神之渣滓，而不是神之原貌。

由于王夫之在《养生主解》中明确指出，神与天有"寓于形"与"不寓于形"的区别。这里，却将"不寓于形"中的天也称之为神了。可见，王夫之用词上有时比较随意。这种随意更表现在他的"天地之神"和"至人之神"的说法：

> 太虚无形，合万化而不形者，天地之神也。静定无为，含众德而不形者，至人之神也。（《庄子解》：120）

虚而无形，包含各种变化却不露任何形迹，这就是天地的神。宁静安定，无所作为，包含众德，而不显示于人，这就是至人的神。所谓"天地之神"实际上就是天均、大化或浑然一气。所谓"至人之神"就是至人与大化为一,一切顺从自然，让万物各自成就，从而无为而福泽天下。

天没有分别，没有好恶，因此，天能保持平和。庄子和王夫之称之为"天和"。人如果能够保全精神，齐同生死，不追逐外物，那么神气就不会受到物欲之心的干扰，而保持平和。因此，王夫之以"和"与"天和"表示神气得到保全的状态，有时候，甚至直接以"和"代替神。例如：

> 若目止于视，耳止于听，心旌不摇而无所乐也，无待显也，则天下

> 且如人之瞥遇于镜影之中，无求无撄，喜怒捐而抱德以炀和，内全其天而外全人之天，一丧而真全矣。（《庄子解》：222）

意思是，如果目只是视，耳只是听，心灵不受见闻影响，没有什么偏好和炫耀，那么，天下万物就会像人的目光掠过镜子，没有要求也没有干扰。我就可以抛弃喜怒，抱守天德，保持平和。这样，在内保全自己的“天”，在外就可以保全别人的“天”，忘记形体就可以保全真性。这里，“和”与“天”“真”都是神的代名。

从反面来看，王夫之的论述同样揭示出“气”与“和”的同一关系。他说：

> 知之变迁，缘喜、怒、哀、乐、虑、叹、变、慹，而生左右、伦义、分辨、竞争之八德。益气以驰，气日外溢，和日内荡，而生之理不足以存。生理危，则“不亡以待尽”而已。（《庄子解》：30）

意思是，知识的变化发展，根据喜怒哀乐等产生出左右、伦义、分辨、竞争等。这些知识激发人之怒气，使人心忙于奔驰分别。这样，神气日日向外散失，和气日日受到破坏，从而使生命的条理不足以存在。生命失去条理，即使有形体，也如同行尸走肉。可见，“气日外溢”“和日内荡”与“生之理不足以存”所指相同，都是指神气失守的状态。

由上述可知，王夫之的“神”基本上有三个层次的含义，一是指精气，二是指精气具有的感通和化成万物的能力，三是指精气受到保持的和平状态。当然，王夫之在《张子正蒙注》中又指出神是阴阳变化之理，说：“神者非他，二气清通之理也。”[①]其实，考虑到王夫之的气本体论哲学，神作为“阴阳变化之理”这层含义是自然暗含于“神是精气”之中的。王夫之在

① 王夫之：《张子正蒙注》，第16页。

《庄子解》中 所注重的主要是养神、养气以相天，因此，这里主要论述对纯气的守护。

二、神乃寓于形中之天

神之为名，因为天寓于形中而有，故神形二者首先是寓者与寓所之关系。唯有相对于形，才有神之名，才有其特定所指，即神是在一定的时间内，寓于某一特定形体中的清醇之气。不相对于形，则不称之为神，而称之为天。形神虽相对而有，但二者却有宾主之别，也就是说，寓者为主，寓所为宾。不明二者的主次轻重，则不足以尽人生的意义。王夫之说：

> 形，寓也，宾也；心知寓神以驰，役也；皆吾生之有而非生之主也。以味与气养其形，以学养其心知，皆不恤其主之亡者也。其形在，其心使之然，神日疲役、以濒危而不知，谓之“不死奚益”。（《庄子解》：30）

这里，王夫之进一步指出，形体只是神的寓所和附属。心知只是生命中所有的事物，而不是生命的主体。生命的主体是神。不明神为生之主，疲役其神去求知养形，常人所以不能尽生命之理，伤害其神，转而伤害昊天之和气。因此这些人虽曰生之为人，并不达相天成化以尽人生之意义的道理，反而将自己沦落到动物禽兽以衣食形体为命的层次。故王夫之深斥之曰：“不死奚益。”

但是，既生之为人，兼有形神，形体亦不得不养，而关键在于如何养护形体。常人不明形神的宾主关系，劳神以养护形体，结果不但神受劳损，形体也没有得到养护。为什么呢？神是形的主宰和内容，神气萧索不足以支撑形体，那么形体亦一枯萎之禾苗而已。这样，养形的关键又落实到养神。养神首先在于去除影响或扰乱神的因素。这种因素主要是人执着于外物而产生的好恶和分辨。王夫之说：

神不凝者，物动之。见可欣而悦之，犹易制者；见可厌而弗恶，难矣；见所未尝见者，弗怪而弗惧，愈难矣。乃心一动而神不守，且病其形。（《庄子解》：161）

意思是，神不能够保持凝重宁静，是由于外物的干扰。人们见到欣悦的事物，还可以保持平淡。见到可恶的事物，能不生厌恶情绪就很难。见到自己不曾见过的东西，不感到怪异和害怕，就更难。这样，心一受摇动，就神不守舍，导致形体的伤害。可见，养神既是通达生命之理的根本，也是养护形体的前提。这是因为，神受摇动则和气失守，于是阴阳二气相冲相轧，从而伤害形体。

与常人相反，至人不注重形体而注重养神，故能使神和形体都得到完好保持。王夫之说："外形而游心于无假，则无妍媸，无妍媸则无荣辱，无荣辱则无贵贱。一洗其流俗之得失，而官天地、府万物、豁然之大宗，可得而见矣。"（《庄子解》：50）"外形"，即不执着于形体，视形体无足轻重。"官天地、府万物、豁然之大宗"，即神，或者天。超越形体，游心于无所依赖和执着的境地，就不会有美丑的分别。没有美丑就没有荣辱，没有荣辱就没有贵贱。这样，完全洗去心中的流俗得失，从而瞥见大道而守神。

为劝导人们超越形体，王夫之进一步提出"能移"。所谓"能移"，实际上就是"物化"的另一说法，是指一切形体都在不停地变化，不能执定何者为是，何者为非、何者为你、何者为我，从而不得已顺从大化而不生执着之心。他说：

苟能知移者之无彼是，则笼天下于大圜之中，任其所旋转，而无彼是之辨，以同乎天和，则我即人也，我即天也，不爽其儿子之和，又何待全形而形无不全，何待抱生而生无不抱矣。（《庄子解》：197）

"生"，就是神。这段话意思是，如果能够知道大化之推移中没有彼此，就可以将天下置于大循环之中，任其旋转，而没有彼此的分辨，与天一样平和。这样，我就是他人，我就是天，就可以不破坏自己从婴儿时便具有的和气。这样，不需保全形体而形体自然保全，不需守护生命而生命自然守护。“移者之无彼是”实际上就是庄子的“通天下一气”或“天地与我为一”。认识到能移，也就是认识到天地万物的总原理，也就是与道为一。因此能够合天守神。这样，神不伤，形体自然得到养护。

但是，若探本溯源，形神之间又不仅仅是寓者与寓所之关系，二者之间还具有生成关系。“形宾神主”的关系只是就形体已经成型来说，“形由神生”则从形体的形成上说。在王夫之注解《知北游》时，曾说形由神生，而神生于道。所谓“道”就是自然，是未有分别的浑元一气。这浑元一气的精微部分就是“气之醇者”，是神或精。其重浊部分则由精微部分凝结而成，进而形成形体和万物。在注解《达生》篇时，他直接声明：“物者，气之凝滞者也。”（《庄子解》：157）

但是既然神形皆产生于浑元一气，形体又是由气凝结而成，形神之间为什么会有宾主、灵钝之本质性的差别？难道说二者之间像水冰之异吗？若如此，纯净水凝结而成之冰也是晶莹透彻的。王夫之没有对此给出解释。其实，非但王夫之如此，自张载以来，以气解释形神的理论学说一直存在这个问题。

由于神的本质是天，是浑然一气，因此，神本身没有分辨，没有生死，只有所寓的形体的更换。所以，王夫之和庄子都有薪尽火传的比喻。形体由于有形状，就有成毁，这种成毁对于人体来说，就是人们所谓的生死。人生的意义在于冥合“神”以超越生死，不可在形体上生念。王夫之对这个观点解释说：

以有涯随无涯者，火传矣，犹不知薪之尽也。夫薪可以屈指尽，而火不可穷。不可穷者，生之主也。寓于薪，而以薪为火，不亦愚乎！……传者主也，尽者宾也，役也。养其主，宾其宾，役其役，死而不亡，奚

哀乐之能入乎？（《庄子解》：33）

以有限的生命追随无限的知识的人，即使火已经转移，自己还不知道薪已经烧完。薪是可以很快烧完的，但是火却可以永远燃烧。这个可以永远燃烧的东西，就是生命的主体。偶尔寓居于薪，就把薪当作火，不也太愚蠢了吗？……转移的是主体，烧完的是附属。养护主体，让附属处于附属地位，虽然死了，可以永垂不朽，又哪里会有哀乐烦心？“薪”，比喻形体；“火”，比喻精神。形体可以敝坏，精神却能够永存。因此，王夫之描述王骀等德充于心的人说，这些人心合于天，知道形体只是精神的暂时寓所，听任形体的成毁而不足以影响心神的平和，因此，能够成为人们取给和效法的对象。

如果将王夫之对形神关系的论述与传统的形神关系相比较，可以看出，王夫之的界定非常特别，可以说是对以往学说的继承和超越。王充（27—97）从其气一元论出发，认为精气或神依托于形体，但是又认为精气可以灭亡。[①]如果这样，那么人之生存只是一时的水面之泡沫，灭亡之后便一无所有。这是王夫之所不能认同的。王夫之反驳说，如果精气随形体灭亡，那正堕入养生家的理论之中，只要生时好好养生，死后可以不管。（《庄子解》：154）王夫之因此只继承了王充的形体乃精气之依托的思想，但却坚持精气不会绝灭，更不会因为形体的绝灭而绝灭，这样，从本体论上为人生之不朽奠定了基础。范缜（450—515）提出“形质神用”的观点，认为神乃是形体的功能和附属，正好与王夫之神主形宾的观点相违背，但是，他的“形神相即不离”的思想却为王夫之所继承，王夫之据此提出神之名因寓于形体而有，不寓于形体则是天或太虚。“形质神用”从根本上只是一种粗率的养生学说，根据这种思想，养生家的养形以尽生命之意义就无可非薄。而且，形体绝灭之后，精神也告结束，人之不朽又如何有本体论上的基础。因此，范缜虽然强辩于梁武帝之前，终不能说服别人，关键在于他的学说不能解决人

① 王充：《论衡》，见《诸子集成》第7册，第202页。

之不朽与形体、精神的关系。王夫之看到这一缺陷，将神提升到天的高度，以“养气相天”作为人生意义之所在，使形体居于附属地位，既不违背自己的气一元论，又解决了人生之理。可谓是古今论述形神关系的最高点。

三、凝神则人我两无伤

“凝神”实际上就是《庄子·逍遥游》中的“神凝”。“神凝”就是精气聚集不外散，引申之，就是神全。因此“凝神”就是全神。人能全其神，精气不外泄，谓之同乎天和。宣颖解释“神凝”为“养神之极”[①]，可谓得矣。

王夫之既然认为神本身就是在人之“天”，自然具有天的纯气，为什么又倡导养神以全神呢？王夫之回答说，这是因为人们自从有了知辨能力之后，执着形体，产生物欲，破坏了气的纯粹状态，将本来之纯气变成“顽鄙、窒塞、浮荡以死之气”（《庄子解》：157），这种乖戾之气散布于天下，与其他气相互结合形成新的人、物，就会使新的人、物从生命之始便具有恶气，造成乖戾的人物，带来天下的争斗杀戮。正是这个缘故，王夫之认为，生之为人，必须慎于保持自己的纯气，决不可耽于物欲，产生杂气，伤害自己和天下。

既然我与万物同生于天地之间，外物又如何会来掺杂我的纯气呢？王夫之指出，不是外物来掺杂人的纯气，而是人自从有了心知灵明之后，便利用自己的分辨能力区分彼我生死，产生好恶是非，从而使外物可以因我之好恶是非而主宰我的心灵。他说：

> 立人之命者，气本纯也，奚待于人之澄之使纯哉？然必守之严者，物入而荡之，则失守而杂于物也。夫物岂能间吾之纯气乎？形不静而淫于物，乃倚于物而止，目止于色，耳止于声，四支止于动作，心止于好

① 宣颖著，周学熙编：《南华经解选读》，见《无求备斋老列庄三子集成补编》第34册，台北：成文出版社有限公司，1982年版，第16页。

恶，而不至于其受命之初。（《庄子解》：158）

王夫之是说，人生来所有的气本来是纯粹的，并不需要人来使它变得澄清；但是，必须严于保护，外物一旦进入心灵，就会使纯气飘散，就会失去对纯气的守护而与外物掺杂。那么，外物又如何能掺杂我的纯气呢？形体不宁静，沉湎于外物，人就会倚赖于外物。目止于颜色，耳止于声音，四肢止于动作，心灵止于好恶，使人不能回复到生命的初始。所谓“受命之初”，就是生来具有的纯气。

这样，人之纯气变成杂气的原因可以归结为两个方面，从外在来看，是人对外物的倚赖，这些外物包括人之形体和一切用来养护形体的东西。从内在方面来看，是心灵对外物的好恶是非和世俗成见的执着。其实，这两个方面是相互统一的。正是因为心灵执着于形体而有好恶，才产生人对外物的倚赖，使外物可以掺杂人的纯气。因此，要恢复纯气、保持纯气必须从两方面着手，一是认识到形体生死的不可执着，二是专心持志，保守纯气。

首先，去除倚赖于外物的直接方法就是忘物、忘记形体。王夫之评价“津人操舟若神”说：

> 此致知之功，审于重轻之分，而后志可定以凝神也。其要，忘物而已。舟犹车也，渊犹陵也，金犹瓦也，均之无可重者也。无重无轻，而但外皆轻，然后吾之重者存，斯以志不分而形尝静。（《庄子解》：158—159）

“外”，指一切外物，包括自己的形体。“内”，指神。能够忘记外物，才能凝神，神不动则形体自然安宁。但是，不明白外物和身体之所从来，想忘物并不容易。所以，那些喜爱美味美色、得意于华贵权势的人，虽然认识到养神的关键在于不执着和追求这些东西，却始终不能做到。因此，瞻子说公子牟“在江海之上，心居乎魏阙之下”是对自己的双重伤害。（《庄子·让王》）王夫之认为，要解决这个困境，就需要认识到万物都是天然，各有分位，不可有心追求。这样，物、我各安于己分，相忘于大道，神就不会受到外物和世俗的干扰。他说：

> 善弃世者，知物之所自造，一出于天，各使归其位而神自定。无物也，无己也，何足去而又恶所取也！（《庄子解》：160）

可见，忘物的实质在于认识到物我都出于天，各有分命，不可舍己效人。安于分命则忘记人我之不同，不为好恶取舍所左右，则神自然安定。

忘物的含义还包括认可宇宙间的一切可能性，不以自己的见闻来认识天地万物，只有这样，才能不为天地间的怪异现象所惊惧，导致神气摇荡。王夫之评价“桓公见鬼”之事（《庄子·达生》）时说，如果人能够不以经常的见闻来认识天地间的万物，就不会被怪异惊惧，即使见到委蛇这样的怪物，也会把他视作家猪一样的东西。这样，神自然可以无往而不镇定。

其次，要不倚于外物以凝神，必须抛弃对人之形体的执着，超越生死。王夫之说：“死生无变，则休于天均，而无有足劳其神明者。”（《庄子解》：25）至于如何破除对形体的执着以超越生死，关键在于认识大道，体悟天均，这就是他说的“能移”“物化”。通过认识到万物皆在无穷的变化中，形体只是暂时的变化痕迹，就可以不执着形体，自觉地合同大化。这样，即使形体有什么敝坏或死亡，也不足以扰乱我的心神，更不用说外在的事物，从而使神气得到保全。神气得到保全，不为外在的事物变化而动心，阴阳之和气就会得到保持。

以上都是从“忘”的角度来养生，用冯友兰的说法，是以负的方法来全神。王夫之也倡导正的方法来养生。这就是“以专持志，以志凝神”。“以志凝神”，就是立定志向来守纯气。有了志向，心思就有了方向，就能够专一，身中的血气等也受到指引，不再四散、乱求。但是，虽然有了这个志向，也不可有心去作为，否则，不但不能守气，还会导致气的平和状态的破坏。所以，王夫之说：守气之方，要慢慢地将气充实于内，就像慢慢地往杯子里倒水一样。这样，气就不会向外溢出。气内充，神就会安宁；气不外溢，就会安宁不变。其实，这就是孟子以培育禾苗的自然方式来养浩然之气的方法。

凝神之外部发用，在己可以获得心灵之逍遥，在外可以使天下万物得到正常发展。因此，王夫之在批评那些忙于人为治理的行为之后，说：

> 夫岂知神人之游四海，任自然以逍遥乎？神人之神，凝而已尔。凝则游乎至小而大存焉，游乎至大而小不遗焉。物之小大，各如其分，则己固无事，而人我两无所伤。（《庄子解》：7）

意思是，那些忙于治理天下的人又怎么能知道神人遨游四海、顺应自然、逍遥自得呢？神人的神妙，在于保持神气宁静。神气宁静，虽然游于最小的地方，却不遗失大的地方；虽然游于最大的地方，却不遗失小的地方。万物的大小，各自让它们安于其分。这样，自己没有事务劳心，人我各自得到保全。

在天下就可以相天成化，保持天地之气的清明，福泽天下群生。他说：

> 然则有能达命之情，不亏其形精以相天而守气之纯者，其以养和平而贵天下之生，清纯之福，吉祥所止，垂及万岁而不知所以然而然，无功之功，神人相天而成化，亦盛矣哉！（《庄子解》：163）

意思是，如果一个人通达生命的实情，不亏损自己的形体和精神以相天和保守纯气，他就可以培养和平之气于天下，尊重天下的生命。他对天下贡献的清醇吉祥之福祉就可以垂及万世，而自己并不知其所以然。这就是没有功名的功劳，这就是神人盛大的相天成化，这就是凝神的意义之所在。

第二节 明

虽然《庄子·天道》和《太一生水》有神出自天、明出自地的意思，但是却没有进一步解释明是什么、明和神的关系。通观《庄子》，“明”首先指日月之明，也就是照耀他物的光线，引申为对他物的明察。其次，《庄子·骈拇》继承了老子“自知者明”的思想，说：“吾所谓明者，非谓其见彼也，自见而已矣。”这个“明”当指对自己本性的认识和遵循，而不舍己效人。再次，《庄子》经常神、明连用，例如“劳神明”“神明至精”“神明往矣”等，似乎有以“神明”指代“神”的意思，“明”似乎只是“神”的一种功用。但是，至于从地而出之“明”与从天而降之“神”到底处于什么关系，且为什么可以连用，则没有解释。唯有《列御寇》说“明者唯为之使，神者征之。夫明之不胜神也久矣”，将神置于明之上，因为此处的“明”相当于知。

王夫之在《庄子解》中也没有解释“明”与地的关系，但是他却将“明”看作神的功能和发用，说：

> 明者，神之所函也。神者虽发见于明，而本体自如，虽未明而固无所诎者也。由明有知，神则非不知而固无知也。（《庄子解》：276）

这段话指出，明首先是神的发用和功能。其次，明仍可以进一步演化为“知”。王夫之基本上都是从这两个方面来谈论明的。

一、沦为知见的“一曲之明”

王夫之认为，一般人所谓的明只是人对是非彼此的分辨能力。由于分辨，必然不能兼容并包，所见必定不够全面。他说：

> 夫其所谓是非者，岂是非哉？彼此而已矣。我之所谓彼，彼之所谓我也，无定之名也。见此之为此，而不知彼之亦有其此。自知而不知彼，遂怙之以为明。（《庄子解》：17）

“其”，指儒墨二家。这段话是说，儒墨所谓的是非并不是真正的是非，只是彼此的分别而已。我所称之为彼的，彼正自称为我，彼我并不是固定的名称。儒墨二家只看到此之为此，不知道彼中也有此。这样，自知而不知道别人，便自恃为“明”。

可见，在王夫之看来，“明”只是人们对是非彼此的分辨。由于这种“明”执定彼此是非的一个方面，看不到彼此、是非之间的转化和包含，因此，这种明不能看到事物的全面，更不能认识到世界或宇宙的真相。王夫之因而斥之曰：

> 儒墨争饰其荣华，而道隐矣，两可之言亦隐矣。夫其所以的然争辨于是非者，自谓明也。斤斤然持而以之，而岂真明也哉？（《庄子解》：17）

王夫之的意思是，儒墨各自确凿地执定是非，自以为“明”，其实并不是“真明”。他们所知的只是事物的一个片面，只能称之为“一曲之明”，而真正的明绝对不是如此。于是，他区分“真明（明）”与“一曲之明（知）”说：

> 明与知相似，故昧者以知为明。明犹日也，知犹灯也。日无所不照，而无待于炀。灯则或炀之，或熄之，照止一室，而烛远则昏，然而亦未尝不自谓明也。故儒墨皆曰吾以明也。持其一曲之明，以是其所已知，而非其所未知，道恶乎而不隐耶？（《庄子解》：17）

这是说，真正的明与知相似（但并不是知），所以，愚昧的人将知当作明。明就像太阳，知就像油灯。太阳无所不照，不需要点燃；油灯则需要点燃或熄灭，光亮只能照耀一间房，远一点的地方灯光就会变得昏暗，但是，油灯也未尝不自以为明亮。因此，儒墨都说我明达万物之理。其实，他们只是执定那一曲的明亮，自是己知，而非难自己所不知。这样，大道怎么能不被遮蔽？

这里，王夫之指出，一般人所谓的明就是“知”，即心智辨别是非的能力，并不是真正的明。以这种明来认识天下，就会见识不全面；以此不全面的见识强加于他人，必然会引起反驳和争论。他又称这种明为“浮明”，说：

> 返其真知者，天光内照，而见闻忘其已迹，则气敛心虚而梦不起，生死祸福皆无益损于吾之真。而早计以规未然之忧，其以无有为有，亦犹梦也，皆浮明之外驰者也。（《庄子解》：58）

“吾之真”，指神。“早计以规未然之忧，其以无有为有”，指用心智规划未来，不任自然的行为。“以无有为有”指人心执着于暂时之形体以为真实而不知形体瞬息已变。返回真知的人，天光照耀内心，耳目不执着于物象。这样，神气收敛，心灵空虚，便不会做梦，生死祸福都不足以改变我的真宰。那些预先防范未来的忧患，以没有作为有的行为，也是在做梦，都是“浮明”向外奔驰的表现。

可见，“浮明”就是利用自己的心知对外界所做的判断和行动。这与上文儒墨以“知”为明是一致的。由于浮明的作用，使人们悦生恶死，违背天然，因此，王夫之倡导收敛浮明，返回真知。这样，就过渡到“真明”。

二、“以天为照”之“真明”

在王夫之看来，“真明”应当像太阳那样无所不照。人的知辨能力有所照，必然有所不照，因此，不能成为真明。他论述真明说：

> 故以天为照，以怀为藏，以两行为机，以成纯为合，而去彼之所谓明，以用吾真知之明。因之而生者，因之而已。不与之同，不与之异，唯用是适。（《庄子解》：10）

王夫之建议，以天照耀万物，以阔大的胸怀包容万物，以两行对待万物，以纯粹之气合天，去除他们（儒墨）所谓的明，用我的真知之明。这就是，因任万物生死，不祈求与万物相同，亦不追求与万物相异，一切以万物的性能功用作为准则。

这里，王夫之指出了“真明”就是“真知之明”。这种明包容万物，无所分别和执着，一切顺应事物的自然状况。其实，这就是庄子的“照之以天”。王夫之说：

> 若彼无穷之化声，生彼此之是非，则唯持其一曲之明而已矣。一曲之明，亦非不明也；故小知大知争炫其知，而照之以天者，无我无此，无耦无彼，固不屑以此为明也。（《庄子解》：18）

通过将“一曲之明”与“照之以天”对比，王夫之指出，“照之以天”，则人我、彼此之对立将释然瓦解，从而超越对一偏之见的执着。可见，王夫之所谓的真明就是获得真知后对天地万物之理的觉解，其实就是合于道、合于天之后的对宇宙之理的把握。这种明不像知或“一曲之明”那样有所分辨、有所执定，而是无所分辨、无所执定。因此，真明不是耳目心知所可以达到的境界，而是体道合天后的觉解。这种觉解所见的只是浑然一气之流行，而不是人们所执定的形体的生死成毁，明暗是非。王夫之又称之为“大明”，说：“大明者，无所施明于物也。”（《庄子解》：97）意思是，大明（真明）是通达万物之理，而不是执着于对形体的照耀。其实，这就是《庄子·人间世》所谓的“徇耳目内通而外于心知”所达到的境界。

人能“照之以天”，则发出的明为“真明”，光为“天光”。王夫之又称“真明”为“天光”。他说：“返其真知者，天光内照，而见闻忘其已迹，则气敛心虚而梦不起，生死祸福皆无益损于吾之真。”（《庄子解》：58）由“天光内照”可知，“真明”不是照物，而是照耀自己的内心，达到庄子所谓的“虚室生白”，认识到万物都是一气之化生，不执着形体和生死。这样，就可以与万物为一。所以王夫之说：“以天光烛天均，则无非内也；移而之于人，亦内也；虫肝鼠臂，梦而为蝶，亦内也。无不与我而合符者也。”（《庄子解》：204）

同时，有了真明，就可以认识到万物本来就可以各得其所，不需要人为的干预。王夫之说：

> 均者，自然不息之运也。均如其恒而不桎，则物自成：瓮者成其瓮，缶者成其缶，无有滑之者也。莫知其所以然，而固诚然而不妄。天光内烛而见之矣。（《庄子解》：203）

这是说，天均就是自然不息地运转。恒久正常地运转，而不受到阻滞，万物就会自然生成。瓮成为瓮，缶成为缶，没有什么可以扰乱他们。不知其所以然，而万物的生成自然真实。以天光内照己心就可以知道这个事实。

从来源上，王夫之指出，“天光”是神含藏其知辨能力而不用的结果。他所说的“神葆其光而天光发”实际上就是神敛其辨别外物能力，而任万物自我呈现。他解释“葆光”说：

> 怀之，斯其光葆矣。……其为光也，不能以示人，若纷乱而无伦义，则为滑。其可彼可是，非彼非是，而无成可师，则为疑。葆其滑疑，以含天明，则谓之葆光。（《庄子解》：24）

意思是，怀藏智慧而不外现，就可以含藏自己的智慧光芒。……含藏智慧之后的光芒，无法显示于外人。这种光好像混乱而没有条理，称之为

“滑”。但是，它又可以为彼、可以为此，而又不是彼、不是此，没有什么可以师法，则称之为“疑”。含藏滑疑，以含藏天明，称之为葆光。

可见，“葆光”实际上就是无一定的光芒可据，使人处于无所可执的境地，则自然无成见成心，如此，神不发为知而自敛其明，神不自用而顺天，则其明就是“天明”。因此，“葆光”就是“天光”，就是“道”。王夫之在解释《齐物论》“今且有言于此，不知其与是类乎？其与是不类乎？”时说：

> 夫滑疑之耀者，以天明照天均：恍兮惚兮，无可成之心以为己信，昏昏然其滑也，泛泛然其疑也。而遍照之明耀于六合矣。……是者指道而言。不言道而言是者：标道之名为已所见之道，则有我矣。立道之实以异于儒墨之道，则有耦矣；故指现前之所大明者，无耦无名，滑疑而寓庸者曰是。（《庄子解》：21—22）

“滑疑之耀”，就是以天的光明照耀万物的变化，恍惚不定，不可建立确信的成心，昏昏然不可执定，泛泛然不可确信。这样，光亮就可以照遍天下。“是者”指称的就是道。不称之为道而称之为“是”的原因是：称之为道则显示为自己所见之道，从而进入有我的状态（于是与外物对立）。建立道的实体以区别于儒墨所谓的道，就会有对立对象。因此，庄子指眼前的大明，没有名称和对立、无可执定、任物自为的状态为“是”。

由此可见，“真明”“天光”、真知实际上就是对道的体认和应用，即任万物各如其本然。有此种知，则无所不见，而不囿于一隅，故其所见为大明，其所知为真知，其所宗为大宗。人能如此，则可“配神明，醇天地”。

三、莫若以明

“莫若以明”出于《庄子·齐物论》，通过庄子和王夫之对它的理解，可以看出二者思想的差异，进一步证实王夫之的“解庄”并不完全忠实于庄子的原义。《庄子·齐物论》：

> 道恶乎隐而有真伪？言恶乎隐而有是非？道恶乎往而不存，言恶乎存而不可。道隐于小成，言隐于荣华。故有儒墨之是非，以是其所非而非其所是。欲是其所非而非其所是，则莫若以明。物无非彼，物无非是。自彼则不见，自知则知之。故曰：彼出于是，是亦因彼。彼是方生之说也。虽然，方生方死，方死方生；方可方不可，方不可方可；因是因非，因非因是。是以圣人不由而照之于天，亦因是也。是亦彼也，彼亦是也。彼亦一是非，此亦一是非，果且有彼是乎哉？果且无彼是乎哉？彼是莫得其偶，谓之道枢。枢始得其环中，以应无穷。是亦一无穷，非亦一无穷也。故曰：莫若以明。

这段的大致意思是：道如何会被遮蔽而有真假之分，言如何会被遮蔽而有是非之别？道本来无所不存，言本来无所不可。道为人们小小的见识遮蔽，言为浮华的词语覆盖。因此，就出现了儒墨各自的是非分别，相互认可对方的“非”而非难对方的“是”。今要认可儒墨的“非”而非难儒墨的“是”，不如以下面的思想来加以揭示（莫若以明）：物没有不是彼的，也没有不是此的。站在对方的角度看不到的，站在自己的角度就可以知道。因此说：彼依赖此而成，此也依赖彼而生，彼此相互生成。既然这样，生死、可否、是非也在相互转变和生成，无可执定。因此，圣人不由是非彼此的分辨之途，而以天的方式来对待万物，就是因为彼此是非变化不定（亦因是也）。此就是彼，彼就是此。彼有彼的是非之分，此也有此的是非之别，那么，真的有彼此之分吗？还是真的无彼此之分？彼此都找不到其对立面，称之为道的枢纽。抓住道的枢纽，也就抓住了运转的环的中心，就可以因应环的无穷变化，就可以任是、非各自无穷地变化。因此说：不如以是非不定的事实来揭示之（莫若以明）。

此段历来比较难解。问题主要在于对两“以是其所非而非其所是”和两“莫若以明”的理解上莫衷一是。

郭象认为，上“以是其所非而非其所是”指儒墨相互攻讦，他注解说：

“儒墨更相是非，而天下皆儒墨也。故百家并起，各私所见，而未始出其方也。”[①]郭象的意思是，儒墨只是天下是非争论双方的代表，他们各自执定自己的是非观念，非难别人的是非分别，因此导致天下陷入争论之中。

下“以是其所非而非其所是”指庄子对儒墨之是非争论的解决，其解决方式在于“莫若以明”。郭象注解说：“夫有是有非者，儒墨之所是也；无是无非者，儒墨之所非也。今欲是儒墨之所非而非儒墨之所是者，乃欲明无是无非也。”[②]意思是，有是非分别，是儒墨所坚持的；无是非分别，是儒墨所否认而庄子所坚持的。现在，要认可儒墨所否定的，而否定儒墨所认可的，就要揭示没有是非的实情。

郭象解释“莫若以明”说：“欲明无是无非，则莫若还以儒墨反复相明。反复相明，则所是者非是，而所非者非非矣。非非则无非，非是则无是。”[③]郭象的意思是，通过以儒墨各自不同的是非标准来相互揭示，就可以知道本来无一定的是非的事实，从而悟出无是无非的天道境界。这样，郭象的“莫若以明”就是“莫若以儒墨各自之是非相互揭示”。郭象这样解释明显是以下文“彼亦一是非，此亦一是非，果且有彼是乎哉？果且无彼是乎哉？”为依据的。类似的，在郭象看来，儒者称为是，则墨以为非；墨者之所是，儒者以为非；则见世间没有“是”；同样，儒者以为非，墨者以为是；墨者以为非，儒者以为是，则见世间没有“非”。

但是，郭象的这种解释容易使读者陷入彼此对待循环之中而不能明白庄子的原意。受郭象的影响，郭庆藩将“莫若以明”解释为“以彼是之所明互取以相证”[④]，张默生解释为“以彼明此，以此明彼”[⑤]。从而使人们误以为“莫若以明”乃是“以彼、此之不定之关系明之”。其实，按下文庄子的解

---

① 郭庆藩：《庄子集释》，中华书局，1993年版，第65页。
② 郭庆藩：《庄子集释》，第65页。
③ 郭庆藩：《庄子集释》，第65页。
④ 郭庆藩：《庄子集释》，第65页。
⑤ 张默生：《庄子新释》，齐鲁书社，1993年版，第105页。

释，其根本手段当为“照之于天”；而“莫若以明”当为“莫若以天之无彼此是非明之”或“莫若以道枢明之”。这样，就谐和于“彼是莫得其偶，谓之道枢。枢始得其环中，以应无穷”了。

其实，庄子对“正处”“正味”“正色”的质疑，也正是对“莫若以明”的解释。正是没有一致的色、味、处之标准，也就不需要再去分别。世间唯有天包容不辨，因此说“是以圣人不由而照之于天”。所谓“不由”就是不由是非之辨的途径。所谓“照之于天”，就是莫若以天之无辨来明之。

王夫之不同意郭象的解释，而认为“莫若以明”乃是儒墨二者以自己的见解来解释他们所谓的“道”，说：

> 故儒墨皆曰吾以明也。持其一曲之明小知，以是其所已知，而非其所未知，道恶乎而不隐耶？（《庄子解》：17）
>
> 莫若以明者，皆非明也。间间闲闲之知，争小大于一曲之慧者也。（《庄子解》：21）

引文二指出，“莫若以明”是各自以小知相争。引文一则直接指出，相争双方就是儒和墨。

相比较“莫若以明”，王夫之推重《齐物论》中的“以明”。庄子在批判世人执着于是非以为成心，终身无成之后，说：“是故滑疑之耀，圣人之所图也。为是不用而寓诸庸，此之谓以明。”（《庄子·齐物论》）庄子的“以明”也是“照之于天”，因为“滑疑之耀”就是是非无可把捉，而“为是不用而寓诸庸”就是因为是非不定，才任万物各安于其功用。这与上文的“彼是莫得其偶，谓之道枢”意思是一贯的。王夫之的注解也正是这个意思：

> 滑疑之耀，寓庸而无是非、无成亏，此则一知之所知而为真知。然后可谓之以明。（《庄子解》：21）
>
> 不言而“照之以天”，得矣。不言者，有使我不言者也。照者，有

使我照者也。皆因也。[①]

但是，王夫之将《齐物论》的“莫若以明”和“以明”对立起来，显然不合于庄子的原义。其子王敔在注疏《齐物论》时明确指出这个区分，说：“两‘莫若以明’，与后‘此之谓以明’，读庄者多混看，《解》中分别观之。”（《庄子解》：17）

令人惊异的是，在《列御寇解》中，王夫之又对“莫若以明”分别就“神之照物能力”和“知之辨别能力”两个角度做了具体的分别。

从“知”的角度，他说：“由明有知，则见为有徵，而欲以画天下而平之，故曰‘莫若以明’。”（《庄子解》：276）意思是，由“明”生了“知”之后，“知”得到外界的一些征验，就想齐一天下，加以治理，因此说“不如以我之知见来揭示真理”。具体地说，人们有了知辨能力对世界进行是非分别之后，发现自己的知见可以改造世界，在现实中有一些征验和成就，就想以自己的知见来治理天下，没有意识到自己知见的狭隘。这个“莫若以明”与王夫之批评儒墨以是非分辨来揭示大道，是一致的。

从“神之照物能力”来看，王夫之认为“莫若以明”就是庄子文中的“照之于天”。

> 夫内以自葆其光者，神也；外以凌大火大浸，而不害其逍遥者，神也。使人之意消而化，以其神而通物者，神也。神葆其光而天光发，虚室之白，无不照也。如是以为明，则固可使照物之天矣，故又曰“莫若以明”。（《庄子解》：276）

“神葆其光而天光发”实际上就是“神合天，则明亦天之所发也”（《庄子解》：276）。换句话说，“神之明”就是神保持其感通能力，不变为“一

① 王夫之：《庄子通》，第496页。

曲之明”，故其所含藏的是自是之知见；而其所发的是合于天的大明。这种明不像灯火只照一曲，而是无所不照。只有这样，才能瞥见万物的本然状态，正确地对待万物和养护自己的生命。这就是上文王夫之推崇的“以明”。

简言之，王夫之对“莫若以明”的解释在《齐物论解》与《列御寇解》中出现了不一致。在《齐物论解》中，他将“莫若以明”与“此之谓以明”二者对立；但是在《列御寇解》中，他从神和知两个角度来解释“莫若以明”，二者对应其《齐物论解》中的划分。由此反观他在《齐物论解》中对两“莫若以明”的解释，虽没有发现他将二者对立，但是也看到在那里他确实认为要超越儒墨的“莫若以明”，就应当“照之以天，无我无此，无耦无彼”（《庄子解》：18）。可见，王夫之在注解《庄子》中对《庄子》思想理解不断深刻，或许《列御寇解》中的两“莫若以明”是对《齐物论解》的补充和修正。

第三节　神明关系

王夫之在《列御寇解》中指出，明乃神自然含有的能力。神之于明，犹目之于视。神可以以明照物，犹目可以以视力看物。即使不照不看，神和目仍然保持其本然。因此，神明关系首先是一种体用关系。神作为纯粹之和气，自然具有思维、感通能力。这种能力一旦发用出来，就是“明”。但是，在这个发用过程中，由于神、明主仆地位不同而有“真明”和“浮明”之分。“神使明者，天光也；明役其神者，小夫之知也。”（《庄子解》：276）天光就是“真明”，是以神来主导明；小夫之知就是“浮明”，是神反过来为明所役使，逐物忘返。以目之视物作比，真明是目根据自己的状况决定看物时间的长短，所以目得到正常应用而不伤。浮明是根据外物的获得来决定看物的长短，比如视力耽于游戏而不顾目之劳累，导致对眼睛之伤害。因此，神明关系可以分别从神与真明、神与浮明两个方面来讨论。

首先，神与真明之关系。前文已经通过“明”与“知”的比较指出，“真明”就像太阳，无所不照。但，这个“照”不是照物，而是照耀自己的内心，使自己通达万物之理，认识到万物都是一气之化生。这就是《庄子》中的“虚室生白”之“白”或广成子所谓的“大明”。换句话说，真明指人们对世界整体的把握，直觉性地把握世界的根本原理。

王夫之进一步指出，真明之获得是因为“明”以“神”为主，是神的感通能力的表现。

在神则“妙万物而为一”，在明则无所不见。这种大明当然不是凭耳目心知所能达到，因为耳目心知只能把握具体的事物，而不能同时无所不见；而大明则是把握万物之理，于万物之性质和潜能无所不晓。这其实也是孟子之“万物皆备于我，反身而诚，乐莫大焉”（《孟子・尽心上》）的意思。因为孟子所谓的“皆备”也是对万物之理的通达，或者说以仁或万物一体之理统摄万物于心。基于这个原因，王夫之推崇神和明，而贬低固执分辨之知识，因为知识只是对具体、局部的事物的认识。此或许可以解释古人为什么神明连用而不及知。

对于“神”如何使“明”、为“明”之主，王夫之认为神是通过含藏自己的认识分辨能力而达到的。这就是“神葆其光而天光发，虚室之白，无不照也”。值得注意的是，神所收敛含藏的光芒，是神注视到某一局部或事物上的光芒，也就是“知”这种认识能力，而神因收敛此种光芒而发出的天光，就是真明，是对世界根本原理的把握，是直觉地体认世界。这种“明”不用耳目知见，但凭神之感通，而将万物通而为一。进一步讲，神的“无不照”也并不是若太阳那样将光线洒遍宇宙，而是任物自我呈现。所以，王夫之说：“大明者，无所施明于物也。窈冥者，物且不知其窈冥也。”（《庄子解》：97）“大明”，是不照耀万物的。“窈冥”，万物也不知道其为幽深冥昧。可见，大明和窈冥是同一的。这就是王夫之所谓的幽明终始一理。人能认识到这个事实，就是真正的明，就会超越光线的照与不照，眼睛的见与不见，而以“理”和“气”与万物相互感通相知。

王夫之又说："故至人以神合天。神合天，则明亦天之所发也。""如是以为明，则固可使照物之天矣。"（《庄子解》：276）可见，"真明"乃是天之所照，而非耳目智力所知所见。"明"就是天光，无所偏倚，无所执着，因此能够反映万物的本然状态，能够照"物之天"。相反，如果"明"非天光，则照止一隅，有所照，有所不照，则不能反映"物之天"，反而扭曲万物之本性。

其次，神与浮明之关系。浮明就是"一曲之明"，就是"知"，但是这个"知"更侧重固执成心等获得的知识成见。神与浮明的关系实际上就是神与知的关系。从产生上看，神与知只是一种间接的关系，明是二者的中介。所以王夫之说："由明有知，神则非不知而固无知也。"但是，由于神、明的同一性，也可以说"知"直接由神产生。知是一种分别性的认识能力，以及由此而获得的对事物的认识。"道"作为天地万物之理是整体的，是全而不分的，所以靠分别性的知是不可能达到对道的认识的。正是这个原因，王夫之反对知，而推崇神和明的整体把握。因此他坚持神虽有认知分辨的潜在功能，但却应保持无知无辨的状态。

前面已经指出，大明或真正的明是无所照而又是无所不照的。但是"明"会抛弃其直觉式的整体把握，而将光芒凝结或注视到某一局部或个体。这种对局部或个体的注视，必然产生分别，由此而产生"知"。因此"知"是一种局部的"明"。为了区别方便，王夫之称之为"浮明"或"一曲之明"。可见，浮明不是上文的大明。如果说大明是对道的整体把握，浮明只是对道或万物的局部认识。至于明如何沦落为知，王夫之认为是因为明与神的相离。他说：

> 繇明有知……而不知明随外谍，则与神相离，徇耳目以外通，而不丧其耦；其流也，乃至为苞苴竿牍，用以成兵刑之害。（《庄子解》：276）

"明随外谍"指明逐物不返。"徇耳目以外通，而不丧其耦"，指明顺从耳目的所见所闻与外界相互作用，执着于所照对象，产生物我的对立和分别。“苞竿苴牍”，即苞苴和竿牍。苞苴最初指包裹鱼肉的草包，后延伸为赠送的礼物；竿牍指书信，后延伸指礼尚往来。合起来，比喻世俗的知见礼节。“用以成兵刑之害”，指人们运用这种不全面的知见来治理天下和应接事物，最终导致战争等祸害。可见，知产生于明与神的偏离，产生于明对具体对象的执着。在这种情况下，明已经抛弃原来的直观体认万物的能力，而采用耳目的分别性见闻来认识世界。

虽然浮明也是明，但是，它与神的感通能力却有天壤之别。王夫之说：

> 神与天均常运，合以成体，散以成始，参万岁，周遍咸乎六宇，而明乘一时之感豫以发。其量之大小，体之诚伪，明之不胜神也明甚。（《庄子解》：276）

这里，“明”指浮明。这段话意思是，神参与大化流行，聚合则成为人之本体（太虚或天），消散则成为人之初始（神和形体）。混万岁、六合为一，无所不在。浮明则只是因一时的感动发出。可见，浮明在量和体上，都显然不及神。因此，王夫之将真明比作太阳，知（浮明）比作油灯。

知的局部和片面能够反过来局限和伤害神。“知与不知，皆出于一真之大宗，而还以戕贼其宗。”（《庄子解》：75）宗，就是天或神。有知则有不知，知与不知都是一种局部性的认识，都是知。从其产生上，二者都源于“明”对外物的执着，或者说最终都由神产生。从后果上，二者因其局部和片面，都反过来造成对神的感通能力的伤害。要避免知对神的伤害，王夫之认为只有摈弃目前这种局部的知识，获得真知。所谓真知，就是超越了局限性和片面性的对世界的认识，这就是上节所说的“真明”。

但是，人们或许会疑惑，王夫之在他的儒家著作中大力倡导知能相因，倡导格物致知，在《庄子解》中为什么又贬低知的作用？其实，这二者并不矛盾。王夫之反对的是因知辨能力而产生的固执成心式的知识，而不是反对知辨能力本身以及以此对天地万物的认识。从他“因理达权”的主张可知，格物致知正是对万物各自的特性和分位的认识，是必需的。但是，由于成心固执等从根源上也来源于“知”，即知辨能力，因此，对知的运用必须格外谨慎。这就要首先从大本上明白天地间没有什么可以执定的东西，然后才能不为具体的知见所拘束，达到因时制宜、尊重万物和时势的客观情形。因此，他从本原上贬低那样固执成心成见的人，目的只是在于拯救他们于偏狭之中。关于知的地位，下章将详细论述。

第六章
《庄子解》中的心和知

“神”发用为“明”，但是“明”若逐物不反，就沦落为“知”。因为“知”的局限性，用来治理天下万物，必然导致不周不备，最终沦为刑罚、战乱等祸害。可见，知产生于明对神的偏离，产生于明对具体对象的执着。在这种情况下，明已经抛弃原来的直观体认万物的能力，而采用耳目的分别性见闻来认识世界。但是，由于“心”是“神”在人体之寓所，是“灵台”，而且庄子和王夫之往往将心、神、灵台等交互使用。因此，欲讨论《庄子解》中的“知”，必须明白“心”及其与神和知的关系。

第一节　心

一、心的含义

《庄子解》中心的含义比较复杂，可以概括为三个方面。第一，心是和气，是人之灵明，是太虚之气寓于人体，本质上等同于神，但是不同处是，心具有主体性和主动性，而神则若镜之应物，不将不迎。第二，心是照物能力或知辨能力，是灵明的发用。它不执着外物时，与神不分离，是真知。它执着外物时，是心知，是成心，能够对神造成伤害。第三，心是主观的意向、意念和好恶。这是由心的分辨力引申而出。

首先，心就是天之在人，就是神。王夫之说：“无形无体，无明无冥，含物而忘物，与物同而不同乎物，此天地之本体，而于人为心。”（《庄子解》：97—98）这个“天地之本体”实际上就是道、太虚或太和。它没有形体、没有明暗，包容万物而忘记万物，与万物一致，又能保持自己的特性，正像老子所云“独立而不改，周行而不殆”的“混成之物”。这个天地之本体寓于人之形体中就是人心。由此可见，心与神在这个层面上是同一的，因为神也是天之寓于人之形中。王夫之对“圣人之心”的描述更证明这个推断：

> 太虚无形，合万化而不形者，天地之神也。静定无为，含众德而不形者，至人之神也。美恶、得失、荣辱、吉凶，皆备容之，而无迹以使人易测，则物自化而天自定，斯以为圣人之心，此无为而静之本也。（《庄子解》：120）

无形之太虚是本体，静定无为是太虚之特性。至人所法天者，不是法其无形之本体，而是法其“合万物而不形”之德能。这就是为什么说至人之神“静定无为、含众德而不形”。圣人更是将人间之分辨包容不辨，任“物自化”、任“天自定”。可见，王夫之将“天地之神”“至人之神”和“圣人之心”并列，三者的根本特点都是包容而不露形迹，说明三者在本质上是一个东西，都是以天德为内涵。

既然人心都是神，由太虚之气所成，那么天下人的心本质上是相同的，可以相感。王夫之说：

> 人有异形而无异心。心有柔强明昧之不一，而其为情为识，含阴阳之动几以生起者，一也。故一人之心，无端微起，而应之者无涯，况居上而有权力者乎？撄人心者，非待取人之心撄之而后撄也，以所说者自撄其心，而人心无不受撄矣。（《庄子解》：94）

这里，王夫之明确指出，虽然人性因天命之时位而不同，但人心却因共有“太虚之气”而相同，且可以相感。这是因为心乃阴阳之气的“动几”（发动机制），而所有人之心皆有此相同机制。因此，一人之心，无端兴起，与之响应的天下之心就无数，更何况居于统治地位有权力的人呢？扰乱人心，并不是非要等到扰乱别人的心之后才叫作扰乱。只要以自己的偏好扰乱自己的心，天下人的心就没有不受扰乱的。从这个意义上，王夫之证明了人人洁身自好、加强修身的必要性。

王夫之又称“心”为“灵台”，是“在人之天”。“灵台者，天之在人中者也。”（《庄子解》：164）可见，灵台与神、心同为天之在人，同为太虚之气。在《庄子解》中，王夫之往往“心”与“灵台”交互使用，更证明它们所指是一个东西。例如：

> 夫以人入天而知意横行者，目视之而心随目以别妍媸，耳听之而心随耳以分逆顺，则灵台本灵，而耳目变其故。（《庄子解》：222）
>
> 不见有人，不见有己，则思虑之营营自息。此非道德之可恃也。以道德持之，勉闻而受于耳，耳达之心，而灵台不能自达。（《庄子解》：201）

前段指出，耳目乱心，接着又说“灵台本灵，而耳目变其故”，说明灵台就是心。后段指出虽然所闻之言经过耳而到达“心”，但是“灵台不能自达（灵台自己不能理解所闻之言）”，也说明灵台是心。

因此，心、灵台和神都是在人之天，是一个东西，但是王夫之之所以将它们区别开来，是因为心和神二者侧重的角度不同。神侧重天作为浑然一气的存在性，心则侧重太虚之气的灵明和照物能力。神作为生命之主，虽然可以发现为明或知，但是自身没有主动性，常常处于被动地位。因此，神容易受到知的控制和干扰。心虽然以神作为内容，但是心具有主体性，常常处于发号施令的地位。因此，使神得到保护的，是心；使神受到亏损的，也是心。关键在于如何运用心之灵明。

心之灵明如果只是照物，而不执着外物，特别是不执着于生死，就不会有成心。这样，心就可以合于大化、天均，从而使神得到保全。为此，王夫之要求“用心于无形，以养其无形之真，则死生听诸形之成毁”（《庄子解》：48）。这个“无形”就是天或神，而不是有形的人体。如果一个人能够自觉地与无形的太虚之气合一，将之作为自己的本然，就不会在躯壳上生念，就会视生死成坏若一个指头的屈伸变化，从而达到守神养生的目的。否则，心追逐外物，固执不化，就会导致“心死”而神伤。

二、心与气

从心之产生上看，心是阴阳之气的良能。王夫之说：“人有异形而无异心。心有柔强明昧之不一，而其为情为识，含阴阳之动几以生起者，一也。”（《庄子解》：94）可见，心产生于阴阳之气的变化，而且具有发用为情感和意识的潜在性。如果作一个比喻，心就是镜子，镜子都由玻璃组成，有明暗、坚固或脆弱的分别，但是其照物能力和组成却是基本相同的。

从心之本然状态上看，心是神或天，是太虚之气寓于人体。太虚之气能够包容万物，同时又具有感通和反映万物存在状态的能力。心虽然具有主动性，能够产生情感、意识，能够主宰万物，但是它与气本来就具有同一性，可以相互感应。因此，王夫之认为，心虚则可以使自身之气和天地之气保持平和；心勃动则会导致自身之气和天地之气的混乱。平淡己心，则可以平和其气，从而使自己和天下的神气得到养护。

但是，心具有主体性，可以产生情感意识，因此可以以自己的知识情感主宰外物，包括人自身的气。所以，王夫之说：“心可受而非有所受，受之者心之知也。神可宰而固不宰，宰之者，神之知也。”（《庄子解》：273）这里，“心”“神”所指相同，但是它们一旦沦落为“心之知”和“神之知”，就开始接受外在的知识和分别，同时也开始主宰外物，干扰外物，其表现就是心役使气，与外物追逐争斗。例如：“声本无异，心使气者，纵之、敛之、抗之、坠之，而十二宫七调之别，相陵相夺，所谓化声也。”（《庄子解》：11）这是讲正是因为心知的分别，使“心使气”，将所吹之声变成“十二宫七调”。其实，不仅如此，人之所言，也正是因为心知的分别固执，赋予所言以不同之内容。因此，王夫之要求超越心知，超越固执分别，不以心或心知使气，从而达到“以无我无偶之心听之，则伶伦之巧，一呜呜已耳”的境界。（《庄子解》：11）

王夫之进一步指出，正是因为心知之自以为是，导致人们动气争辩。而这种动气争辩的结果是：“既以忤人之心，复以犯人之气。”（《庄子解》：35）导致对人或对己的伤害。以比干、关龙逄盛气凌人以导致自灭为例，王夫之说：

> 是非者，名而已矣。是者，名之荣也；非者，名之辱也。虽桀纣未有安于名之辱者，而逄、比以其心之所是，盛气以凌之，使欲求一逃于辱名之径而不可得。心既逆而气复相持以不下，则岂徒菑于逄、比之身哉？（《庄子解》：36）

意思是，天下没有人甘于承认自己为非，接受侮辱。即使像桀纣那样的恶人，也要为自己的名誉辩护。但是，比干、关龙逄却以自己的观点，盛气凌人，要求桀纣接受，使桀纣想避免被侮辱都不可能。这样，桀纣就会产生逆反之心，盛气相持，结果导致两败俱伤。

王夫之称关龙逄、比干这种执定自己的是非，强加于人的做法为“心死而气溢”。这种做法，以自己为是，以别人为非，而不知道本来就没有固定不变的是非。他们不能以虚怀若谷的胸怀感化他人，而陷入争斗冲突之中，不但不能相天成化，反而会增加天地间的怨愤、乖戾之气。要避免这种后果的发生，必须虚心，顺应事物的具体情形进行作为。这样，不仅可以养生，而且可以化物，从而游于人间而逍遥自得。王夫之说：

> 游人之樊而寓于不得已者，澄其气以待物尔。耳可使听，而不可使受；心可使符乎气之和，而不符乎耳。将暴人狂荡之言，百姓怨诅之口，皆止乎化声而不以荡吾之气。则与皞天之虚以化者，同为道之所集。外无耦而内无我，庶可以达人之心气而俟其化。（《庄子解》：39）

这段话是说，与人交接时不得不做的，是澄清其气，以接应外物。耳可以听，但不可以接受。心可以与气之平和一致，但不可以与耳一致。暴人的狂荡之言，百姓的怨恨话语，都视之为自然的声响而不足以动摇我的和气。这样，我就可以与太虚之气一样，与道为一。在外没有对立，在内没有自我，就可以通达别人的心思，感化他们。

可见，心之主体性或主动性是以维护和气或神为目的的，而不是以追求知识分别为职责。只有保持自己的和气，虚以容物而不受外物的改变，才能感化外物，使他们归于大道。其方法就在于虚心，虚心则无物无我，视听不为外界所乱，心神不为外物动摇。这样，自定以定人，和气长存，乃是人生的意义所在。

三、心与知

心本身具有知辨能力，但并不是生来就有知识分辨。在没有接触外物之时，心是一片空白。王夫之论述心的本初状态说：“然心本无知也，故婴儿无知，不可谓无心。”（《庄子解》：38）所谓无知，是没有执着于外物的知识和是非等分辨。

心本来无知，并不是说心不能有知。心由于是人之灵明，本身就潜在地具有分辨能力，因此，一旦与外物相接，很快就会产生知识。“心既生矣，识益发矣，不极乎文而不止。”（《庄子解》：136）意思是，心产生之后，分辨能力也就开始运作，以致产生知识言辞等附着于事物本质之上的东西。这些附益的东西，如果不及时去除，就会反过来扰乱心之灵明。所以王夫之说：“夫知生于心，还以乱心，故尽人之心，不可胜诘。”（《庄子解》：35）

心不但能够以其分辨能力产生知识，还会接受外来的知识。但是，在没有形成分辨是非之前，心对外在的东西是过而不留，若镜之照物。在有了知见之后，就会根据自己的知见对外在的东西接受或排斥。这就是“心可受而非有所受，受之者心之知也”（《庄子解》：273）。从这个角度上，心与知识的关系颇似容器与内容。王夫之论述刳心说：“刳心者，刳去其心之知也，是谓弃之。”（《庄子解》：102）可见，心与知并不是一个东西。

心有了知之后，王夫之常常心知并称，实际上所指只是“知”。例如：“形，寓也，宾也。心知寓神以驰，役也。皆吾生之有而非生之主也。以味与气养其形，以学养其心知，皆不恤其主之亡者也。”（《庄子解》：30）其主，指神。有了知识之后，如果执着于知识，意识不到知识只是一时或一定情况下对事物状况的描述，就会形成“成心”。王夫之说：

> 天下之相谋者无穷，鱼困其知于鹈鹕，而知自迷于网罟，有所载者自有所不及也。夫所谓知者，皆有所师而得之者也。发冢之珠，载之不舍，而知成乎心矣。（《庄子解》：242）

这段话意思是，天下相互算计的事物没有穷尽。鱼将自己的知见局限于防备鹈鹕，却不知道避开网罟。有所执定，必然有所不及。所谓知见，都是有所师法而获得的东西。将所师法的东西执定于心中，像珍惜盗墓所得的珍珠那样不舍弃，就会形成成心。鱼因为固执防范鹈鹕的知识，而忽视了网罟的威胁。这是因为人心一旦有所定向，就会忽视其他方面的信息。所以，那些迷信圣人之知识的人，肯定见不了“大道”。

有了成心，执着不化，就是“心死”。所谓“心死”，指死心于某种观念、外物，而不能达到无执的状态。王夫之说：

> 道已逝而言犹守之，故以自善则不适，以治人则不服，以教人则不化。其通古今、合大小、一彼此者，固不可以言言者也。……而以言留

之，以言激之，于是得丧祸福交起以撄人心，而莫之能胜，皆执故吾以死其心之灵者也。（《庄子解》：175）

王夫之的意思是，“道”已经逝去，人们却仍然守护着其遗迹。这种遗迹用来自善己身则不适合，用来治理天下则人不服，用来教导别人则别人不被感化。这是因为，通古今、合大小、一彼此的道，是超越言辞的。以言辞保留道，以言辞激发它，就会带来得丧祸福、扰乱人心。这些做法都是执定陈迹窒息心之灵明的做法。

正是因为这个缘故，庄子倡导卮言，无所执定，也使人无法执定，从而使自己和别人的心都不落于固执。王夫之也盛赞庄子“卮言日出”而“不死人之心”，是尽了人道。

四、游心

心具有灵明，能够照物，也能够执着于外物。当其执着于外物之时，就产生知识，形成成心，就会导致心之灵明固定在具体的物事，而不能遍照。这就是“心死”。当其不执着于外物，顺应事物的本然，若镜之照物，虚而无执，就能够合于大化。可见，如何利用心之灵明不仅关系到心与外物的关系，也关系到心自身能否保持其灵明。为此，王夫之继承了庄子的“游心”思想。

庄子曾于《人间世》《德充符》等篇章屡次提到“游心”，究其含义，乃是持心的一种方式。“游心于淡”（《应帝王》），就是持心恬淡，无适无莫；“游心乎德之和”（《德充符》），就是意识到万物同于一气之化，心不为形体变迁而动，常保持平和；“游心于坚白同异之间”（《骈拇》），则是指惠施、公孙龙等名家用心于坚白同异之分辨。王夫之同样重视这种处理“心”的方式，提出“游心于无假”。他说：

妍媸、荣辱、贵贱，皆从形而有者也。外形而游心于无假，则无妍

嫌，无妍嫌则无荣辱，无荣辱则无贵贱。一洗其流俗之得失，而官天地、府万物、豁然之大宗，可得而见矣。（《庄子解》：50）

无假，就是无所依赖，也就是道或大化一气。因为天下间只有大化流行无所依赖，所以，“游心”就是《逍遥游》所谓的“乘天地之正，御六气之辨”以游于变化之途。简言之，“游心于无假”就是心常与道合一，安时顺化。这样，人心就会遗弃形体，不为形体的变化成毁和因之而成的世俗成见而动心，而保持平和。

那么，如何才能“游心于无假”呢？从上述引文可知，王夫之认为其方式在于“外物”，即遗弃对外界事物的执着。人能不执着于外物，就是虚。可见，心虚不仅是合天的手段，也是游心的前提。王夫之说：“存诸已，不悦生而恶死，定于虚一矣。而后存诸人者，乘物以游心。”（《庄子解》：43）意思是，在已没有生死之好恶分别，心灵保持虚静专一；在外就可以与人交接，因任外物而游心于恬淡平和的境地。相反，一旦有了自恃之心，就会与人对垒，而不能自由自在地遨游。可见，虚而无执是游心的关键。

其实，游心的目的并不是简单地为心灵找到一个处所，仍然是合天。所以，王夫之说：“游其心以观天，而泝之乎精神之所自生，媒媒晦晦，而莫知所谓；则此身亦未见其果为吾有也，止中国之一人而已矣。”（《庄子解》：189）所谓“中国一人”，是认识到天地间只是一气流行的事实之后，达到的天人万物合一的境界。在这个境界中，没有人我，没有天人，没有万物，只有一气之运行，因此可以说只有“一人”。实际上这个“一人”并不是通常具有人之形体的人，而是一气。

合于大化，就能够不死其心，顺大化而推移，不断地更新心的内容。像镜子一样，时刻顺从外界的变化来映照外物。王夫之说：“虚其心，日生以待化之至而不昧，如日在天，不挽已坠之景以为诘旦之明，而物自待之以比方，斯则其不忘者也。不忘者存，而心恒不死矣。”（《庄子解》：178）意思是，虚静其心，时刻顺从大化而不迷昧，就像天上的太阳不断更新射出的光线一样，自然会得到万物的取法。这样，自己才能不忘应当保持的神。不忘其神，心就能保持不死。

可见，游心在于保持心的生机，在于顺应万物之本然。这样，外可以成全天下，内可以保全自己的和气。从而，游于人间，而逍遥自适。

第二节　知

一、知的产生

在《庄子解》中，“知”首先指人的认识能力。它出自“明”，而最终源头是“神”。“由明有知，神则非不知而固无知也。”（《庄子解》：276）“明”是神的照物能力，与知相似，但却不能与知等同。明无所不照，没有执着对象，而知却因有所照而有所不照，且有执着对象，只能被称为“一曲之明”。知出于明，为什么又与明有如此大的差别？这是因为，知产生于明与神的分离、产生于明逐物而不返。可以说，知是明对外界有所执着、有所对立的结果，而明则是无执着、能遍照的本初状态。但是，知与明的地位也可以改变。当明有所执，则沦为知。当知超越其偏执，则提升自己为明。

但是，若考虑到王夫之将神解释为天、气、心等，而认为知出于天或气机，也可以说知直接由神生。如：“天之化气，鼓之激之，以使有知而有言，岂人之所得自主乎？”“不但化声为天气之所吹，举凡官骸之用、心知之灵，皆气机之变也。”（《庄子解》：15，27）文中明确指出，知、言产生于“天之化气”，“心知之灵”来源于“气机之变”。所谓的“化气”“气机”只不过是天或神的代名而已。若再看他关于“知”出于天或“虚”的论述，更可以明了他最终还是认为知产生于神的。如“知与不知，皆出于一真之大宗，而还以戕贼其宗”（《庄子解》：75）、“知生于虚，而知已失虚！知有穷而虚无穷，能体虚者无知也”（《庄子解》：192），所谓的宗、虚都是指天、大化而言，实际上也是神。

王夫之对知的追本溯源，只是证明知作为人的认识能力是与生俱来的。人皆具有潜在的知的能力，并没有说人生下来就有分别性的知识。因此，他说："然心本无知也，故婴儿无知，不可谓无心。"（《庄子解》：38）这里的"无知"只可做"无分别意识"理解，决不能理解为"没有知觉能力"。可以说，婴儿具有"明"（照物能力），但并没有分别性的"知"及由之而产生的知识。前面指出，知之生是因为明执着于外物；此处同样认为知生于心执着于外物。王夫之说："心之有是非而争人以名，知所成也。而知所自生，视听导之耳。"（《庄子解》：38）言下之意，知之产生是由于心神外骛，有所执着、分别而致。在这个过程中，视听起到一个引导的作用。

由以上论述可知，明只是神沦为知的中介。从根源上说，仍然可以说是知产生于神的外执。心、神或明对外物的执着不仅导致"知"这种分辨能力的产生，也因此产生分别性的知识。

"知"因为对外物有固执，顺从耳目之所见所闻，不以神之感通，因此所见狭小，不能遍照。王夫之批判这种见闻之知乃心知之妄，非天或事物的真实面貌，说："夫物之所自造，无一而非天。天则非人闻见之可限也。而以其习见习闻，为欣为厌为怪，皆心知之妄耳。"（《庄子解》：161）物由天成，而天非耳目见闻所可遍观。以耳目见闻所及为天，犹若以管窥天，所见必然虚妄片面。因此，所有的见闻之知无异于心知的虚妄之见。据此，王夫之指出知就是梦，是"以无有为有"（《庄子解》：20）。

然而，人处于梦中时却常常不知道自己在梦中，唯有醒来方知道原来是梦。当其未醒之时，则以梦为真。人之于闻见之知也是如此。各执己之所见以为是，以为道之全，故争论不休，成乎是非。王夫之说：

> 心一而已，而使之杂以扰者，是非也，是非交错于天下，皆生于知。知以生是，是以形非，歧涂百出；善者一是非也，暴者一是非也，交争而扰不可言矣。（《庄子解》：35）

此处“知”指认识分别能力，是从本原上指出是非等知识产生于人的知辨能力。因是非之产生，使天下沦为争辩不休的混乱之中。然而，王夫之似乎又有“知生于是非”的观点。如：“有声而即其声以立是非，是以有知，知已成而不能自舍，是以有爱。”（《庄子解》:20—21）此处“知”指知见、知识。意思是，有了声音就根据声音建立是非，这样就有了知识。知识已经形成，执之以为真理，就形成偏爱。这是从后天的角度来说的。也就是人们有了认识分辨能力之后，按照耳目的分别，而形成知识。

可见，王夫之说“是非生于知”与“知生于是非”是从“知”的不同角度说的。从源头上说，知这种认识能力乃是神明对形体的执着、分别，仍可以说“是非生于知”。

二、知之局限

相对于明，知所照的范围只是一曲，故称之为“一曲之明”。因其所照有限，不能穷尽天地万物，因而不能认识天地万物之理。虽然自恃知见的人认为自己体悟到了道，其实因为他所见的局限性，他所知只能是道之一偏，而不是道之全体。可见，“知”不能见“道”。王夫之阐述说：

> 无物非道，则抑无物为道。茫然四顾，无一而非道，则不可指何者而为道。道无可知，知不可以测道，故无为谓真是也。狂屈曰“予知之”，则虽交臂且失，而似有一恍惚之光与道相合，非不是也，而道抑不尽于此，故但似之而已。此释氏所谓相分灭而见分未灭也。若无思虑、无处服、无从道者，为可以体道，则无思、虑、处、服、从、道者，固道矣；有思、有虑、有处、有服、有从有道者，又岂道外之有此耶？皆求其可知、可安、可得，而执小以为大、执短以为长、执无以为有者，故终不近也。（《庄子解》：185）

意思是，没有什么事物不是道，也没有什么事物就是道。茫然四顾，所见无不是道。因此，不能指定什么东西就是道。道无法以智力得知，智力不能够臆测大道，因此，“无为谓”真的知“道”。“狂屈”说“我知‘道’”，虽然与道交臂失之，且恍惚间似乎于道有所见。所见未尝不是道，但是道不局限于“狂屈”所见。因此说只是与道相似。如果说无思虑、无所行、无所从的行为就可以体道，那么，无思虑、无所行、无所从固然是道，有思虑、有所行、有所从又哪里属于道外的东西？人们都以为道可以知、可以安处、可以获得，以小为大、以短为长、以无为有，因此始终不能与道相近。

可见，道无所不在，但又不能指定某处有道，或某物为道。可以说，只要有分别、有所指定，就必然与道相离。唯无知、无分别，方与道冥。但是，所谓的“无知、无分别”等，又不能执定为一定的方法，否则这种所谓的“无知、无分别”等又转而沦为知，又会与道相离。这也就是为什么庄子、王夫之批判黄帝“不知道”。究其源，道即自然，故撤去任何人为意念，顺自然而行，方能与道相偕。

知生于天，乃天之气机之变，但是，天无分别，且包容无遗；知却分别、拣择万物。因而人的知见不及天之广大，也不能与天相互感通。王夫之说：“虚清者通体皆天，以天御人，人自不能出其环中。圣知之言，仁义之行，自彼视之，犹勺水之于洪流也。”（《庄子解》：176）“虚清者”，指善于守气而常与天相感通的人。这种人所知所行皆与天一致，因此其所知即道，其所行就是自然之化。“圣知”“仁义”则仅仅是某些人所认识到的道的一个角落。两者相较，有勺水洪流的差别。当然，这里的圣知、仁义是指那些固执先圣之言、不能体悟大道的小知。王夫之目的是要用庄子的自然和真知将儒家的圣知和仁义提升到天或道的高度。

知不及天，则不能配天。因此，凡是知所不及之处皆知之亏缺。因此王夫之批评宋荣子、列子说：“皆限于所知，而不至于未始有物之天。其所不至，则其所亏也。”（《庄子解》：20）

进一步，王夫之指出，知不仅不能知天，也不能穷尽天下之物。盖执着于见闻之所及，则见闻不及之处必然不能知。王夫之说：“目所可见之色，耳所可闻之声，其为声色几何？心恃之以生其知，其知又几何邪？聪明不至之地，物自有物之帝，生死自有生死之得失。”（《庄子解》：224）“生之有知，生尽而知无寄，况万岁乎？……则既死之后，万岁之奚若，何可知耶？”（《庄子解》：27）可见，真知必然不能在见闻中寻求，否则，永远不能认识世界的全貌，也不可能达到真知。

知因为其狭隘、片面，必然不能尽知天地万物的道理或本性。依据这种片面的知识行事，必将不通，而且还会导致祸害。故说：“唯知其所知，是以不知。知以己用物，而不以物用物，至于无用而必穷，穷斯困矣。”（《庄子解》：8）这句话明确指出，世人因为自以为自己有所知，反而对“道”无所知。这些人自恃自己的知识、判断来利用外物，而不知道顺应外物的本性，让外物自行其是。因此，一旦到了这些知识无能为力的地步，这些人就陷入困境。欲摆脱这种困境，只有不执着于外物，弃知而不用，而任物自用。故王夫之说：“神凝者，杳然丧物，而物各自效其用，奚能困己哉？此其理昭然易见，而局于小大者不知。……一知之所知，则物各还物，无用其所无用，奚困苦哉？”（《庄子解》：8）神凝则神含其明，不流为知，故不执着外物；“一知之所知”则所知为一、无分无辨，无分辨故无好恶执着。如此，若天之包容万物，任物自用，而我无所干预，才能摆脱困苦，同时也才能成就万物。其实，王夫之同庄子一样，认为自然乃是天地万物之理，是真知，是道。效法自然，摈弃人为，则物我同归于逍遥自在。自然之理，付之于行为，就是让万物各行其是，也就是文中所说的“丧物”“物各自效其用”。顺自然而无为，简单易知，但是人们由于成见、知识的作用，舍近而求远，舍易而就繁。此古先哲人所以慨叹人世之沉沦也。

三、知之祸害

知所见不全面，不能体现万物的性命之本然，恃知者又恃之以为大道，将它用于万物，必将造成各种流弊。概括起来，有四个方面：一，伤己之神，不能守和。二，固执己知，导致物论。三，矜知见德，招怨杀身。四，施之于外，惑乱天下。下面逐一论之。

1. 伤己之神，不能守和

知由神生，但知由于其狭隘反而成为神的桎梏。王夫之说：“足自犯患，尊足者患不能犯也。唯知之所知者不一，则为尊足者之桎梏耳。”（《庄子解》：51）“足自犯患”，指足受知的驱使，自罹祸患。“尊足者”，指神。神超越于形体之上，因而可以免于形体受到的伤害。“知之所知者不一”，指知对其认识对象加以分辨，不能将对象混同为一，不能无所不包。神则不同，它感通万物，无所不在。因此，若以知来役使神，必然使神受到局限，使人失去固有的逍遥。所以王夫之说：“有所辨则有所择，有所择则有所取、有所舍。取舍之情，随知以立辨，辨复生辨，其去逍遥也甚矣。”（《庄子解》：4）可见，分辨取舍是使人之心神受到局限的原因。唯有神不受心知的局限，回复到其无思无虑、感而遂通的本然状态，方可逍遥自适。

知不仅成为神的局限，还会反过来使役神，导致神的伤害。王夫之说：“心知寓神以驰，役也。皆吾生之有而非生之主也。以味与气养其形，以学养其心知，皆不恤其主之亡者也。”（《庄子解》：30）“生之主”，神。“心知寓神以驰”即心知以神作为工具或坐骑，驱使神将自己带到目的地。人们通过学习来增长自己的心知，却没有意识到心知的增加，只能加重神的劳累和伤害，以致达到消亡的地步。因此，任知不能养神，反而会导致神的消亡。

神，从本质上说，是寓于形体的醇气，或昊天之和气。因此伤神实际上也是伤气，或伤心之和。据此，王夫之提出以“心齐”去除知，达到心虚。心虚，则和气自然得到保持。可见，守和、凝神的关键在于免除知的干扰。如果不能停止心知对神气的干扰，任心知疲役神明，则会导致庄子所悲的“心死”和王夫之所说的“生之理不足以存”。“生之理”，就是神，或气之和。一个人一旦失去和气和生理，即使不至于死亡，也只是一个行尸走肉而已。

2. 固执己见，导致物论

自恃其知的人意识不到知的有限性，以所见所知为真知，强迫他人接受。他人也以自己的所知所见为真知，而不愿接受。两者相遇必然争论不休。王夫之说：

> 非知则言不足以繁，知有小大，而言亦随之。小者非独小也，以大形之而见为小；大者非能大也，临乎小而见大。然则闲闲者亦间间耳，炎炎者亦詹詹耳。以闲闲陵小知而讥其隘，以间间伺大知而摘其所略；以炎炎夺小言之未逮，以詹詹翘大言之无实；故言竞起以成论。（《庄子解》：13）

王夫之的意思是，因为有了知，才导致言论的兴起纷乱。然而，争论者不知道大、小只是相对而生，无大则无小，无小亦将无大。自以为自己所知为固定的大，去讥笑他人的狭小不及；承认自己所见的狭小，却指摘他人所见的疏略浮夸；于是，物论兴起而不可停止。究其源，在于争论者所见的片面，及其心中的成见。去除此两种东西，顺自然而行，又会有什么争论。故王夫之又说：

> 限于其知，以为成心，而凭气之所鼓，不知其两可两不可，而独有所是，偏有所非，小成之知见，成百家之师说，而儒墨其大者也。（《庄子解》：17）

"限于其知，以为成心，而凭气之所鼓"，指争论者所见片面，且执所见为真理，从而沦为成心成见。又为了捍卫此成心成见，奋起而与他人争论。"两可两不可"，即两行，指是、非皆有所可，皆有所不可，不可执其一端以为定论。儒墨执是执非，故所见一偏，且越争越不近道。因此，王夫之批评儒墨之争论，虽皆自诩为阐明大道，实际上皆成为物论以蔽道。说：

> 当时之为论者夥矣，而尤盛者儒墨也。相竞于是非而不相下，唯知有己，而立彼以为耦，疲役而不知归。其始也，要以言道，亦莫非道也。其既也，论兴而气激，激于气以引其知，泛滥而不止，则勿论其当于道与否，而要为物论。（《庄子解》：10）

“唯知有己”指是己而非人，不知别人的观点中也有合理之处。这样，执定自己为正确，指责别人不合理，于是便与别人陷入矛盾的对立之中。这种争论刚开始或许有揭示大道的目的，但是久而久之，因为成心、怒气等的驱使，便遗弃初衷而追求辩胜的快乐。可见，这种是己非人的结果，必然导致瞎子摸象式的争吵，不但不能有益于阐明道之真实面貌，反而会导致无穷的争论。

3. 矜知现德，招怨杀身

人皆自以为所知为真知，以为循之，内可治身，外可治天下，因此执之不舍，倡导之不倦。究其实，不过欲证明己之所知为真知，希望他人认可接受而已。王夫之称之为“标一知一行以辩以胜群义”而“欲使人以之为节”。（《庄子解》：207）人之所以如此重视自己的知见，也不是没有根据。因为遵循这种知见，行事确有一些效果或成就。故王夫之说：“由明有知，则见为有征，而欲以画天下而平之，故曰莫若以明。”（《庄子解》：276）征，证验，施行后的效果。“欲以画天下而平之”，指欲以此知来经营天下。可见，循知而行，可以有所成，故人们以知为宝。但由于知之狭隘片面，不能尽物之性，故虽有近利，却贻长远之祸害，以致征战杀戮。

然而，人们由于所见有限，贪图知见带来的小利，反而使恃知者得以自得自矜。王夫之说：

> 恃知以与物相感，究其所豫者，苞苴竿牍而已。五饕之馈，户外之履，河润之泽，皆是物也。使自问而自省，岂非毫毛乎？然此毫毛者，人之所必不能忘情者也。非知太宁者，体无形之流，乘太清之泄，未有不为所摇者。（《庄解》：273）

“豫”，高兴，自得。“苞苴竿牍”，比喻可以获得近利的小夫之知。“五浆之馈”等，小夫之知的外部证验。但就是因为这些东西，人们贵知不舍。苟非通达大道之人，未有不为之动心的。由于这些小夫之知能够悦己悦人，益使执之者自鸣得意，而忘记其狭隘片面，于是，强己之所知于他人，忘记万物各有其性命之情，以为人之成就皆由于自己的教化。故王夫之注解“郑人缓”一段说：

> 心可受而非有所受，受之者心之知也。神可宰而固不宰，宰之者，神之知也。谓彼宜而谓我待以养，是缓之于弟也。忘其亲而见德以自刑，商贾而已。其去天之无私以布泽者，至辽绝矣。要皆恃知也，皆感豫也，亦与苞苴竿牍之相施受也无以异。（《庄子解》：273—274）

“谓彼宜而谓我待以养”，即彼宜待我养，意思是他是因为我而成为目前这样的。“见德以自刑”，指施知于人，自以为有德于人，而不知如此做正好自我伤害。心、神本无自矜之意。自矜以为害者，知也。“缓”自恃己知，夺天功为己有，以致杀身而不悟。其原因就在于，自得于己知之“河润九里，泽及三族”的功劳，而以为其弟“翟”之成就也当归于己。故王夫之说：

> 己有知之可炫，欲使人之亦有知以见德，见德而只以招怨杀身。唯河润之泽感其豫耳。……何也？见德之情，已自滑其天，而入于相捽之地，则无往而非死地也。（《庄子解》：271—272）

"滑其天"，乱己之性命之情，不能保其恬淡平和。"相悴之地"，相互争斗扭打的地步。足见炫耀自己的知识和德惠的祸害。

恃知见德以致杀身，又非缓一人而已。广而视之，大凡世人所推崇的烈士仁人未有不如此者。这些烈士仁人炫耀其知识德惠，以规劝皇帝或上级，而听者不愿接受，于是相互非难，以致两败俱伤。故王夫之慨叹关龙逄、比干之死于桀纣的悲哀，认为他们都在于自恃己之知见为真理，强迫他人接受。不可强迫外物顺从己意，这是一个易知的真理。可是，众人却常常强迫他人接受自己的观点，这是因为他们心中怀有"知"，想通过别人的接受来显示自己的功德。结果，"缓以之死于弟，逢比以之死于君，宋襄公以之死于同盟，戈矛动于胸中，而必报其天。恃兵者非恃兵也，恃其知也"（《庄子解》：272）。"必报其天"，指恃知者最终必然反过来伤害他的形和神。无以，则去知以全身。因此王夫之说："无知无能，物不能相求而已无忧，天刑乃免。"（《庄子解》：271—272）

4. 施之于外，惑乱天下

知因为其片面性，不能尽天地万物之理，当然也不能治天下。施之于天下，必将造成天下的混乱。故王夫之说：

> 以己之德而使天下顺之安之，兴其治化，是亦以德冒天下而德衰矣。所谓德者，心之所然，非必天下之然也。心既生矣，识益发矣，不极乎文而不止。文者，人情之所本无，以灭质而溺心，则人皆尽忘其初，而从吾心之所好，是以知乱天下之恬，惑乱之所以日滋也。（《庄子解》：136）

"心"，这里指知见或分别之心。"己之德"，也就是己之知见，意思是，"德"只是心所认为如此的，并不是天下人共同认定的。以这样的"德"施行于天下，必然有不及的地方。这与上天的无所不包、无所不择的大德自然不可相比。因此说，这种小德的出现，体现了德的衰败。“人皆尽忘其初”，指人皆忘其性命之本然乃虚无恬淡、无知无为。“天下之恬”，指天下人的性命之本然。可见，知和其所成之德不足以治天下，反开祸乱之源。那些炫耀己知，引导众人失其本性的做法都应该摈弃，故老子倡导“绝圣弃知”。王夫之对此解释说：

> 踶跂好知，乱之所繇生也。所好之知，皆非性之所有也。圣人匡之，而人始知吾形之可奋迅曲折以为其所难为；圣人慰之，而人始知吾欲之可侥幸悬跂以希所难得。赫胥氏之民，化而为争夺之民，朴雕德离，不可复一矣。（《庄子解》：84）

用心追求知识，是天下大乱的根源。所追求的知识，都不是人们本性中固有的。圣人以知识辅助天下人，人们才知道他们的形体可以奋起、迅速、曲折等完成本来难以做的事情。圣人以知识安慰他们，人们才知道他们的欲望可以侥幸地获得难以得到的东西。这样，圣人使赫胥氏的朴素民众，变成争斗的民众，丧失朴素，遗失天德，不可能回复到初始的浑一状态。

因此，知，在己不可偏好，在天下不可倡导。因为从知的本性上说，它不是对世界的真而全面的认识。倡导它、利用它，其后果必然是使天下丧失素朴，而沦为争斗。欲使天下返其真，复其性命之本然，唯有效法天。因为天代表了真知和大道。故王夫之说：

> 导以知，则将知其所不当知；节其欲，则愈节而愈启其欲。天不使之有知，而固使不欲其所不欲。唯天是放，性无不得矣。性者天之所与，非天则非性也。（《庄子解》：83）

引导天下人以知识，天下人将会知道本来不应当知道的东西。节制其欲望，越节制就会越开启人们的欲求。天本来不使人们有知识，也不使他们欲求他们所不欲求的东西。只有效法天之作为，才能使天下复于本性。性乃是天所赋予，不合本性，就不是天然。

四、如何对待知

为避免知的各种祸害，王夫之认为最好的办法是含知而不用。所谓含，就是藏之于心，不外示于人。他说："理无不在，事有迁流，故圣知之所知，含之于心，而不可暴之为法者也。"（《庄子解》：86）意思是，道理虽然无处不在，事物却无时不变，没有什么可执定的真理。因此，圣人虽有所知，也不可外露，否则外示而成为一定的法则，反而会成为束缚天下的绳索。王夫之又说：

> "圣人怀之"，含之谓也。圣人含之，而天下固莫能不含矣。人皆能含，而盗恶从起哉？有人于此，未尝为盗，而诏之曰："汝勿为盗！吾有法在，汝欲为盗而固不能。"于是而盗心起矣。且思以其聪明争巧，而一人之利器不能敌天下之锋芒。惟含其止盗之心，以使忘其机变，则巧无所矜，力无所竞，而其意自消。持天下于灵府，以俟其衰而自已。含之为利器，非干将莫邪之所可拟也。（《庄子解》：88）

这段话是说，圣人怀藏知识，是含而不外示的意思。圣人含藏不露，天下人也就不能不各自含藏自己的知识。天下人都能含藏知见，则没有知见，没有盗心，盗贼又如何兴起？有人在此，尚未成为盗贼，你却告诉他说："你千万不要做盗贼。我有防备盗窃的方法，你即使想做盗贼也不可能。"这样，人们的盗窃之心就兴起了。如果想以自己的聪明与天下人争胜，一个人的利器必然抵挡不了天下的利器。只有含藏防盗之心，使天下人忘却机巧，无从矜示机巧，无从竞争力量，那么，天下人盗窃之心就会消除。将天下含藏于心，任天下人之盛气邪心自行衰亡。这就是含藏之为利器，是干将莫邪的锋芒都无法媲美的。

进一步，王夫之指出，人若能深藏其知而不露，则近乎真知。曰：“知藏于内而为证入之牖，虽虚而固有体。藏之深浅，知之真假分矣。”（《庄子解》：58）意思是，人藏其知越深，则其知越真；越浅，越近乎小夫之知。何以故？藏知越深，越近于不执定知见，无所执定则近乎真知。越浅，越近于炫耀外露之知见成心，知见成心即小知。“证入之牖”指以深藏其知为入道之门。“虚而固有体”，指藏知而不用则心虚，虚则与神为一，而以神为体。藏知的实质仍然是含知于心而不用，也就是要做到不炫耀、不外示自己的知见。人能如此，有知而不用，则近乎自然无为。

不得已而必须用知，则当知何者当知，何者不当知。王夫之说：

> 一生之中，有其可知者，因以其知、知生之所有事，不得已而应之，而勿劳其精以悦生恶死而生无穷之好恶，则不伤其和，而不可知之死任之于天，则知不荡而停以盛矣。（《庄子解》：57）

“以其知知生之所有事”，前“知”指认识能力，后“知”指认识活动。“生之所有事”，指人生过程中所遇到的各种事情。人生活于世间，必然有各种世间的事务。逃避、不作为或萦心于作为都是不可取的。其应接的方式在于安于所遇，当喂牛就喂牛，当做宰相就做宰相。不偏好彼，不羞恶此。恬淡无欲，无生死好恶的分辨。如此，若醉酒的人，在车上也不知，从车上掉下来也不知。则神常全，气常和。如此，虽有知，又如何能伤害自己呢？对于那“不可知之死”，则“任之于天”。不可知也不必去知。这样，心神不受知识的摇荡，自然可以保全。

相对于“不可知之死”，人生所当为之事，比如养神相天，则可知也应当知。所以王夫之说：“未生而使生，已生而使死，天之为也，不可知者也。……天籁之鸣、天物之化，固非我之所可知，则亦不可知者也。及其死也，薪穷于指而火传，则固有未尝死者，亦未尝不可知也。”（《庄子解》：57）“未尝死者”，神也，离于形则谓之天。此可知者，故人若用知，当用其知于养神相天，而不应当耗费精神于形体的生死变化。

究其实，所谓的“用知”实际上仍然是含知、去知。王夫之说：“至人于道，有守而无知，知之而不用，用之而不分，则合万变、周遍咸而无异知、无异用。唯不求知以假于用，故合乎天而为万用之资。”（《庄子解》：193））“合万变、周遍咸而无异知、无异用”，其实就是所知齐同为一，也就是无分别。无分别则没有世人所执定的分别之知，而只有庄子所谓的“见独”之知，也就是道。既然彻悟天地万物之理为一，因此，至人对“道”的做法是“无知”“不用”“不分”。若标榜所知为“道”，则已经不是“道”了。若有心用“道”，已与真正的道相离，而所用的成为自己的知见，而不是“道”。若分别是非，则不一，不一则离“道”更远。因此，王夫之倡导“以无知知”，认为人若能合于大道，就可以“以无知知而虚白吉祥”；就可以“合万化于一心，无不知也，无不用也；一无知也，一无用也”（《庄子解》：74）。这里，“无知”就是道，就是真知。所谓“不用”就是顺自然，就是成就无不用的大用。相反，有知则有不知，实际上是真正的无知。有用则有不用，实际上是遗弃真正的大用。这才是王夫之所谓的至人用知之方。可见，“无知”并不是像土块那样无知觉、无认识能力，而是达到心灵对外物的无执着。

因此，王夫之倡导“含知”而不用，并不可理解为对知的完全否定。其实，从他对知的产生以及批判慎到“块不失道”的思想可见，王夫之认为正是“知”使人区别于万物，成为天地之间之至灵。王夫之在《秋水解》中指出，是非分辨、贵贱差等是可以存在的，关键是要认识到这些存在都是暂时的、时刻变化的。这样，没有固执成心，虽然有所分辨，也不碍对大道的体认；虽然终日以言辞分别，也等同于没有分别。这样，才能“因理达权”，顺从万物的特性和分位，区别于“无知之物”的懵然妄行。因此，王夫之倡导的“无知”是不固执知见，是在恰当地运用知辨能力的基础上达到的对天地之理的顺从、对万物之情的尊重。据此可以说，王夫之《庄子解》中对知的态度与他在其他著作中倡导格物致知并不矛盾，因为只有正确地了解了万物各自的特性，才能更好地处理人与万物的关系，才能真正地尊重万物的“分”。

五、真知及获之之方

王夫之之所以摈弃知，是因为知的分别、片面。若人能够不事分别、不受局限、无所执着，则所知超然于一偏之上，自然避免像“瞎子摸象”那样执一端以为全体，从而认识到天地万物之理，达到真知。王夫之说：

> 道合大小、长短、天人、物我而通于一，不能分析而为言者也。有真知者，并其通为一者而无朕，是未始有夫未始有始，未始有夫未始有无者。一尚不立，何况自二而三乎？（《庄子解》：22）

“通为一者”，指道，也就是天地万物之理。“未始有夫未始有始，未始有夫未始有无者”，指道或真知之不可名言，也不可将它当作某物。它无终始，不可以有、无等范畴界定，是超越于人类认识范畴之上，不可名言的。道是整体，包容一切，但是又不能说它是什么。从它的超越、独特性来看，可以称之为“一”。但是由于万物皆生于“名”[①]，道不同于物，因而不可指称，否则名称繁生，将障碍道的呈现。可见，真知就是庄子之“见独”。此

① 《齐物论》：“物谓之而然。”意思是，物因为人们的称谓而成。这只是从认识论上说，而不是从本体论或生成论说。这是因为，在名称指称之前，所见只是混沌，不可把捉。是因为名称，使分辨得以呈现，使万物得以产生。这就是老子“有名，万物之母”的含义。《齐物论》进一步解释说：“天地与我并生，而万物与我为一。既已为一矣，且得有言乎？既已谓之一矣，且得无言乎？一与言为二，二与一为三。自此以往，巧历不能得，而况其凡乎！故自无适有，以至于三，而况自有适有乎！无适焉，因是已！”庄子的意思是，因为言或名，使原来的混沌被打破，产生三及其以上的万物之名。王弼对老子“道生一”一章的注释好像沿用了庄子的思想，说：“万物万形，其归一也，何由致一，由于无也。由无乃一，一可谓无，已谓之一，岂得无言乎。有言有一，非二如何，有一有二，遂生乎三，从无之有，数尽乎斯，过此以往，非道之流，故万物之生，吾知其主，虽有万形，冲气一焉。”（《王弼集校释》：117）王弼虽然承认万物源于一气，但是万物之被指称指定则源于名。

种境界无分无辨，不可为言，故知之分别能力不足以知之。因此，要获得真知，必须泯除一切知见分别，所见唯一。故王夫之说：

> 合生与死、天与人而一其知，则生而未尝生，死而未尝死，是乃真人之真知。（《庄子解》：57）

“一其知”，无分辨而冥合于混沌，同于大化。可见，从现实的角度上，体道就是认识到大化流行之理，体之于身。这样，齐生死、同天人，乃是获真知者的精神境界。

真知既然超越知之分辨能力之外，是否意味着人无法获得真知？不然。王夫之说：

> 知之所不知，非无可知者也，非道术之士知见之知、所知所言者之能知也。（《庄子解》：219）
>
> 知之所不知者，不可以成心知之。（《庄子解》：233）

“知之所不知”，就是上文的真知。“道术之士”指儒墨等忙于分辨者。“成心”指人们获得知见的方式。王夫之认为我们仍可以达到对真知的认识，只是与儒墨等道术之士获得知见的方式不同。其获得的方法首先要去除成心。通过“刳心”，就可以通达于大道，就可以将万物“函于一府，浑于同状”。（《庄子解》：102）即使有所作为，也是应而不藏，根据事物的本性而为。

其次，还要超越生死的局限、见闻的束缚。王夫之说：“说生也，说生其之有知而已。生之有知，生尽而知无寄，况万岁乎？……则既死之后，万岁之奚若，何可知耶？”（《庄子解》：27）这是说，偏好活着，是偏好活着时有知辨能力。活着时有知辨能力，生命到头，知辨能力无处寄托，更何况万岁之久远呢？可见，死亡之后，万岁如何，是无法以知辨能力得知的。

真知则齐生死。执着于生之所见以求真知大道，必终身无成。只有认识到生死各自的局限性，超越其上，才能通生死存亡之理，知道“生无可说，死无可恶”，才能悟道。其方法就在于认识到天地万物，包括形体心知，都是“气机之变”的结果，都只不过是气的凝聚或消散。

> 知至于此，则生死忘而利害其小也。利害忘而是非其泯矣。是非失而仁义其不足以存矣。仁义不存而物论之成亏无定矣。滑焉、泯焉，以听万岁之不可知，此之谓“知止于其所不知”。（《庄子解》：27）

既然生死只是一气的凝聚消散，则无论凝聚消散，我之为我的那部分气始终存在。我之于目前之形体，犹若我一时客居之旅馆。旅馆于我不足以萦怀，同样地，形体生死，也只是大化之途中偶然所遇，又何足以挂心？认识到此，则忘生死，从而因生死而生的利害、是非、仁义无不可忘。这样，藐然超越于世俗之外，物论自息。无知无为，自然冥然无辨而与道合一。这就是“滑焉、泯焉，以听万岁之不可知”。此段指出知之有限性，同时也指出唯有泯一切分别知见，而任之于天，方可无所不忘而冥于大通。王夫之称此为“知止其所不知”。

可见，获得真知之方不在于求知，而在于去知。王夫之说：“夫真人者岂真见有人，真知者岂真有其知哉？人皆天也，知皆不容知也。”（《庄子解》：57）据此，他结论说：“知其无可知，知乃至。”（《庄子解》：184）既然不容知、无可知，就不但不能求知，而且还要去知。这就是老子所谓的“为道日损”，以达到“恍惚”的境界。王夫之在解释《天运》篇以《咸池》之乐悟道时说：

> 自然者，万德之所并，而无一德之可役者也。莫愚于物而同其惑，不炫知以求乐。愈怠愈惑；去其勤劳，损其明慧，乃载道而与之俱。（《庄子解》：126）

“自然”，就是道，就是真知。“损其明慧”，去知也。“载道而与之俱”，获得真知之意。“莫愚于物而同其惑，不炫知以求乐”，就是上文的“滑焉、泯焉，以听万岁之不可知”。从而达到老子所谓的“恍惚”、庄子所谓的“滑疑之耀”，从而合于道。

去知也是忘知。王夫之说：

> 若夫参万岁而一成纯者，大常而不可执，岂言论之所能及哉？忘言忘知，以天为府，则真知之所彻，蕴之而已，无可以示人者。（《庄子解》：26）

“参万岁而一成纯者”，指道或真知。“大常而不可执”，指道不可指定，更非言论所能描述。明白这个道理，就会忘知忘言，无思无虑，任真知自然呈现，而无意展示于人。

总之，真知是认识到世界上没有什么可以执定的大道理。认识了这个大道理，就可以去除固执成见，尊重客观实情，具体地对待每一件事或每一个物，这就是王夫之所说的“因物”“因人”，从而获得关于个体事物的具体的知识，正确地处理好每一件事。可见，王夫之通过对庄子和理学家的知识论的改造，使知变得更为切实可行，而脱去了庄子之道的高高在上、朱熹之理的空灵净阔。

第七章

《庄子解》中的道、德和性

如果说神和明（知）是从“在人之天”与外物的感通和认知上揭示天人关系和心物关系，道和德则是从“自然之天”与人的合一上来揭示天人关系。在王夫之看来：“无所谓道，天而已矣。”又说：“自然者即谓之道，非果有道也。”（《庄子解》：102，188）可见，道就是天，就是自然。德就是道之得于心、天之充于身。“内之充者天也、使形者也、尊足者也、无假而无隙者也。”“‘謷乎大者’，无非天也。则其德充矣。”（《庄子解》：54，47）使形者是人之神；尊足者即尊于足者，也是神；无假而无息者，无所依赖而不断流行的大化，就是道。謷乎大者，描述合天得道之人的高大之貌。可见，德是天、道或神之含藏于心、充盈于体。但是，德既然是天之在人，则自然有其限制、有其功用。因此，王夫之又说：“所宜得乎天而利用者曰德。”（《庄子解》：77）意思是，德就是从天所得而且具有功用的东西。如果这个东西虽得于天，但没有功用，则不能叫作德。据此，他指出，拇间之骈肉、手上之多指皆“侈于德”或不是德。

德有通过人之主体性以合于道之意，主要强调人之法天。性则强调先天自然之得。“生而有者曰性。”“唯天是放，性无不得矣。性者天之所与，非性则非天也。”（《庄子解》：77，83）可见，性也是来自天，但强调人之被动性，且因之而成的人与人、人与万物的差异性。这就是王夫之所说的“人有异性而无异心”。因此，虽然在《庄子解》中，王夫之常常德、性连用或对用，德强调的是人心通过对道或天的体悟而达到的同一性，而性则强调的是万物各顺其本然之状态的差异性，虽然顺性也是合天成德。

第一节 道

在对待“道”的态度上，王夫之一方面尊重庄子的思想，认为庄子对天道有所见。但是王夫之更为重视的是“在人之天道”，而不是单纯的大化自然。因此，他一方面指出，庄子于浑天而见道，达到了与周敦颐之“太极”、张载之“清虚一大”同样的高度；一方面又批评庄子不能因此更进一步由天道下至人道，不能“为生民立命”。可以说，王夫之的解庄是为了更好地通庄或“补充”庄子，这就是《庄子通·叙》中所说的以“求仁之心”通庄。其实，在明“道”的意义上，王夫之大力倡导“因理达权”，使天下万物各安于自己的“分”，说明他的“道”仍然是儒家的仁道。

一、道的含义

在王夫之看来，道就是自然，是万物的存在方式，并不存在某一个东西称之为道。“自然者，有自而然之谓。而所自者，在精神未生以上，不可名言，而姑字之曰道。乃形物既成之后，此道亦未尝暂舍，而非根本枝叶各为一体。”（《庄子解》：188）意思是，道通有无、本末，无处不在，不可指定。它与万物乃是“即内在即超越”的关系。

从“道”不可指定的角度，王夫之又称之为“无”。“无者，浑然太虚、化之所自均。无可为名，而字之曰无。”（《庄子解》：105）当然，这个“无”不是绝对的虚无，因为虚无是可以指定的东西，不足以为“道”。“无”只是指无形体之可见、无意向之可测。一个人如果去除人为的智力测度，就可以与“无”为一。因此，在王夫之看来，“无”既是世界的本然状态，也是宇宙之全体。具体到万物自身来说，则是万物各自固有的存在和存在方式。因此，“道是无”，一方面包含道是所有的存在本身，同时也说明道是万物的各自固有的存在的方式。这种存在方式就是万物各自自行其是，无任何意念造作。所以说，“自然者即谓之道，非果有道也”。可见，道时刻存在于精神和万物之中，而精神和万物的产生或是继续存在都时刻体现着道。外在于万物而求“道”，必然对面不识道；指万物以为“道”，又泥于形体而不见道。

但是，“道”作为自然还有实体性存在的含义，指宇宙全体。也就是说“无”不仅是大化之自然运行，还是运行中产生的万物。用庄子的话说，就是“通天下之一气”，就是混沌。这一气存在于精神和万物产生之前，也存在于精神和万物之中。从这个意义上说，道之为自然，是指整个自然界及其发展变化的一切方式和现象。这就是王夫之说的：“道，合大小、长短、天人、物我而通于一，不能分析而为言者也。”（《庄子解》：22）正是不能分析而为言，道可以说是“无”，因为有指定的言语不能够尽“道”。

王夫之又称“道”或“无”为“浑天”，认为庄子正是从浑天这个现象中悟道的（《庄子解》：229）。这个浑天，没有内外，没有今古，泯除了时间、空间，更不用说人世间的各种分别。人若能去除分辨，混沌其心，则能够与浑天相合，超越是非成败的循环、执“环中”而与道一致。但是，王夫之所谓的“得之乎环之中，则天皆可师，人皆可傅”，并不是说去除人的意识或辨别能力，而是不用自己的成心或偏见，自觉地顺应事物的规律行动。这就是他说的“以人知人，以物知物，以知人知物知天，以知天知人知物”（《庄子解》：229）。这样，自己没有引导或强迫外物的行为或心思，外物自然地乐于成就自身。这是真正的仁义，也是真正的政教。

王夫之对“道”的界定可以在他对“莫为”“或使”两种观点的批判中体现得更明确。《庄子・则阳》中曾有季真以“莫为”为“道”，接子以“或使”为“道”两种观点。王夫之评论说：

> 夫言“或使”者，如毂之有轴，磨之有脐，为天之枢、道之管，而非也。道，一环也。环中虚，虚不能使实也。言“莫为”者，如环中之

虚。而既有环矣。环者，物之有名实可纪、精可志者也。有实而无处，而初非无实也。之二说者，皆未得环中之妙以应无穷，而疑虚疑实，故皆非也。夫道不可有，有不可无。有者物也。极物则无道，恶有无哉？至此而言穷矣。言穷而默，默又不得当焉。（《庄子解》：237）

王夫之认为，以“道”为“或使”，像车轴于中间主宰车轮、磨孔于中间主宰磨那样，将“道”看成了具体的物事。这就与“道”不类，因为道是一个生死成坏运行不息的环，环中并没有什么主宰者。如果以“道”为“莫为”，就像环中的空虚处那样，空无一物，也不行。因为环本身乃是“一气之流行”，流行中自然生出许多有名可称、有实可指的东西。说“道”有实而无处所，并不是说“道”没有实在内容。因此说，这两种观点都不对，都没有理解“体道”在于“得环中之妙以应无穷”，而执着于虚或实一偏以为“道”。那么“道”是什么？王夫之认为，道不可以“有”指定，但是也不可以“无”指定。如果说是“有”，那么找遍万物，你也找不到“道”。到这种地步，言语也用不上了。但又不能说沉默就可以“明道”或体道。因此，最好的办法就是去除求道之心，去除以“道”为可意向或指定的东西的念头，自然而然，就可以与道相偕。

王夫之在《知北游》中详细地阐述了这种观点。他认为，道无所不在，但是正因为无所不在，指定一处或一物就不能尽“道”。就像我们说天无所不在，但是指定我所见的一块天空为天之全体，则必然堕入“以管窥天”的蔽陋。因此，在无为谓、狂屈、黄帝三者之间，唯有无为谓算真的知“道”。至于黄帝那样，指定什么为“道”，则若以管窥天，遗失的部分太多了。最好的办法就是“不言而照之以天”，顺应万物之自然，则与道不离。

可见，王夫之一方面认为庄子的“道”是自然；另一方面，又认为是“天”，这样，“得天”就是“得自然”。因此，在许多情景下，道、天、自然是相同的，可以相互代替。不仅如此，王夫之还有其他许多术语表示“道”，如天均、天倪、未始有物、“未始出吾宗”“独”“化之所待”等。

二、道与化

在王夫之看来，道就是天，就是“环中”。人能够“运行于环中”，则“无不为也而无为，无不作也而无作”。（《庄子解》：229）那么，什么是环中？

王夫之认为，“六合，一环也；终古，一环也”，这是说时间和空间都是“环”。时间这个环，就是古往今来的时间推移；空间这个环，就是一气的变化不息。可见，所谓的“环”主要是指无穷无尽的变化而言，王夫之简单地称之为“化”。“环中”字面含义指环之中间或中心。正如有形的环运转而中间部分不运转一样，“环中”对于“化”来说，则指不随“化”变迁的地方。但是，并不存在不随“化”变迁的地方，那么所谓的“环中”就是顺化无我。顺化而行，则虽时刻在变，而于“化”本身则不变。这就是说，环中就是寓不变于变之中，化即不化。可见，王夫之以“道”为环中而不为环，是有他自己的深意的。因为，将“道”等同于“化”，一切都将处于相对之中，则失去知“道”、体“道”的含义。人生的意义在于在变化之中发现不变，这个不变就是顺化、守和以相天。从这个角度，我们可以看出，王夫之“道为环中”之说可能有取于《易传》“有变易、有不易”的思想。

从“道”不是“环”，而是“环中”可知，“道”不简单地等同于化，而是“化之所待”。王夫之注解《大宗师》“夫道，有情有信，无为无形”一段，说：

> 皆一化之所待、万化而未始有极者也。化之所待，不穷于化，有情有信者也；未始有极，无为无形也。知者传之，未知者欲受之，则又执之而有极矣。知者得之，未知者欲见之，则滞于化迹而非化之所待矣。（《庄子解》：63）

这里，王夫之明确指出，道就是“一化之所待、万化而未始有极者”。

所谓“化之所待”，就是化所依赖的东西，是化之所以为化者，其实就是运行不息之一气。这一气流行变化无穷，当然“不穷于化”，而且由于其不断地生成万物万象，从万物的变灭中体现自身，所以说它“有情有信”。所谓“万化而未始有极”，就是道作为化之根据，贯穿于变化之中，未有穷尽，虽然参与变化铸造万物，自己却无为无形，不可指定。接着，王夫之批评两种人：“知道者”与“未知道者”。在他看来，“知道者”认为道可以传递、可以获得；“未知道者”认为道可以接受、可以看到，都是将道看作有极、有形、有迹的东西，都必然不见道。因为万物虽然皆是大化流行所成，但是作为“化之所待”的“道”却是遍在万物、不可期必指定。

“道”是环中，环是化。环之中心并不随环之运转而运转，可见，道并不因为变化而改变自身（化即不化）。陶匠制造器皿的“均”也是这样，外部运转而中心保持不变。因此，庄子、王夫之皆以“天均”比喻“道”，或者直接称“道”为天均。王夫之解释“天均”说：

> 若夫天均者，运而相为圜转者也，则生死移而彼我移矣。于其未移，而此为我，彼为人；及其已移，而彼又为此，此又为彼。……苟能知移者之无彼是，则笼天下于大圜之中，任其所旋转，而无彼是之辨，以同乎天和，则我即人也，我即天也。（《庄子解》：197）

从上述引文可知，天均就是自然变化或一刻不息的大化流行。在大化之中，生死、彼我不断地变换，无可执定。如果有心执定此之为我、彼之为人，必然忙忙碌碌，终身无有定论。因此，“体道”就在于去除这种分别之心，混同彼此，与化同流。这样，我自然与天、人合而为一。这就是“休乎天均”，又叫作“得其环中”。可见，“得其环中”并不是若人站在圆心，任圆周自运；而是与化为体，安时顺化，于变中求不变。能如此，就能够保持和气，全形养生。

因此，王夫之非常重视“与化为体”，因为人能与化为体，就是体道。

他称之为“体逝”。

> 其唯“体逝”乎！化日逝而道日新，各得其正，此乃天之所以化也。非但人事之变迁，人生之修短，在其抟运之中；即大化之已迹，亦其用而非其体也。得丧穷通、吉凶生死，人间必有之事也；吾不能不袭其间，而恶能损我之真？正而待之，时有已往，有未来，有现在，随顺而正者恒正，则逝而不丧其体，即逝以为体，则与化为体矣。（《庄子解》：172）

“体逝”就是与化为体。天与化为体，所以大道日新、万物各正其性命。人能与化为体，就可以视人事之变迁、人生之修短、得丧穷通、吉凶生死为大化流行，而不足以扰乱我之心神。我所做的就是，正心以安时顺化，视所遇皆为正途。这样，即使日日变化也不会丧失本体，而能够以变化为体，与道为一。可见，“体逝”是完全顺化，不论天命、人事，都任其自然，而不让外物扰乱我的心神。这样，无所不顺，而无所不正。日日与变化为一，而超越于天、人的损益。

三、道与言

万物都是道的寓所和发用，因此，言语同庄子所说的瓦甓、屎溺一样，都体现着道。但是，言语又有与万物不同的地方。言语可以用来表示言说者的意思或意向，可以用来与别人交流，让别人理解自己的想法或观点。正是因为言语有这种功能，言语本身就意味着分别和指定。而且，人们只有在言语产生之后，才能对事物命名、分别。如果没有言语，这种分别是不可能的。言语的这种特性使它与道处于一种微妙的关系之中：善用言语，道因言语而得以表达；不善于运用言语，则会沦为物论，导致对道的遮蔽。这里我们只看第一种情况，第二种情况留于下一节论述。

“寓言”是“道寓于言语之中”或者言语是道之表现媒介。从这个意义上讲，所有的言语都是用来表示道的存在的。

> 寓言所以十九也，盖以为寓，则无言而非寓也；以为非寓，则寓故非寓也。堇也，桔梗也，鸡廱也，豕零也，皆时为帝者也；蝼蚁也，稊稗也，瓦甓也，屎溺也，皆道之所在也；非寓也。曰道，曰德，曰性，曰心，曰神，曰天，可名言者皆寓也，斯须之循者也。而人徒见鲲鹏、莺鸠、解牛、承蜩，以为此寓耳。（《庄子解》：247）

这段话意思是，凡是言语所在的地方，也是道所在的地方，因此说，“盖以为寓，则无言非寓也”。但是，言语本身也是大化流行的产物，也是大化或运转之环的一瞬间，其本身就是自然，就是道，因此也可以说“以为非寓，则寓故非寓也”。因为说“寓”时，已经有将“道”与言语分裂为二的嫌疑。从万物都是大化之一瞬或一环节来看，桔梗、蝼蚁、瓦甓、屎溺等都是道的一部分，或直接体现。从言语因其时宜而用来表达道的存在来说，道、德、性、神、天等概念名词都是道的寓所或发用，都是用来表达变化之“几”的。不懂寓言的含义的人们，执着于关于鲲鹏、解牛、承蜩等故事的虚构，认为这些故事是寓言，而迷茫于所有言语都是道之寓所或发用的道理。

由此可知，言语与道是合一的。但是正如我们不能指定瓦甓、屎溺为道，我们也不能指定言语就是道。任何有形、有象的事物都不过是大化之一瞬，可以说是道之一环节，但不能说“道就在这里”。因为道时刻在大化之中，顷刻之间，已经不在原来的位置。可以说，言语、屎溺、瓦甓是道之陈迹，却不能指定道就在这里。明白这个道理，要用言语表示或说明道，就非常困难。因此，《齐物论》述说古人以为“未始有物”（即道）之后，欲表白自己对“道”的理解，说：

> 今且有言于此，不知其与是类乎？其与是不类乎？类与不类，相与

为类，则与彼无以异矣。虽然，请尝言之：有始也者，有未始有始也者，有未始有夫未始有始也者；有有也者，有无也者，有未始有无也者，有未始有夫未始有无也者。俄而有无矣，而未知有无之果孰有孰无也。今我则已有谓矣，而未知吾所谓之其果有谓乎？其果无谓乎？（《庄子·齐物论》）

庄子所欲表达的就是“道”。但是，道超越语言、意向，一落语言或意向早已与道不相似，因此，他对有、无遣之又遣，争取不落形迹或意向。但是由于他用了语言，有了称谓，则已经不得已落了形迹或意向，因此自我怀疑说：“我这种称谓到底是真的称谓呢，还是与没有称谓相同呢？”王夫之对这一段解释说：

此欲自显其纲宗，而先自破其非一定之论，期于有成，盖亦滑疑之耀也。“今且有言于此”，谓有始以下之言。“是者”指道而言。不言道而言是者：标道之名为己所见之道，则有我矣。立道之实以异于儒墨之道，则有耦矣；故指现前之所大明者，无耦无名，滑疑而寓庸者曰是。无往而非是，无有为彼者也。统天下之有无而曰是，则彼是莫得其耦矣。既有言矣，则虽恰与是合，而亦儒墨之类矣。故唯无言则绝类而与道类，有言而固不能然。姑且言之如下文所云，则有谓矣。特我之谓，推而上之，以至于无无；则虽有谓而固无谓，非气机之吹挟成心以立言者比。则有谓无谓，滑疑而不必于成，故虽有言可也。（《庄子解》：22）

王夫之认为，庄子这段话的目的在于解释自己“不执定是非、寓庸两行”的宗旨。为此，庄子先声明自己的观点不是定论，去除期必之心，这种做法本身就是“滑疑之耀”。所谓“滑疑之耀”，就是变幻不定的光芒使人无法看清指定。这里乃用来指“道不可以言论来指定”。不可用言论指定，则不能产生期必、固执之心，从而随说随扫，无所滞留，而与道相偕。“道”

不可言，言之则有我与道的分别（“我”以为“道”如此），有我则不足以冥合于“未始有物”，而与道离。“道”也不可标立或指定，标立此之为“道”则与儒墨之道处于相互对立和相互为类的境地，而不足以明道。因此，庄子直接说，现前这个不可名言、不可指定的就是“是”。这个“是”无处不在，贯有无为一。但是，“是”也是言语，有言语也是有物，也是与道分离。可见，最好的方式是无言、绝类，这样才能达到与道一致。有谓也是有言，但是如果我之言语或称谓没有指定，可以与“无无”为一，那么，即使有言有称谓，也是无言无称谓。这样，有称谓、无称谓、有言、无言，皆因一时之需要而生，用已则弃，无所执定，则有言也不妨碍大道的体现。

据此，王夫之明确地指出，“道”可以道，“言”可以言，一反老子“道可道，非常道”的思想。在王夫之看来，只要你无所执着，没有成心，你的言“道”与鸟之鸣叫、风之怒吼并没有什么区别，都是“道”最真切的体现。因此，他说：“无言非言也，无道非道也。同为天气之所动，则言皆可言。知之所及，不能超出道外，有曲有全、有左有右，而道皆可道。”（《庄子解》：17）意思是说，言、道都是天气的自然鼓动，都是“道”之体现或所在。由此可见，并不是沉默无言才能体道；相反，执定沉默无言为体道的方式，必将与道相离；唯有寓庸顺化，无心随成，言、不言则皆与道一致。

四、道与物论

言语是为了明道，但是，运用不当，不但不能明道，反而会形成对道的遮蔽。物论就是这种遮蔽道的语言。并不是所有的物论都遮蔽道，也有一些物论与道一致，但是，由于述说这些物论的人的偏执或成心，虽然偶尔有合道的语言，但是仍然通称之为物论。这是因为，在王夫之看来，虽然这种争论的初衷也是为了阐明大道，而且所言也合于道。但是，等到争论兴起，双方各自盛气凌人，欲压倒对方。怀着这种目的，利用各种智巧，兴发出各种言论。到这种地步，这种言论的实质已经由原来的论道转变为争胜。因此，不论其言语中有无合于道的言语，统称之为物论。可见，物论是对言语本来面貌和功能的扭曲。言语由声音组成，声音的变化分别由心知主宰。掺了心知之后，言语或声音就失去了本然的状态。王夫之说：

声本无异，心使气者，纵之、敛之、抗之、坠之，而十二宫七调之别，相陵相夺，所谓化声也。以无我无偶之心听之，则伶伦之巧，一呜呜已耳。心之巧、气之激，岂其固然哉？（《庄子解》：11）

所谓伶伦之巧、千转百折的声音都是因为人心使气所成。如果人心没有人我、是非的分别，那么即使听到这种声音，也无异于“呜呜”之声。进一步，王夫之批判这种以心使气的做法说：“天之化气，鼓之激之，以使有知而有言，岂人之所得自主乎？天自定也，化自行也，气自动也。知与不知无益损焉。而于其中求是非之所司，则愚甚矣。”（《庄子解》：15）意思是，知、言都是天自然而然地赋予人的，并不是人自身能够做主的，应该任天顺化，不应该在这种事情上面使气逞强，区分知与不知、是与非。如果强要区分，强要寻求其中的主宰，只能沦为愚昧。

至于物论到底是否遮蔽或亏损了道，这个问题得分开来看。可以说，物论只能遮蔽那些执着、盲信物论的人的眼睛和心灵，使他们不能见道。至于大道本身，自古如斯，物论并无可奈何。但是，物论的繁兴却容易扰乱天下人的心灵，使天下人也跟着被物论迷失，不见真正的大道。因此，自古圣贤都对物论严加批判。孔子为此抨击乡原，孟子为此痛斥杨墨、告子，荀子为此非十二子，庄子为此批评儒墨，要齐同物论。但是，要止息物论并不那么容易，用斥责、批评的方法往往结果适得其反。因为当你指定一个学说为物论时，你自己也已经不自觉地陷于大道的一偏，也沦为物论，这就是庄子为什么在批评儒墨的同时，提出齐同物论，而不是批评物论。

王夫之比较理解庄子《齐物论》的思想，他论述齐同物论的方法说：

物论者，形开而接物以相构者也，弗能齐也。使以道齐之，则又入其中而与相刃。唯任其不齐，而听其自已；知其所自兴，知其所自息，皆假生人之气相吹而巧为变；则见其不足与辨，而包含于未始有之中，以听化声之风济而反于虚，则无不齐矣。（《庄子解》：10）

这里，王夫之首先指出，物论是人与他人、外物交接中产生的争论，不能以有为之方法去齐同。即使你体悟了大道，也千万不要以“道”来齐同物论。因为这样，你又入于物论之中而成为执着物论者的一方。高明的办法就是听任物论的不齐，让它自生自灭。因为凡是物论的兴起，只不过是某些固执己见的人受到激愤而发出的声音，你不与他辩论，时间久了，他的气消了，自然也不争论了，这样，吵吵嚷嚷、无法宁静的状态又恢复到了寂寞无声的地步，就像风停而各种声音皆消失一样，同归于齐同的宁静。

“任其不齐，而听其自已”，就是让万物各效其功用，而我无所干预，这种方式叫作“寓庸”。所谓“寓庸”，就是让一物自我展现其自身的功用或特性，而不加是非评价。因此，王夫之倡导寓庸以息物论，其关键在于“两行”，也就是“无所是，无所非”。这样，有成就、无成就都任其自然；即使他有言，与无言没有什么区别，从而就可以将物论齐同。至于为什么可以任是非而不辨，王夫之指出，这是因为是非本身就没有定准。没有定准而执定是或非，则所执定的是非也不足以为是非，因此可以将人们所谓的是非黜之而不管。他说：

夫利害是非之辩，岂有常哉？或旬日而改，或旬月而改，或数十年而必改，百年而必大改，千年则尽易其故。尧舜之名，篡贼之恶也；周孔之文，俗儒之陋也。然则古之所贱，今之所贵；今之所是，后之所非；厉风变其南北，而籁亦异乡。（《庄子解》：26）

因此，体悟到是非没有什么定准，视人们的争论像鸟叫一样，只是因为气至而鸣，不费心去与人争论，自然置身于物论之外。圣人明白这个道理，不涉身物论之中而任物论自生自息，则即物论便见“道”。

可见，对于达道的人，物论的存在与否是不足以影响他对道的认识的，这样，有物论也可，无物论也可；但是，对于没有悟道的人，物论却会导致对道的蒙蔽；因此，庄子和王夫之齐同物论的目的在于为没有悟道的人驱除一片蔽日的浮云，使人们更容易体悟“古人之大全”。

五、明道的意义和方法

《秋水》篇北海若向河伯揭示了贵贱无恒、小大不定的道理之后，河伯茫然不知道自己该如何行事，因此问北海若说：“我何者当为，何者不当为。”北海若要求河伯去除心思分别，安遇顺化，不要去管什么应当做，什么不应当做。王夫之对此解释说：如果大小、贵贱都没有什么标准，那么天下就会处于一片昏蒙之中，不辨东西南北；就像盲人失去拐杖，无法识别道路，寸步难行。但是，人生在世，必然要有交接人事，没有标准，这些交接也无法进行。可见，河伯的疑惑是可以理解的，也是必然的。但是，贵贱、多少等确实是变幻不定、相生相灭的，如果执定一方为是，另一方为非，必然与事实不相符合。因此，高明的办法就是，两方面都存之于心，当是而是，当非而非；两方面都不执定，是而知道此“是”马上会变成“非”，非而知道此“非”会变成“是”。这样，自觉地顺应时势的变化，就可以无不可行。(《庄子解》：144)

可见，王夫之的解释与《庄子·秋水》原文的意思基本一致，他提出“寓庸”，可谓真正理解了庄子的“顺化”。正像王夫之自己所说，庄子强调顺化，并不提倡“心死”。所谓“心死”就是执定某种原则为准则，而失去了人的主体性。庄子之所以批评慎到不知“道”，就是因为他去除了人之所以为人的“主体性”，将人沦为无知之物。可以说，慎到是死心于“无为”或“无可为”；另一方面，庄子批评惠施不知“道”，是因为惠施过分强调人的能动性，认为人凭借自己的心知可以将白的说成黑的，将是的混同非的，是死心于“不执是非”或“无不可为”。这两者都没有理解庄子寓庸、两行以顺化的真义，因此受到庄子的批评，当然，庄子或许正是从此二者的学说的不足来完善自己的学说。

知“道”之后的无可为、无不可为既不是慎到的“块不失道”的无可为，也不是惠施的“合同百家”的无不可为。这里既有对道的顺从，也有人的主体性的发挥。河伯听到北海若要求顺化而无心于为或不为，便产生出对知“道”的意义的迷惑，因此有“何贵于道”的疑问。也就是说，既然要求无心于“作为”与“不作为”，那么知道“道”与否又有什么必要呢？对此，北海若说：

> 知道者必达于理，达于理者必明于权，明于权者不以物害己。至德者，火弗能热，水弗能溺，寒暑弗能害，禽兽弗能贼。非谓其薄之也，言察乎安危，宁于祸福，谨于去就，莫之能害也。（《庄子·秋水》）

从北海若这段话可知，知“道”的意义在于知道权变，从而不让外物、他人伤害自己。所谓的“至德”，就在于能够知道权变，顺物之特性，有所趋就避让，并不是闭着眼睛、随意妄行。这样，才能不罹水火、禽兽的伤害。由此可见，《秋水》并不否定人的能动性，相反，人只有发挥自己的能动性，才能真正地与道相合，才叫作知“道”。

王夫之接受了《秋水》的这种观点，他注解说：

> 夫既无可为，无不可为，然则天下倒置之民，为曾史、为桀跖，俱无不可，而何取于道？此语穷而思反之疑也。然而道也者，因理达权之本也。无其本则理而非理，权而非权。道则天之含万有而不主一形者也。明乎道者，察之甚精，持之甚宁，出之甚谨，怀之于内而不泄；而后可以外因乎人，以顺时而施，不近名而为所可为，不近刑而为所不可为。无成心以函天德，然后踟躇屈伸，皆位乎得。此反要至极之语，又岂冥行于可为不可为之途，以自薄于水火、寒暑、虎狼之害哉？（《庄子解》：144—145）

这里，王夫之重述了《秋水》"知道在于因理达权"的意旨，也指出了知"道"可以因顺外物，使行为皆当，而区别于那些闭着眼睛，贸然妄行而自贻祸患的人。王夫之不同于《秋水》之处在于，他加进来了儒家的仁义是非思想。这就是开头那句，他以区别曾史、桀跖作为明道的意义或目的。《秋水》虽然强调顺化、达权，其目的在于合于《养生主》的"保身""尽年"，不屑于对曾史、桀跖的分别。王夫之以明道、达权为区别作曾史、作桀跖的前提，无形中将儒家的仁义或价值观强加于庄子。

如果说，王夫之《秋水》篇注解对知"道"的意义论述得还仅限于个人的生死问题，那么《达生》篇的注解则直接给出知"道"的更高层次的意义，即"相天成化"。王夫之说：

> 唯此言"能移"，而且言"能移以相天"，则庶乎合幽明于一理，通生死于一贯；而所谓道者，果生之情，命之理，不可失而勿守。（《庄子解》：154）

可见，在王夫之看来，"道"就是生命的实情和道理，是生命意义之所在。只有知"道"，才能尽生之为人的意义，这就是通达生死、幽明一体的道理，存顺没宁。

既然知"道"对人生有如此重要的意义，那么如何知"道"的问题自然而生。

首先，王夫之认为，"分"或分位是道的外在表现形式，安于分位就可以知"道"、体"道"。这个分位就是人根据事物的功用、趣向、差别而做出的权变。虽然说大小、贵贱、是非等不可执定，但是，万物之间毕竟还有相对的差别。此刻身为父亲，则尽父亲的慈爱；下一刻身为儿子，则尽儿子的孝顺。这就是因时、因物，也就是"徇斯须"。可见，王夫之的道不等于化，是"化之所待"，是人根据天或万物之特性和功用而做出的权变。这些功用、趣向、差别是事物相对或暂时而有，是事物的分位，也是化的表现形式。只有从这些地方，才能领悟到“道”，也才能理解“天之化”。因此，王夫之认为，既然生之为人，已经有了人的分位，那么就应当做人当作之事。穿牛鼻、络马首也是如此，也是牛马的分位。从天的角度，当然这不是牛马的自然本性；但是，从道或人因理达权的角度，则必须如此做，而且如此做正合于道，才能“虽人而不灭天”。

由上可知，王夫之认为知“道”在于知“分”，这个“分”就是人或事物此时此地在社会中相应的位置。因此，王夫之所说的“道”本质上是人道，是因天道而建立的人道。这种观点在他的其他著作中表现得更为清楚。他说：

> 北溪分“天道之本然”与“在人之天道”，极为精细。其以孩提之知爱、稍长之知敬为在人之天道，尤切。①

从这则引文可知，王夫之论述的“道”是以“人”为中心的，是人顺应自然而进行的作为。在王夫之看来，天之自然是有不足的，因此，人不可纯任天之自然为“道”。人应当根据这种不足有所作为、择取，从而成就相天之功和利用万物。这种择取，就是根据天道建立人道，使人类的孝弟仁义都有天道的根据，成就“在人之天道”。

其次，在王夫之看来，无论天道或人道，其本质都是自然。即使人有作为，这种作为是顺应自然而为，仍然不外于自然。因此，不明白“道即自然”，以为道是一个事物，存在于某个地方，就不能知“道”。据此，王夫之评价《知北游》“东郭子问道”一段说：“道无可期也。期而以为可者，期之于盈虚衰杀之际，见为本，见为末，以递相生，见为积散，以互相成而已。而皆有形有物，判然一际之大小始终，曾是足以为崖、为房、为门，而穷道之际哉？”（《庄子解》：190）

---

① 王夫之：《读四书大全说》，第530页。北溪，陈淳之字，朱熹弟子，著《北溪字义》。

进一步，王夫之指出，道无处不在，显现于任何具体事物之中。这就像日光之于具体的明亮。任何具体的明亮皆因为日光所照，但指定具体的明亮为日光之全体又不对。因此，要理解“道”、把握“道”，不可有任何意念或期必之心，自然而然，则“愈与道亲”，否则，就会落于“道”外。对此，王夫之解释说：

> 泰清也、无穷也、无为也、无始也，皆不得已而为之名也。……蝼蚁、稊稗、瓦甓、屎溺，皆泰清也。无贵无贱、无约无散，周遍咸于大方，而不可以言尽。遭之而即是，奚问奚答哉！（《庄子解》：192）

泰清、无为等都是不得已对“道”的称呼，即使“道”这个字也是不得已的称呼，实际上根本不存在所称呼的“道”。因此，以言辞来表示“道”，言辞越多，越与道相离。无为而任自然，随遇而安，道当下即是。

由此可见，在王夫之看来，体“道”、知“道”关键在于安分、顺化、因任自然，去除有为期必之心。没有成心怀于中，即是有所作为，也是无为，也自然与道一致。这样，王夫之通过对“权”的解释，改造了《庄子·秋水》的天人关系，也改造了庄子的“道”，使庄子的“道”通于儒家的“道”，使儒家的人道获得天道的支持。这样，所谓的知“道”，一方面在于知“分”，这个“分”就是孔子所说的“君君、臣臣、父父、子子”，就是孔子的“名”；另一方面，知“道”在于任自然，视“名分”为自然所赋予，无思无为，无意、必、固、我，自觉、自然地履行之。可见，王夫之的“道”仍然是儒家的道，与庄子的道有着本质的区别，因此王夫之的体道后的“安时顺化”是儒家的“安时乐命”，中间充满了人道和人为，而不仅仅是庄子的全生尽年。

第二节 德

王夫之一方面批判“心识之德”，也就是自以为自己有德于人的行为。另一方面倡导真正的德，包括儒家的仁义。在他看来，真正的德是自然而然发出，是不带任何机心的。仁义之发出也是出于自然，因此，仁义也属于德之一种。只要一切因任自然，去除机心，当爱亲就爱亲，当兼爱天下就兼爱天下，就可以实现真正的德，就是真正的仁义。所以，王夫之将顺应自然以成就万物称为最大的仁义。“哀乐因其自然，则虽极哀乐而性不屈，命不摧，寿夭各尽其天年。以此听天下之治，其仁天下也至矣。”（《庄子解》：130）

一、德的含义

德是道之得于心，天之充于身。王夫之首先强调德之为天德的层面，也就是万物各自对天和道的获得。“得，谓得之于天也。”[①]但是，不同于朱熹之“物物一太极”，认为每个物之天命之性都是相同的，王夫之认为，德虽是同一天道之被赋予万物，但是，在赋予过程中，万物之德因各自气质之不同而不同。这个不同并不是朱熹所说的“性因气质之清浊而显现不同”，而是德与气质之融合结果的不同。从这个意义上，德与性是相近的。所以王夫之说：“所宜得乎天而利用者曰德。”（《骈拇解》）意思是，德就是从天所得而且对自己具有功用的东西。如果这个东西虽得于天，但没有功用，则不能叫作德。据此，他指出，拇间之骈肉、手上之多指皆“侈于德”或不是德。

其次，王夫之认为德之为天德，乃是心合于道或天。这就是他说的“通于一而不屑通于事，以天道为天德”（《庄子解》：103）。所谓“一”就是

① 王夫之：《张子正蒙注》，第195页。

天或道；通于一就是心合于道，无思无为。可见，在《庄子解》中，王夫之的“德”主要指天然所得或本性所得。其获得方法在于合于道或天，顺应自然而不妄作。

王夫之称因人心之分辨固执而获得的东西为“心识之德”。它是以心知的分辨能力通过认识天地万物而获得的知识。这种知识付诸实践后，有一定的成就。在王夫之看来，这种德只是个人的“心之所然，非必天下之然也”。一旦将之推广到天下，让人们顺之安之，就会使天下人“灭质溺心”“尽忘其初”，使天下人的自然之德衰败。(《庄子解》：136）所以，王夫之非常赞赏老子“失道而后德”之语。他说：

> 自有适有，而各据为心之所得，见为德而守为常以立其封，发若机括，而留若诅盟，皆八德之为也。道未始有之也。故老子曰：“道失而后有德。”（《庄子解》：23）

这段话是说，从有形之物至有形之物，人们各自将“有形之物”作为自己的心得和常道，据此对万物加以分别，像机括一样去倡导，像盟誓一样去捍卫，都属于八德[①]的分别行为。大道本身是没有这些东西的。所以老子慨叹：“大道遗失之后，才有小德的出现。”

可见，“心识之德”是不足以福泽天下、感化他人的，它只是对大道的偏离或局部认识，执之不化，只能导致伤害自己和天下。那么，什么是真正的德，如何才能达到真正的德呢？王夫之说：“德至于无伤人而止矣，无以加矣。”(《庄子解》：211）真正的德是不伤害自己和别人的。要达到这个目的，只有顺应自己和万物的本性行为，这就要求对自己和万物有一个整体的把握。其方法只有认识和体悟大道，简言之，真正的德就是对道或天

① 《庄子解·养生主》：知之变迁，缘喜怒、哀乐、虑叹变慹，而生左右、伦义、分辨、竞争之八德。

的获得。

一方面，道就是自然。从这个角度看，真正的德就是按自己本性自行其是。

> 惟忘德以忘己，忘己以忘人，而人各顺于其天，己不劳而人自正，所谓“不德”之“上德”也。（《庄子解》：211）

意思是，只有忘记自得之心以忘记自我，从而忘记别人，使人我各自顺应自己的天性发展，自己不须劳扰，天下人各得其性命之正。这才是不显示德泽的至德。所谓“人各顺于其天”，就是因任万物各自发展，不加干涉。王夫之进一步解释说：

> 至德不可以仁知名，至仁不可以爱敬言。亲者自亲，长者自长。此无所益，彼无所损。通之天下而无所渝，乃以与天地日月风云之自然者合其德。（《庄子解》：124）

至德是超越仁知爱敬等有心作为的。它是任亲人尊长各安其位、各行其是。这就是《天运》篇所倡导的亲我两相忘，或《大宗师》的“鱼相忘于江湖，人相忘于道术”。只有这样，才能使天下万物各得其德而无匮，也才能达到至德。

另一方面，道就是天，因此，德就是得天。所谓“德充”也是充之以“天”，认识到自身恒在大化流行之中，不为得失祸福而动心，从而守神而不失。王夫之说：“充者，足于内也；符者，内外合也……‘敖乎大者’，无非天也。则其德充矣。”（《庄子解》：47）充就是自足于内；符就是内外一致。外忘形体，内心含藏其天光，这样，所见广大，无处非天。这就是德充。

在如何德充上，王夫之建议效法婴儿。因为世人一旦受到世俗的影响，不能冰雪其心，很难复合于大道，安心于大化；而婴儿无识无知，冰雪其心，反而恒合于道。可见，王夫之对老子的思想还是有所继承的。他说：

> 唯儿子者，为近于天均；唯儿子者，乘化之新而未远乎其恒；唯儿子者，与物交乐天之乐，交食地之食；唯儿子者，初移于是，而未大离于彼，未有冰而不待解，未有冻而不待释，纯精而含，可以相天之道。能全是者，生无不卫，初非以是为经而卫其生也。若夫见有人，见有物，见有利害，而不怪、不谋、不事，以蕲免于祸福，则犹庚桑楚全形抱生，止思虑，以卫生之术而已，恶足以拟至德？（《庄子解》：202）

这段话意思是，只有婴儿，才与天均相近。只有婴儿，才合于大化而尚未有离开道之恒常。只有婴儿，才能够与万物同乐天地之乐，同食天地之食。只有婴儿，虽然气化至此，还没有与彼过于区别；还没有结冰于心，因此不须融化；没有上冻，因而不须融解。能够保持其纯粹的精气，以相天成化。一个人如果能够如此，不须有什么因循，就可以养生。如果见到人物、利害的分别，强以自己的心思不作惊异、谋划的举动，以此来免于祸福，也只能是庚桑楚那样止息思虑、全形养生的方法，并不足以接近至德。

可见，至德的核心在于无心顺化，在于安于天然本性。一旦有了人为，就会落于技巧或方术，只能成就一定的效果，并不能养生以养天下。甚至到了一定时候，还会像庚桑楚那样，受到外物的扰乱，使心神不得安宁，伤害自己的平和。

二、德与道

德是人心对道的获得，在王夫之的著作中非常常见。例如：“德者，行道而有得于心之谓。”[①]“道，体乎物之中以生天下之用者也。……行而有得

① 王夫之：《读四书大全说》，第 778 页。

于道而有德。”[1]可见，德是循道而行的心得。道是德的根据，没有“道”的心得，不是德。德是对道的体任和获得的征验，没有德，也无从知“道”。“德也者，所以行夫道也；道也者，所以载夫德也。”[2]从天的角度看，德是道流行的表现，而道是德之主体。但是，虽然说道“载夫德”，道并不可见，可见的只是道流行之后的“并育并行”“不害不悖”。因此，王夫之以道为虚迹，而以德为实有。说：“盖道，虚迹也；德，实得也。”“德为道之实。”[3]然而，从人的角度，要进德，必须循道，这就是“志道笃则德成于心”[4]。要与道合一，必须从修德开始，否则会沦为空虚无实，这就是“据德则道得于心而不失”[5]。

首先，我们讨论只有冥合于道，才能有德。道就是自然，任自然就是得道于己。自然，从其为万物存在的方式上看，是道；从其被万物所获得，内在于万物之中，则为天德。道也是这样，从其为一气的流行来看，是道；从其内在于万物而成就万物，则为德。因此，对道的认识和体悟本身就是对德的成就。在《秋水》篇，王夫之指出，“明乎道者”，才能“无成心以函天德，然后踯躅屈伸，皆位乎得”（《庄子解》：145）。“皆位乎得”，意思是皆合于天德自然。没有成心，就不会固执己见，就能够一切从事物、时势本身出发，也就是自然而然。这就是“以人顺人，以物顺物，以言顺言”，从而“自可无为而无不为，以大备乎德”（《庄子解》：235）。

“大备乎德”，在人就是“德充”、在万物就是各自完全按自己的本性作为。从王夫之对“德充”的解释可知，“德充”就是充之以天，也就是充之以“道”。其关键在于合天而去除人为。为此，王夫之提出“休乎天均”“以大宗为师”“未始出吾宗”等方法以成德，其本质就是与道为一或与天为一。

① 王夫之：《周易外传》，第821页。
② 王夫之：《读四书大全说》，第683页。
③ 王夫之：《读四书大全说》，第683、699页。
④ 王夫之：《周易外传》，第699页。
⑤ 王夫之：《周易外传》，第698页。

人能够如此，则不师心而任自然，那么在已则德充，在天下则德备。

德是对道的体任，但是道不可以物待之，不可以有或无测度，不可以言或意探求，可见，德也不是以有心有为所能获得的。有心、有为不能得“道”，自然所得也不是“德”。王夫之说：

> 游乎冥默，登乎高旷，几与天地通矣。然因此以通乎事而明民，则抑有阴阳以遂群生之情也，而玄同圆运之德丧矣。盖终忘其独而撄人之心也。心知也，聪明也，文言也，皆强索而不能遇者也。知事无事，知通无通，收视反听，无为为之，过而取之，象罔矣，乃可以无得而得也。（《庄子解》：103）

这段话意思是，游心于冥默之乡，登于高旷之野，几乎可以与天地相通为一。但是，因此以从事于事务，欲以启蒙民众，就会有利用阴阳来哺育群生的心意，就会失去这个玄同圆运的天德。从而失去“道”而扰乱天下人之心。对于这个天德，心知、聪明、言辞等求索方式都是不可能得到的。如果人能够体悟到无所事、无所通，收视反听，无为无执，以为象罔，才可以获得。因此，至德只能“以无得而得”。王夫之又说：

> 盖至大无乎大，至德无乎德，与天下休于无可名言之地，万类繁生，各若其性。而实不系于一德者，名不立于一大，此则天地之情也，万物之实也，大人之蕴也。（《庄子解》：219）

至大不可以“大”名，至德不可以“德”称。明白这个道理，不以言语求索、分析至大至德，则万物各畅其性而得其生。“实不系于一德者，名不立于一大”，指道。万物各因任自然，各得其得，这就是天地万物的实情，也是大人的内涵。

然而，王夫之曾说：“德者，自得也，自得而天下无不得。”（《庄子解》：109）这里又说“至德不德”，那么，德到底如何才能成就？其实，“自得”是得自己的本性，而不是得到什么固定的东西。自己安于自己的本性，自然而然，就是德，并不是有一个什么外在的东西为我得到之后，才叫作德。

以上都是从“道”到“德”的论述，即如何循道以实现德。其实，德也可以反过来呈现道的存在。王夫之说：

> 人也，天也，物也，皆自然之化也。得其自然之化而无不乐，故乐之出虚，以有形象无形，摇动天人万物之和者，可以征道焉。……灵者自灵、蠢者自蠢、生者自生、死者自死、荣者自荣、实者自实，充满天地而机不张，此乃谓之自然之命。自然者，万德之所并，而无一德之可役者也。（《庄子解》：125—126）

“自然之化”，就是大化流行，就是道。“得其自然之化”就是德，就是“自然之命”。因此，万物各畅其性命之情，而“灵者自灵、蠢者自蠢、生者自生、死者自死、荣者自荣、实者自实”，就是自然，就是天德的实现，而道就在这里体现出来，所以说德“可以征道”。

三、德与虚

虚是儒道两家修身的核心概念。孔子没有提出虚的概念，但是已经有虚心的思想，这就是“毋意，毋必，毋固，毋我”（《论语·子罕》）。做到无意、必、固、我就是无成心，就是虚心。《老子》则直接提出“虚其心”（三章）、“致虚极”（十六章），赋予虚以虚心、无成见、无执着的含义。《荀子·解蔽》在融合儒道两家的思想的基础上，认为心“不以所已藏害所将受，谓之虚”。这就是，不因为已有的知识影响对未来知识的接受，对已往、未来皆持一种公正、客观的态度。这种观点近似于王夫之《庄子解》中所说的虚或两行。《庄子》中大量地出现“虚”。其含义主要有两方面：一是虚的原意，空无一物；一是虚心，无成见，无执着。《庄子·刻意》说：“虚无恬淡，乃合天德。”虚的本质在忘，在于忘却一切外在的东西，包括形体、诽誉、生死等。因此，庄子强调“坐忘”，以与道合一。纪渻子养鸡的故事更能说明“坐忘”以成德的思想。兹引述如下：

> 纪渻子为王养斗鸡。十日而问：“鸡已乎？”曰：“未也，方虚骄而恃气。”十日又问，曰：“未也，犹应响景。”十日又问，曰：“未也，犹疾视而盛气。”十日又问，曰：“几矣，鸡虽有鸣者，已无变矣，望之似木鸡矣，其德全矣。异鸡无敢应者，反走矣。”（《庄子·达生》）

“虚骄而恃气”，是有我、有物，时刻准备与人相斗。“应响景”，是对别的鸡的叫声或形影仍然有反应。“疾视而盛气”，是仍然有自我之心，但是，已经忘却外物和别的鸡了。等到“似木鸡”，则无人无我，生死俱忘，这才叫“德全”。可见，全德的关键在于忘，忘却形体、外物、生死，才能够虚，才能与道为一。

王夫之继承了以往儒道两家对虚的论述，从虚心的角度论述虚与德的关系。前面我们论述在成德的过程中，要与道为一，关键在于无心而顺自然，而且只有无心才能顺自然。一旦有心，则与自然不合。这个无心就是“虚”，可见，“虚”是成德的手段。王夫之说：

> 乘虚以游于浩洋无际之宇，望之者自不测其所至。唯无心于安危利害之机，则虽有兵刑，亦因物物之，而非有留滞倨骄之心。人且视之如虚舟飘瓦，伤而不怨，患奚从生焉？足知缘督者，非以智巧规避于才不才之间，吾自建吾德也。（《庄子解》：168）

这段话意思是，虚心游于无穷的时空，守望他的人自然无法测度他的踪迹。一个人如果无心于安危利害，即使有兵刑争斗，也任其自为，自己没有固执骄慢的心思，人们就会视之如虚舟飘瓦，即使被伤害了也不埋怨。这样，对于自己，又如何会有祸患？可见，缘督之义，不是以智巧之心在才、不才之间徘徊，而是虚以为德。文中“虚”“无心”是一个意思。唯有虚，才能够因物，才能够“自建吾德”。否则，不虚则无德，无德则困于世俗的争斗之中。

但是，虚并不是一个物事可以执定，拿来为我所用。以虚为一物，必然心中有执着，而变为不虚。王夫之对颜回的“端而虚，勉而一”评论道：

> 盖端而虚，则非虚；勉而一，则非一也。以充扬之色伺人之感，而乘机以进，自谓之虚。以执而不化者，日渐进之以求成效，自谓之一。皆挟其所以、成乎心而形乎容者也。虽或免乎暴人之暴怒，而内之憎忌益深，岂但德之不成与？灾且逮之矣。（《庄子解》：37）

意思是，有心端正己心以为虚，就不是虚；有心以为专一，就不是专一。以温润之脸色守候别人的动机，乘机以进，自以为虚；以固执的成心日渐月化地影响别人，以追求效果，自以为一。都是有所挟持，成心于内、形之于外的举动。虽然也可能免于暴人的暴怒，但是，暴人心中的忌恨更深。这样，岂止是不建己德，还将遭罹祸害。可见，这种虚是怀有机心的虚，不是真正的无心、顺物，因此，不能成德。这种人虽然能够察人之意，以保全自己，并不能得人的喜欢。当今所说的圆滑之人有类于此。

因此，虚作为成德的手段是要不得一点机心的。正因为如此，王夫之推崇庄子而贬低老子，认为庄子的两行合于虚，而老子的“致虚极”是怀有机心的虚，是不虚。老子的思想未能合于“天均之运”（即道），只达到了“空虚而不毁万物”。他直接批评老子说：

> 老子知雄而守雌，知白而守黑。知者博大而守者卑弱，其意以空虚为物之所不能距，故宅于虚以待阴阳人事之挟实而来者，穷而自服，是以机而制天人者也。（《庄子解》：284）

所谓“机”，在外为机关智谋，在内为机心。因此，老子的“致虚”“宅虚”是怀有机心来伺察外物、他人，以达到控制别人的目的，是要不得的。可见，在王夫之看来，老子还不明白虚之为德的意义。

虚不仅是成德的手段，其本身就是德。王夫之特地于《庄子通》中述说虚静的含义道：

> 虚则无不可实也，静则无不可动也。无不可实，无不可动，天人之合也。“运而无所积”，则谓之虚；古今逝矣，而不积其糟粕之谓也。“万物无足以铙心”，则谓之静；以形名从其喜怒之谓也。虚静者，状其居德之名，非逃实以之虚，屏动以之静也。[①]

可见，王夫之所说的虚是无心、无执，是心的一种德性，而不是空虚无物。当然，老子所讲的虚也不只是空虚无物，王夫之批评老子时有点断章取义。

那么如何达到“虚”呢？王夫之认为，人之所以不虚，是因为恃知，因此他强调“去知以集虚”(《庄子解》：34)。面对韩非和扬雄之死，他感慨地说：“韩非知说之难，而以说诛。扬雄知白之不可守，而以玄死。其用心殊而害均，则胡不寻其所以害乎？”[②]究其原，他们所以被害的原因就是恃知，自以为自己看透了人心或人世，而不虚己以游世。所以，他接着说：“有道于此，言之甚易，行之不劳，而古今之能知者鲜。故李斯叹东门之犬，陆机怨华亭之鹤，而龙逄、比干不与焉。无他，虚与不虚而已矣。”[③]一言以蔽之，李斯、陆机都是试图以自己的才智追逐名利，而不知道才智反不如虚之能够全身。相反，关龙逄和比干则忘记生死和名利，真虚矣，所以二者流芳百世。才智的内容在于分辨，在于名誉、谋划、事情、知识。这些东西

---

① 王夫之：《庄子通》，第507—508页。

② 王夫之：《庄子通》，第499页。

③ 王夫之：《庄子通》，第499页。

如果不入于胸次，那么就可以达到虚。“名也、谋也、事也、知也，皆自以为治天下而只以纷也。四者虚，无不虚矣，虽为籁而不受天之吹。”（《庄子解》：75）最终，人们之所以有分辨，在于有我，有生死。如果连生死都能够抛弃，那么还有什么可以萦心，可谓无所不虚。“不悦生而恶死，而后其虚也果虚，其一也果一矣。”（《庄子解》：41）一旦达到了虚己忘物，就可以在己无所好恶，在外“乘物以游心”。

四、德与和

《庄子·缮性》：“夫德，和也。”《庄子·德充符》：“德者，成和之修也。”刘武注说：“得和于心谓之德。”“和，天地阴阳二气相合而无偏胜之谓也。”[①]因此，在《庄子》中，常常以和代替德，或者德、和并用，如“游心乎德之和”“不足以滑和”（《德充符》）、“抱德炀和”（《徐无鬼》）。王夫之在《庄子解》中也认为德就是和，如“不滑和者德也”“德充则保其和”（《庄子解》：52，53）。

前面我们讨论了德与虚的关系。虚不仅是达到德的手段，而且本身就是德。德与和的关系，如果将虚考虑在内，或许更容易理解。虚则容物，容物故和。虚则无所执着、无有好恶，平易恬淡，本身就是和。因此，《庄子·刻意》说：“平易恬淡，则忧患不能入，邪气不能袭，故其德全而神不亏。”“心不忧乐，德之至也。”相反，人如果不能保持平易恬淡，就会失去“和”，也就失去了德。所以说“悲乐者，德之邪也”“好恶者，德之失也”（《庄子·刻意》）。可见，和，本质上就是虚，就是没有任何执着、好恶，从而没有什么忧乐，这样，才能够顺化、安命，与天为一。因此，仲尼告诉叶公子高说：“自事其心者，哀乐不易施乎前，知不可奈何而安之若命，德之至也。”（《人间世》）安命而无哀乐，则和，也就是至德。

王夫之也将虚与和同视。他认为一个人如果能够心齐，就可以达到“虚

① 刘武：《庄子集解内篇补正》，古籍出版社，1958年版，第140、126页。

室之白，己养其和而物不得戾”，又说“唯遗其貌、全其神，未与物相接而常和”（《庄子解》：40，52）。可见，和就是虚的结果。与前文“虚以成德”在于忘记生死祸福一样，“守和”也在于忘却生死、形体。王夫之说：

> 不滑和者德也……唯遗其貌、全其神，未与物相接而常和，则与物接而应时以生其和豫之心；以和召和，凡物之接、事之变、命之行，皆有应时之和豫以与之符。（《庄子解》：52）

这段话意思是，不滑乱心神之和，就是德。……只有遗弃形体和外貌，守护心神，在没有交接外物时始终保持平和；在交接外物时，就能够因时顺物而产生和豫的心境。以平和的心境招致平和的环境。这样，外物的应接、事情的衍变、命运之推行，我都可以因时以和豫之心与他们保持和谐。

相反，执着于形体，粉饰形貌以显示自己有德，则不能守和。王夫之说：

> 卫灵、齐桓且忘人之形恶，而世人顾不能自忘，则灵府之和外荡，而使其形者、尊足者、审于无假者、日夜无郤者、与物皆春者，诚忘之矣。（《庄子解》：53）

“使其形者、尊足者、审于无假者、日夜无隙者、与物皆春者”，指神。卫灵公、齐桓公还能够忘记别人的形体之丑陋而冥合于神，世人却不能如此。这样，世人的心境之和受到形体外物的摇荡，也就不能有德。

人执着于形体则生知，因此，与其说是执着于形体导致和的丧失，不如说是所生之“知”导致和的丧失。知生于心则为成见，执之不忘，自以为得，必然外与人争论，从而戕害自己的和气。因此，欲守和，必须去知。庄子为此强调心齐，要求人去除对耳目心知的依赖，专靠气来与外物、天下相感动。王夫之注解说：

> 心齐之要无他，虚而已矣。气者生气也，即皞天之和气也。参之以心知而气为心使，心入气以碍其和，于是乎不虚。……耳可使听，而不可使受；心可使符乎气之和，而不符乎耳。将暴人狂荡之言，百姓怨诅之口，皆止乎化声而不以荡吾气。（《庄子解》：38—39）

这段话指出，和的丧失在于知主宰心，进一步主宰气，于是成心积于心中，有己有人，与外物、他人处于对立、相斗之中，致使和气丧失。要保持心中的和气，关键在于使耳虽听而不接受，不使所听到的东西进入心灵。使心不与耳所听到的东西相应，而只是与内心的和气相一致。如果能够这样，那么即使恶言、怨言充斥耳鼓，也只像鸟鸣风吹过耳不闻，不足以动摇我心，更不足以摇荡我的和气。这样，心与天合，人与道一。

第三节 性

一、性的含义

王夫之将性看作人生来如此的状态。在《在宥解》中明确指出不同的人有不同的性，但是却有相同的心。在注解《骈拇》时，他承认性可以各不相同：有的人偏于仁，有的人偏于义，至于有的人生出多余的小指或脚指头并在一起，都是这些人的性。

> 生而然者，则谓之性矣。性因乎气质，不足于义则余于仁，不足于仁则余于义，有余则皆骈枝也，皆五脏之蕴，有余之情也。（《庄子解》：77）

可见，王夫之认同了告子“生之谓性”的观点，这与他坚持理是气之理，且理依于气以存在的观点是一致的。在他看来，性就是生来如此的状态，是依据气质或气化形成的。由于气化的不均一，致使有些人刚性少，而性偏于仁，如曾参；有些人刚性强，而性偏于义，如史鱼。但是，这些偏至的仁义之性并不是每个人都具有的，因此，不是天下人共同的性，即“性之常然”，而是像正常的手上多出的小指，或两个脚指头并联那样的不正常状态。像骈拇枝指一样，它们只是人的身体中出现的多余的东西，是“侈于性者”。可以说，王夫之的解释非常契合《骈拇》原文：“多方乎仁义而用之者，列于五藏哉，而非道德之正也。”因为这句话的意思也是，虽然仁义是五脏的性能之二，但不是人性之全部。(《白虎通·五脏六腑主性情》：五脏，肝仁，肺义，心礼，肾智，脾信也。说明仁义只是五脏或人性之一偏，而不是全部，不可张扬之而遮蔽其他功能。）今多端用之，既失之于用于不当用，也成为其他脏腑之道德之附赘悬疣，遮蔽其功能，所以说不是道德之正。

王夫之接着解释“性之常然”，即天下共有的性，也就是理想中的人性。这个“性之常然”于仁于义都没有多余或不足。他说：

> 性之常然者，情不得与，而况于名？暖然似春而不可名以仁，凄然似秋而不可名以义。五色无所别于妍媸，五声无所别于雅郑。妍不立则无媸，雅不立则无郑。名无可名，孰为曾史！至正者无正，无正则无不正已。（《庄子解》：77—78）

“情”即上文所说的“多余之情”，也就是气质所偏而导致仁义礼智等情感。王夫之的意思是，“性之常然”超越情感和名言。它有仁义之实际成就或功用，但是却不可以仁义来称呼。内涵五色、五声，却不能以美丑或雅郑来区分或指称。它超越一切标准，本身又是一切的标准。它无正、不正之分。

可见，王夫之的“性之常然”强调的是自然而然，是人类或万物共有的通性，而不是某人、某物所有的偏至之性。据此，他倡导顺自然，反对以某人的一偏之性或见解来矫正别的人物的性情。

> 夫立一表以为正者，东望之成西，南望之成北，正果安在哉？去东西南北之名，则随在皆正；去仁不仁、义不义之名，则同归于正。无所不可正，而抑又何忧？（《庄子解》：78）

去除标准，无东西南北之分别、无仁义不仁义之指称，那么就能顺应人物的实际状况，合于自然，达到至正的标准。可见，无为就是达性之常然的手段。

王夫之又称“性之常然”为“性命之情”，说：

> 遇方而方，遇圆而圆，合者自合，离者自离。因其常然，则仁可也，义可也，非仁非义可也，性命之情也。（《庄子解》：79）

可见，性命之情就是自然而然。欲让人和万物都实现其性命的本然，就在于顺应事物的实际状况，而不加干预、改造。

二、性与命

王夫之性、命连用，说明性与命二者存在着某种联系。王夫之论述性、命的关系说：“命大，性小。在人者性也，在天者皆命也。既以为人，则能性而不能命矣。”[①]命、性二者有相同的内容，但是却有大与小、在人与在天的分别。命专就在天的内容说，而性专就在人的内容说，各有所指。因此，一旦生之为人，就只能顺性，而不能盲目地顺命。举个比方说，性、命就像瓶中之水与天地间所有的水的关系。二者有相同的内容和性质，但是却有不同的量，不同的处所。可见，凡是属于性的内容，必然也为命所有；但是，

① 王夫之：《庄子通》，第512页。

属于命的内容却不一定为性所有。因此，王夫之说："天道之本然是命，在人之天道是性。性者命也，命不仅性也。"[①]这句话明确指出，性、命的内容都是天道，都是自然。

王夫之性、命连用或并用时，却常常将性与命等同，如："大圣人以为天之生己也，行乎其所行，习乎其所习，莫非命也，莫非性也，终身行而不逮，其言若怍，奚暇侈于闻，逐于乐，擅于方术以自旌？"[②]意思是，圣人顺应自然，所行所习都合于命，也都是性，用不着去追求知识、显示其喜悦和炫耀其方术。这里，王夫之将性与命等同看待。之所以如此，因为生之为人，所能拥有、所能率循的只有性，因而也都是命。所以，可以做这样的理解，王夫之在性命连用时，命是在人或物之天命，而不是在天的天命，也是以性为主的。这样的例子还有许多，如："圣人复其性，万物复其命，弗强其所不能，弗忧其所不知。"（《庄子解》：228）这里，将性、命对举，说明性、命是相同的。圣人复其性，是圣人复其自然所有的天道；万物复其命，是万物各自复其所受的天命。天道、天命本质上是一样的，都是天，都是自然。只要圣人能够完好地保存他所受的天命，万物也自然能完好地保持各自所受的天命。在人与物之中的天命就是性。王夫之又说：

> 皇治皇之天下，帝治帝之天下，王治王之天下，皆蘧庐也。时已去而欲止之，怀蘧庐以为安居，变易人之性命，而道壅不行，恶足以及于化哉？顺其自然，则物固各有性命。（《庄子解》：131）

"蘧庐"，原意指为一时之用而建的小茅屋，这里指陈迹，或已经失去实用的东西。皇帝等治理天下的方式、法则只是因一时之用而生，用毕则废；但是，后世却有些人执定这些法则以为常道，治理天下，那么必然导致天下

① 王夫之：《读四书大全说》，第530页。

② 王夫之：《庄子通》，第517页。

人的性命受到变易，而不足以与大道并行。如果认识到皇帝等治理天下的根本只是顺应自然，我也去除人为、顺应自然，那么，天下万物都会得其性命。这里，性命也是以性为主。

三、性与德

王夫之对性、德定义说：“生而有者曰性，所宜得乎天而利用者曰德。”（《庄子解·骈拇》）既然性就是生来就有的东西，那么性的来源也必然是天，事实上也是如此。因此王夫之说：“性者天之所予，非性则非天也。”（《庄子解》：83）性就是在人之天。德则是人得于天而且能够付诸运用的东西。既然性与德都来源于天，都是人得于天的东西，那么二者到底是一种什么关系呢？

首先，王夫之认为，德、性二者有时是相同的东西。

> 喜则其性必淫，欣欣然趋乐利者导之以靡也。怒则其德必迁，瘁瘁焉恶死亡者，为善不能、为恶不可，无所据以自安也。（《庄子解》：91）

喜怒同属于性质相同且对等的人之情感，其所影响的东西性质也必然相同而且对等。因此，我们也同样可以说“喜则其德必淫，怒则其性必迁”。可见，德与性在这里应当有相同的内容。进一步，王夫之直接提出“德性”的用法，他说：

> 人无不有其意欲，抑无不有其德性，故咸知自爱其身，愚者与有焉。……（圣人）秉天德以摇荡之于独见独闻之中，使之自动，意欲得而性亦顺；夫然后可以与民同德而入乎天。（《庄子解》：107—108）

这段话意思是，人各有自己的意欲，也各有自己的德性，因此都知道爱护自己的身体，即使愚昧之人也是如此。圣人以天德摇荡人心于大道之中，任天下万物自己实现自己。天下人各得其意欲，本性也自然得到顺从。这样，才能与民众同德，才能合天。这段话中，起初“德性”并用，与“意欲”相对称，后来，与意欲相对应的只有“性”。可见，德性就是性。德、性应该含义相同。

其次，如果德、性含义相同，那么为什么王夫之还要并列地提出两个概念，这说明其中必有区别。从性的定义上看，性是生来具有的东西。说到性，已经成为一种实现了的结果。这种结果只能接受，不能改变。如曾参生来长于仁孝，张三生来具有六个指头。这些就是他们的生命本然，也是他们的性。可见，性具有个体特性的含义。当然，性也有共性的含义，如人之性，物之性，这就是王夫之所说的“性之常然”。德则是道呈现于万物和实现自身的方式。从天之化育万物的过程看，德是天对万物的成就；从万物自身来看，德就是万物对道或天的获得。因此，王夫之说：“德者，行道而有得于心之谓。”[①]可见，德强调天之流行化育或万物获得道的过程，而且，德也可以指人通过努力获得的知识、见解或心得，是对天地根本之理的获得，更具体地说，是对“性之常然”的获得。从这个角度上，德具有能动性。人复性的结果虽然是性，但是此过程乃是对天命的获得，是德。

因此，德就是体悟本性于心，自然而然地按照本性生活。成德与复性是一个同一的过程，而复性的关键就是法天。王夫之说：“唯天是放，性无不得矣。”（《庄子解》：83）天就是自然，法天就是任自然。

总之，德与性是一致的，能够按照自己的本性生活，就是德，就是对道的实践，也是对天下的至仁至义。不能够顺从自己本性的人，不但没有德，而且将会戕害万物。可见，通过对庄子道、德、性的含义的吸收，王夫之将仁义从儒家的具体的仁孝忠信等含义提升到了本体论的高度。在这里，没有可指定的具体的仁义作为，只要你自己能够按照本性生活，恢复自己的天德，就是合于大道和对天下的德泽。

---

① 王夫之：《读四书大全说》，第778页。

第八章

《庄子解》中的理想人格

王夫之解庄、通庄的目的在于通过吸收、改造庄子的思想，培养君子和真儒，以实现儒家的内圣外王之道。虽然在圣人观上，他与庄子有些出入，但是，在《庄子解》中，他基本上沿用了《庄子》中神人、至人、真人、圣人等理想人格，或者加以解释，或者赋予自己的理解。虽然在名字上有这四种不同，但从实质上它们都可以归结到神人的养神相天，说明它们实际上可以相通为一。本节将通过分析各种理想人格，找出它们的统一性。

第一节　至人

至人在《庄子》中屡有出现。在《逍遥游》中，庄子说“至人无己”。所谓无己，就是忘生死、利害和是非。在《德充符》中，他借老聃之口说，如果孔子能够视生死是非为一，那么就可以超越世俗的名声的束缚，体验至人的逍遥。在《天道》中，他指出，至人能够“外天地，遗万物，而神未尝有所困”。在《秋水》中解释说，至人之所以能够潜水不窒息，蹈火不受伤害，是因为至人能够保守其“纯气”。所谓纯气，就是神。这种描述与《逍遥游》对神人“大浸稽天而不溺，大旱金石流土山焦而不热”的描述类似。可见，在庄子看来，至人从本质上是忘记生死和外物、保全神气的人，实际上就是神人。

王夫之沿用了庄子的“至人”，但是却有不同的解释。王夫之认为至人是所行所为无所不至。他注解“至人无己”说：“视一乡一国之知行，则见为至人；彼之所不至者多，而此皆至也。”（《庄子解》：5）意思是，对于那些自得于能够治理一乡一国的人，庄子则用至人与他们比较，从而显示出那些人所不能达到的太多，而至人则无所不达。这种意思不能说庄子一点没有，至少庄子的“至人”不屑以无所不至与世俗之人比较。

王夫之也接受了至人超越生死、是非的思想。在《齐物论解》中，他指出至人对觉和寐无所分别。在《庚桑楚解》中，他指出庚桑楚因为心中怀有保全生命、身体的念头，从而有人、有己，不能忘却人我、是非，不足以达到“至人之德”。而至人则视死生为一，合于大化之道，从而保全自己的神气不受干扰。王夫之对《庚桑楚》“古之人，其知有所至矣”一段的注解说：

> 此言至人之所藏与其所修，合一而序相因也。以一物之始终，一期之生死而言，则首尻合为一体，因而守者，斯须之循也。以本无而幻有者反于无，以归真言之，则善生以善死也。以未始有生，未始有死，唯天均之运而我不受其败言之，则恒于泰定之光也。惟其泰定，斯以善生。善生以善死，则斯须可循而循之耳。藏之者，其至也；修之者，所从至之次也；初无异道，次序言之，至于三耳。（《庄子解》：206）

“至人之所藏”，指体悟未始有物的一气流行的本质状态。“至人之所修”，指视生死乃一气之化的首尾，本来没有区别。这段话意思是，至人所修与所藏本来为一，都是一气之化，但是从体悟的次序上，又有先后的顺序。从个体的事物的始终、生死来看，终始生死只是一气化生形体的前后，人们所守候的形体不过是大化暂时的产物。从只有一气流行，本来就没有什么永恒的事物，人和万物只是一气变化的暂时形态，最终还要回复到这个本无一物的一气流行状态，即所谓的归真来看，使我的生命得其正的，也将使我的死得其正。从本来就没有生死，只有天均大化的运行，而我不被天均败坏的角度来看，我能够心神泰定，自发天光。只有心神泰定，才能妥当地处理生。妥当地处理生，就可以妥当地处理死，就可以顺从变化而无所执着。藏于变化之中，是至人的极致状态；通过修为而与变化为一，是次一等的境界。本来二者所至没有区别，但是按照修为次序来讲，则有上述三种情形。

这段话指出，至人的本质在于体悟大道，与大化为一。能够如此，就可以齐同生死，达到养神以合天的境界。可见，王夫之的至人与庄子的至人在保全神气这一点上是一样的。但是，王夫之认为，至人善死善生的目的在于保持好形体和神气，使不受物欲杂气等的伤害。等到形体消散，神气复归于太虚，自己的清醇和气仍然可以与天之醇气合而为一，可以使日月更加明亮，使万物更加繁茂，从而成为吉祥之气的核心，使天下众生都受到福泽。（《庄子解》：156）因此，在王夫之那里，至人善生善死的目的，不只在于顺从大化，图个清闲自在，而是有其客观的目的和效应的——相天，从而将儒家的“赞天地之化育”赋予至人，与庄子的至人区别开来。

第二节 真人

真人的概念首先出现在《大宗师》，其最初含义应当是具有真知的人。这个真知就是知“道”。所以庄子在述说了真人不嫌弃寡弱、不自恃成功、不图谋事务等之后，指出“是知之能登假于道者也若此”（《庄子·大宗师》）。通达大道就是通达万物都是一气化生、生死只是气化造成形体的开始和结束，从而超越生死利害，无所执着。所以庄子说：

古之真人，不知说生，不知恶死。其出不欣，其入不距。翛然而往，翛然而来而已矣。不忘其所始，不求其所终。受而喜之，忘而复之。是之谓不以心捐道，不以人助天，是之谓真人。（《庄子·大宗师》）

“出”，出生，由气化而为人；“入”，死亡，由人复化为气。“翛然”，安闲自得的样子。“始”，指自己来源于天地一气。“终”，指自己的未来去向。“受”，宣颖认为，指受生。“忘”，宣颖以为，指忘其死。[①]这段话是说，古时的真人，不知道悦生恶死，而是安于生死。不忘记自己本来来源于天地之气，也不求死后将如何如何。获得生命则怡然自得，忘记死亡而复合于天地。这就叫作不因为心知而捐弃大道，不用人为来增益天然。这就是真人。

真人能够安于生死得失，对世俗的事务也不存在什么喜怒好恶，只是按照形势的要求有所作为。世间的刑罚、礼义、智巧、仁德，真人都坦然行之，不与世人相违背。所以庄子说：

> 故其好之也一，其弗好之也一。其一也一，其不一也一。其一与天为徒，其不一与人为徒，天与人不相胜也，是之谓真人。（《庄子·大宗师》）

由于真人与大道为一，心中没有执着，好恶完全顺从于时势的需要。因此，真人的好恶都是始终如一。真人的同或异也是始终如一，因为真人没有同异的分别。始终如一是指真人与天保持一致，有所分别是指真人与人相处。认识到天与人互不相胜，任天人各顺其自然，这就是真人。

这里，庄子强调真人心无执着，任天、人两行，各行其是。这也是王夫之推重的寓庸或两行。可见，庄子并不是完全倡导得天遗人，而是要贯穿“不谴是非，以与世俗处”的原则的。

庄子的真人最终也落实到保全神气。《庄子·刻意》指出，真人是能够以“纯素”为内涵的人。所谓“纯素”，就是守神。《庄子·田子方》又指出，真人“其神经乎大山而无介，入乎渊泉而不濡，处卑细而不惫，充满天地，既以与人己愈有”。意思仍然是真人的神得到完好地保持，不受外界的影响。

① 宣颖著，周学熙编：《南华经解选读》，第107页。

最终，庄子指出，真人就是神人。他说：

> 是以神人恶众至。众至则不比，不比则不利也。故无所甚亲，无所甚疏，抱德炀和，以顺天下，此谓真人。（《庄子·徐无鬼》）

这里，神人不希望被众人所围绕拥戴。一旦众人到来，神人不跟他们亲近。不亲近，众人就无从得利，而自然散开。因此，对任何人都不显示亲近或疏远，保持自己的天德与和气，与天下同流，这就是真人。

王夫之接受了庄子的真人，指出真人的根本在于保全自己的天。这个“天”，其实就是庄子所说的神，也是王夫之所说的性。可见，王夫之的真人与庄子的真人没有什么本质的差异。在王夫之看来，真人之所以不悦生恶死，在于真人知道生死不是人所能左右，而是由天决定的。既然自己不能左右，也只有顺从。这与庄子所说的真人知“道”是一样的。接着，王夫之指出，真人“自养以养天下”在于效法天之包容含育、不居功等特点。他说：

> 今夫天，众莫能违，而人固莫能至，唯无迹以招人之悦也。无仁之迹而春夏自生，无义之迹而秋冬自死；天自平也，物自变也。生生死死于其中者，失之而不可以生，失之而不可以死者，自仰给焉。此无所鬻，彼无所卖，牧之而已，固无害也。唯其诚也。夫真人之自养以养天下者取诸此。（《庄子解》：222）

这段话意思是，对于天，人和万物不能违抗，也无处寻求，这是因为天不显示讨好人的任何迹象。天不显示仁爱的迹象而春夏万物自然生育，不显示肃杀的迹象而秋冬万物自然死亡。天自然公平，万物自然变化。“生生死死于其中者”，与“失之而不可以生，失之而不可以死者”，均指万物。这样，万物自然自给自足。天不兜售，人也无法贩卖。天只是无声无息地管理万物。这样，彼此之间都没有伤害。这是因为天诚实无欺。真人养护自己以养护天下的方式就取法于此。

真人取法天之包容含育，诚实无欺，不露迹象于万物，从而免于万物与自己的相互干扰和伤害。这样，自己与万物就能够各自按照自己的本性发展。桃自然为桃，李自然为李。这就是万物各自保全自己的“天”。所以，王夫之说真人能够“内全其天而外全人之天”（《庄子解》：222）。这里的“天”与上文“今夫天”的“天”所指不同。前者指无穷无尽的自然之天，后者指万物各自的自然本性。这样，天有自己的天，人和万物也有自己的天。成全天下和万物在于保全他们各自的“天”，而不是完全等同于天之“天”。

正是认识到天和人各有自己的天，所以，天和人不能互相包含、等同。这样，真人无固执之心，对待万物和处理人间事务都采取寓庸随成的方式。

> 真人者，可似春，可似秋，可刑可礼，可知可德，可亡人之国，可泽及万世，闷然而应，皆翛然往来，无欣无拒，而一之以天；有一日之生，寓一日之庸，天不与人为耦，生不与死为耦，统于一宗而无不“朝彻”，夫是乃谓之无假而真。（《庄子解》：61）

由于认识到人和万物各有自己的天，因此，真人拥有无所固执而因任万物的自然本性。这样，顺应时势的要求，可以如春日般温暖，也可以像秋日般肃杀。可以应用智慧，也可以施以仁德。可以灭亡别人的国家，也可以泽及万世。真人处理这些事务都是无心而一任自然。所以，真人能够自由自在，没有欣喜或抗拒，一切任由事物的天然本性。这样，真人寓庸以卒岁，不入于天与人、生与死的对立之中，而一心于道，无所不见，这叫作“无假而真”。

第三节　圣人

《庄子》中对圣人有正面的赞扬，也有负面的批评。这说明“圣人”一词在《庄子》的不同篇章中有不同的含义，或者指道家的圣人，或者指儒家的圣人。

圣人作为道家的理想人格见于《逍遥游》等内七篇，这里圣人基本上处于一种被褒扬的地位。如《逍遥游》将圣人与至人、神人同视，《齐物论》《大宗师》以圣人作为见“道”之人，《人间世》以圣人为游于人间而能保全自身的人，等等。圣人作为儒家的理想人格而遭到批判见于《骈拇》《马蹄》《胠箧》等篇。《骈拇》认为圣人以身殉天下，不能保全自己的性命；《马蹄》指出圣人倡导仁义礼乐，使天下人丧失本性，入于大乱；《胠箧》则认为圣人之道贻害天下。

在注解中，王夫之虽然反对《骈拇》等篇对圣人的非毁，仍然承认圣人有过错和不及。因此，他注解《马蹄》“夫赫胥氏之时”一段说：

> 踶跂好知，乱之所由生也。所好之知，皆非性之所有也。圣人匡之，而人始知吾形之可奋迅曲折以为其所难为；圣人慰之，而人始知吾欲之可侥幸悬跂以希所难得。赫胥氏之民，化而为争夺之民，朴雕德离，不可复一矣。（《庄子解》：84）

“匡”，辅助。“慰”，用保证、希望进行安抚、鼓励。这段话明确指出，圣人是使天下人丧失固有的朴素之德，变为智巧争斗之民的始作俑者。圣人爱追求知识，这就是乱的根源。这些知识并不是人们本性中固有的东西。圣人辅助大家，人们才知道我们的形体可以奋起、冲击、弯曲等，以做到其难以做到的事情。圣人鼓励大家，人们才知道我们的欲望可以侥幸获得难以得到的东西。这样，赫胥氏时代的朴素之民，被圣人变成争夺的民众，再也不可能回到原来的朴素状态了。

同样，在《庚桑楚解》中，王夫之指出，圣人有心以“天之正”来矫正“人之伪”，不知道正伪、天人都在时刻变化之中。因此，虽然圣人将“伪”变成了“正”，没想到本来的“正”已经不再是正，而早已成为伪。因此，圣人不足以通达天均，不明白大道。圣人忙忙碌碌，“以道为钦，以生为光，以性为质，方且以四六为工”（《庄子解》：209），并不能合于天均，保全自己的本性，同时使天下皆安于其本性。

但是，在《庄子解》中，王夫之更多的是从庄子的无为、无执和包容不辨的角度来描述和推崇圣人的。王夫之认为圣人体悟大道，与大化为一；圣人的心超越对待，包容万物。例如，他说：

> 美恶、得失、荣辱、吉凶，皆备容之，而无迹以使人易测，则物自化而天自定，斯以为圣人之心；此无为而静之本也。（《庄子解》：120）

这是说，圣人之心兼容美恶、得失等对立面，又没有任何外在的显示，使人容易揣测把握，从而使外物自我发展，天下自然安定。这就是圣人无为而宁静的根本。

道就是天均。圣人与道合一，所以圣人可以“休之于天均”，以齐同人间的是非争论。王夫之解释说：

> 圣人休于天均，而不随气机以鼓动，则圣人一天也。万籁皆于此乎取之，可以两行而无不齐于适得，则千轨万辙，无不可行。无不可行，则无不可已，已而合于未始有之本然，以通万不齐之物论于一。岂离众论而别有真哉？亦因是已之而已。（《庄子解》：23）

这段话是说，圣人与道为一，而不随人们鼓动气机、急于言说以入于争论之中。因此，圣人本身就是天，就是自然。天下万物都取法于此，是是非非各得其所。这样，虽有千万种可能性，皆可以任之发展。皆任之发展，则皆任之自已。万物自已停息之后，又合于未始有物的大道之中。圣人这样使天下的是非争论复归于一致。圣人哪里是在是非争论之外寻求什么真理或主宰？圣人只是因任万物各自按照自己的本性发展而已。

圣人不立标准，一切因任万物自己的本性发展，这样万物各自实现自己，于是天下就得到治理。圣人不追究因果，不推崇知能，不以闻见为知"道"。相比较，人之知能虽然有所见，由于它不能顺应自然，必然有所不见，施之于治理天下，就有所不及。圣人明白这个道理，甘愿安于自己的不知不能，而顺从万物的性命。王夫之说：

> 率其自然，使天下相保于自然，则无忧无知无行，亘终始而不忧其匮，而圣人亦自逸矣。性故逸，逸故天，则无有忧不知而行不继者也。（《庄子解》：228）

这就是王夫之说的"圣人复其性，万物复其命"（《庄子解》：228）。各自回复到各自的性命本然，就是得到最完备的发展，就是各自保全了自己的"天"。这样，圣人不仅在外使天下得到治理，而且在内也使自己的"天"得到完好的保持。王夫之进一步解释道：

> 圣人无丧无得，无伤于人，而不谋其离合以与人相贩，游焉而已矣。内之充者天也，使形者也，尊足者也，无假而无隙者也。无游而不逍遥，则与物皆春，一天而已矣。（《庄子解》：54）

这是说，圣人超越得失是非的分别，没有执着。圣人不入于利害争夺之中，不会伤害别人。不仅如此，圣人也不会有什么离合成败的观念存之于心，与人交换。圣人只是逍遥自得，以游心于人间。圣人内部所充有的只是天，是主宰形体、比足更尊贵、没有任何虚假和空隙的东西。因此，圣人无往而不逍遥，总以温暖和煦的心态对待万物。圣人是天的化身，而天寓于形体就是神。这样，圣人实质上也是神人。

虽然王夫之在很多地方认可庄子的圣人观，但是他对《庄子》批评圣人的地方也往往力加辩护，试图维护其儒家的圣人形象。在注解《逍遥游》时，他一反庄子对尧之贬低和对许由的推崇，认为尧也是至人，尧也达到了逍遥。他说：

> 尧不以治天下为功，尧无已也。庖人游于庖，尸祝游于尸祝，羹熟祭毕，悠然忘其有事，小大之辨忘，而皆遂其逍遥。（《庄子解》：6）

意思是，尧也达到了“无己”的至人境界，因为尧不以治天下为自己的功劳。尧只是像厨师、尸祝那样，尽忠于自己的职分。一旦事毕，则悠然忘其有事，逍遥自得。可见，王夫之不但将尧当作了至人，而且还以儒家的安分尽职来诠释圣人。

在《庄子通》中，他竟然提出了与其《庄子解·马蹄》正相反的观点，大力为圣人开发民智、厚生利用辩护，说：

> 马不衔勒，将焉用马？木不斫治，将焉用木？不为牺尊，将焉用朴？不为圭璋，将焉用玉？不取仁义，将焉用道？“踶跂好知，争归于利”者，圣人之过，圣人尸之而不辞。知圣人之为道，任过而不辞，则所以畴圣人之德而不敢昧也，将若何乎！[①]

这里，王夫之直接表扬圣人引导天下人利用马、木等外物以便利人们的

① 王夫之：《庄子通》，第505页。

生活，利用仁义等以协调人们的关系。虽然这样做，开了用智求利之源，有“破朴为器”之过，但是圣人坦然受之。因为圣人所关心的是人之福利，而不是盲目的法天。所以，王夫之指出，我们不但不应该批评圣人，反而应当感谢圣人。

既然圣人之智慧在于增加民众之福利，不应当被谴责，那么王夫之自然不同意老子“绝圣弃智”和《庄子·胠箧》中“圣人不死，大盗不止”的观点。王夫之辩论说：

> 圣人，不可死者也。大盗，不可止者也。盗既不可止矣，圣人果不可死矣。知圣人之不可死，大盗之不可止，无可奈何而安之以道，犹将延颈举趾，指贤智为名以殉其私利，而欲以止盗，其不为大乱也少矣。知其玄同，以生其道法，则圣人日生，大盗日弭，孰标提仁义以为“盗竽”也哉？①

王夫之首先针锋相对地指出“圣人不可死”，这是因为“大盗不可止”。圣人生来就是为了止盗的，盗并不是因为圣人而有（盗先圣人而有）。认识到这个事实，就应该接受圣人止盗之方，而不应该本末倒置，将大盗之出现归罪于圣人，以谋一己之私（指贤智为名以殉其私利）。因为没有圣人，社会将会陷入更大的混乱。最终，王夫之直接声明，若明白圣人和盗贼同出于“玄”，同为社会流变之结果，就应该拥护圣人之道法。这样，圣人日生，大盗就会日销。谁还会说圣人之仁义是大盗之先声呢？

因此，与老子和庄子认为圣人之有为是导致混乱、争竞以致大盗的观点正好相反，王夫之认为圣人和大盗都是自然衍生的，圣人之出现是为了消灭、制止大盗，而不是产生大盗。如果没有圣人，不但不能制止大盗，还将会产生更大的祸患。王夫之的这个观点显然不同于他在《庄子解》中从无

---

① 王夫之：《庄子通》，第505页。

为、寓庸的角度对圣人治理天下的描绘。这说明，一方面，王夫之试图以庄子的无为、寓庸来提升儒家的仁义之道，达到“德至于无伤”和“物我相忘”的境界；一方面，他又不愿放弃圣人之有为治理和教化。从而，在《庄子解》与《庄子通》以及王夫之的其他著作中，他的圣人观存在着张力甚至矛盾，说明他的通庄还不甚成功。

第四节　神人

神人，首先出现于《逍遥游》，指能够保全自己精神的人。在庄子看来，神人保全自己的精神，不仅可以使自己的形体得到完好的保护，还可以泽及万物，使万物得到完好的发展。所以，庄子说，在遥远的姑射山上，住着一位神人，不但保全自己的精气，而且能够使万物不生病害，年年五谷丰登。

王夫之接受了庄子对神人的描述，对庄子的神人“内全其天，外以全万物之天”的思想还是赞许的。唯一不同的是，王夫之认为，神人不可脱落人事，必须在内全自己的精神的前提下，福泽天下。所以，他批评庄子道：“庄子欲蔑圣功，以清虚无累之至为神人，妄矣。”[①]

前面我们已经指出，至人、真人、圣人的实质都在于保全其精神，从而顺应万物之自然，使万物各自得到发展。由此可以看出，神人是《庄子解》中的主要理想人格，其他名称只不过为了论述神人的内涵和功用方便而设。下面我们从三个方面看王夫之对神人的解说。

首先，神人是超越是非、小大的分辨的。这种超越是神人能够逍遥的原因。王夫之说：

---

① 王夫之：《张子正蒙注》，第92页。

辨也者，有不辨也。有所辨则有所择，有所择则有所取，有所舍。取舍之情，随知以立辨，辨复生辨，其去逍遥也甚矣。……鹏与斥鴳相笑而不知为神人之所笑，唯辨其所辨者而已矣。（《庄子解》：4）

有分辨，必然有分辨能力所不及的地方。有所分辨则有所选择，有所选择则有所取舍。因取舍又产生出新的分辨，这样，分辨无穷，将自己的心灵局限在狭隘的一曲知见之中，是不可能逍遥的。大鹏与斥鴳相互嘲笑，却不知它们正在被神人嘲笑。这是因为它们沉湎于分辨之中，而神人则超越于分辨之上。

没有分辨，才能随遇皆安，才能无往而不逍遥。这是神人逍遥的根本原因。宋荣子虽然能够不为外界的荣辱诽誉动心，但是宋荣子是在内外、是非等具体的物象的分别上，把定自己的心灵，使不为外物扰乱。这其实是死心于一曲之见。因此，宋荣子不能逍遥。王夫之说："视宋荣子则见为神人，彼于分有定、于境有辨、以形囿而不以神用，而忘分忘辨者，不测之神也。"（《庄子解》：5）换言之，如果宋荣子忘记分辨，就可以逍遥，达到神人的境界。

其次，神人不仅超越分辨，而且超越对形体的执着，知道真正的生命在于神，而不是形体，因此，神人能够通达生死的道理，养神以尽天年，从而达到精神不朽。前面已经讨论，王夫之认为，神是寓于人之形体中的天，与天本质上没有什么区别。虽然人由形神和合而成，但是神是主体，形是附属。形体只是神暂时寄寓的处所。一旦形体敝坏，神就会离开形体，复合于天。因此，养神就可以与天为一，从而达到永恒不变、生生不息，哪里会因为形体的变化而有哀乐？

最重要的是，神人养神合天的目的并不是图自己精神不朽，而在于相天成化，以实现人之所以为人的意义。王夫之在批评了那些不能通达性命之情，滋生浮躁乖戾之气以祸害天下的人之后，说：

然则有能达命之情，不亏其形精以相天而守气之纯者，其以养和平而贵天下之生，清纯之福，吉祥所止，垂及万岁而不知所以然而然，无功之功，神人之相天而成化，亦盛矣哉！（《庄子解》：163）

可见，要保全神，就要始终明白而且捍卫神的主导地位，不要因为形体的缘故，劳役神，甚至戕害神，更不能疲役神明去追求因形体产生的知识。常人之所以不能尽生命的意义，就在于执着于形体和知识，导致对神的戕害。相反，如果一个人人能够认识到形体以及因形体而产生的知识分辨都无足轻重，平心顺气，以对待世间的是非争斗，安然地接受生死，其神就会免于形体和知识带来的伤害，从而得到保全。精神得到保全，在己则可以逍遥，在外则可以治理天下、福泽万物。这就是王夫之追求的“内圣外王之道”。

第九章

《庄子解》中的内圣外王之道

无论庄子还是王夫之的理想人格，其最终目的都是在内修己合道，在外成就万物，使天下得到治理。这就是《逍遥游》所说的藐姑射山之神人“神凝”而“使物不疵疠而年谷熟”，也是《天下》所谓的“内圣外王之道”。

第一节　内圣外王之道释名

“内圣外王”顾名思义，涉及四个重要范畴，圣、王、内、外，以及为什么“以圣为内”而“以王为外”？换言之，圣是什么？王是什么？二者为何处于内外之关系？这个关系又是如何衔接的？这样，我们不但需要探讨二者的渊源，而且还要考察二者在《庄子》《庄子解》中的关系。

帛书《五行》将圣与仁义礼智并列[①]，说明圣是人所具备的一种能力。《论语·子罕》太宰问于子贡曰：“夫子圣者与？何其多能也？”说明在孔子之时，多能是圣的一个必要条件。《中庸》在论述君子之道时，认为及其极致，虽圣人也有不知不能，说明当时“圣”的内容包涵多知和多能。《孟子·公孙丑上》则直接借用子贡的话，指出“仁且智，夫子（孔子）既圣矣”，也是侧重知和能两面。《荀子·儒效》说：“若夫充虚之相施易也，‘坚

① 庞朴：《帛书五行篇研究》，齐鲁书社，1980 年版，第 23 页。

白’‘同异’之分隔也，是聪耳之所不能听也，明目之所不能见也，变士之所不能言也，虽有圣人之知，未能偻指也。”[①]充虚即虚实。施，移。言虚实之相互置换，坚白、同异之互相分离，都是当时辩士之乐道者。可是，这些命题在荀子看来，即使有圣人的智慧，也无法疾速指陈。在《修身》中，荀子说：“齐明而不竭，圣人也。”[②]直接将圣人的特征视作知虑敏捷而无穷尽。可见，荀子也是从多知的角度来描述圣的。

《庄子》也沿用了从知能方面来描述圣。《天地》篇批评孔子“博学以拟圣”，说明多知是圣之内涵。同篇中孔子问老聃说：“有人治道若相放，可不可，然不然。辩者有言曰：‘离坚白，若悬寓。’若是则可谓圣人乎？”（《庄子·天地》）也是从超人的智能角度来描述圣人。《胠箧》曰“夫妄意室中之藏，圣也”，更是将超凡的判断推理能力当作圣。

当然，圣作为知能的最高境界是无所不知、无所不能。既然无所不知不能，那就是无所不通。从这个意义上，许慎《说文解字》说：“圣，通也。”[③]其实，许慎可能是基于《庄子》对圣的描述做出这个定义的。《庄子·天运》：“圣也者，达于情而遂于命也。”达于情就是通晓万物之实情，遂于命就是安于自然或本性。《庄子·知北游》：“圣人者，原天地之美而达万物之理。”则是说圣人穷究天地之美而通达万物之理。正是因为圣人能够通达万物之情理，所以圣人能够“达绸缪，周尽一体矣”（《庄子·则阳》）。罗勉道解释说，绸缪乃事理纠葛处。唯圣人能够通达事理之纷杂纠葛，通万物为一体。[④]王夫之也接受了这个描述，说：“通明之谓圣。”[⑤]又说：“察于理之谓圣，通于事之谓知。”（《庄子解》：86）

可见，无论在孔孟，还是在庄子、荀子，圣之基本含义是在己的知能，

---

① 王先谦：《荀子集解》，中华书局 1988 年版，第 147 页。

② 王先谦：《荀子集解》，第 39 页。

③ 许慎：《说文解字》，中华书局，1963 年版，第 250 页上。

④ 罗勉道：《南华真经循本》，中华书局，2016 年版，第 286 页。

⑤ 王夫之：《尚书引义》，第 389 页。

而且这些知能要么多才多艺，要么登峰造极。比如，孔子就是因多知多能而圣，而伯夷、柳下惠则是在“清”和“和”上登峰造极。当然，圣人因“圣”而成“德”，这个“德”是圣人通过循理或合道而得。比如，《庄子·逍遥游》的神人因“神凝”而得之德；《庄子·德充符》中因忘形合天而得之德。这些德都是得之于心，都是在己的、内在的。其施于外就能够感化他人，福泽天下。所以《庄子·徐无鬼》有“以德分人谓之圣”之说。而《论语·雍也》中孔子则直接说“如有博施于民而能济众”则“必也圣乎”。

“王”许慎《说文解字》说：“王，天下所归往也。”[①]可见，王侧重的是外在的行为或治功，是对天下的治理。《老子》中对王的描述证实了这个说法。《老子》第六十六章指出，江海之所以能够为众多山谷河流之王，是因为它们在河流下方，为它们所归往。所以，一个人要为天下王，必须要守柔处后，要包容无辨，这就是“容乃公，公乃王”（老子十六章）之义。《庄子·天道》“帝道运而无所积，故天下归”、《孟子·离娄下》“天下不心服而王者，未之有也”说的也是这个意思。

许慎接着引用董仲舒说：“古之造文者，三画而连其中谓之王。三者，天地人也。而参通之者，王也。”[②]这说明王贯通天地人三界，当需通晓天地人之理。可是，非圣人不能通达天地人之理，这就要求王者必首先是圣人。所以荀子说：

> 天下者，至重也，非至强莫之能任；至大也，非至辨莫之能分；至众也，非至明莫之能和。此三至者，非圣人莫之能尽。故非圣人莫之能王。圣人备道全美者也，是悬天下之权称也。[③]

荀子指出，由于天下至重、至大、至众，非通达万物之理之人，必不能

---

① 许慎：《说文解字》，第9页下。
② 许慎：《说文解字》，第9页下。
③ 王先谦：《荀子集解》，第383页。

分辨、调和和治理天下。因此，他结论说："非圣人莫之能王。"

因此，王侧重的是外在的事功，是圣德的外部流行和应用。这就是为什么有"内圣外王"之说。《庄子·天道》篇"静而圣，动而王"则是对内圣外王的最好注释。据近人张舜徽考察，"内圣外王之道"在先秦文献中始见于《庄子·天下》。他说："盖圣者，通也，道也。王者，大也，明也。君人者，掩其聪明，深藏而不可测，此之谓'内圣'。……显其度数，尊高而不可逾，此之谓'外王'。"[①]从《庄子》的《应帝王》《在宥》等篇来看，庄子所言帝王之道与张舜徽所言的"内圣外王"相似。王夫之非常称赞《在宥》中治理天下的思想，说明王夫之对庄子的内圣外王之道也有所见，说："道止于治身，而治天下者不外乎是。"（《庄子解》：95）那么什么是庄子所谓的"内圣外王之道"呢?

根据《庄子·天下》，"内圣外王之道"指"道术将为天下裂"之前的古人的修己治理天下之道。它"配神明，醇天地，育万物，和天下，泽及百姓。明于本数，系于末度，六通四辟，小大精粗，其运无乎不在"（《庄子·天下》）。意思是，它与神明相合，与天地之运行一致，因此能够养育万物，和谐天下，福泽民人。它明晰世界之根本，通达万物之细节。无论四方上下、往古来今，小大精粗，无不为它所贯彻。由此可以推知，内圣基本上指"配神明，醇天地""明于本数，系于末度"；而外王指"育万物，和天下，泽及百姓""六通四辟，小大精粗，其运无乎不在"。

从《天下》对后人之批判也可反观"内圣外王之道"的含义。首先它批评后人"寡能备于天地之美，称神明之容"；其次，他们"譬如耳目鼻口，皆有所明，不能相通"。因此，他们只是"不该不遍"的"一曲之士"，因而使"内圣外王之道，暗而不明，郁而不发"。（《庄子·天下》）"暗而不明，郁而不发"就是使内圣外王之道受到暗塞而不易被看到，郁闭而不易被发现。

① 张舜徽：《周秦道论发微》，中华书局，1982年版，第64—65页。

以上是《庄子·天下》对古人之道的描述。随后，它指出庄子的内圣在于："其于本也，弘大而辟，深闳而肆；其于宗也，可谓稠适而上遂矣。"本就是"以德为本"之德；宗就是"以天为宗"之天。言庄子之言如果实践于身，其充实之德将宏大无量、深邃旷达。悟之于心，就可以上达而冥合于天。而庄子的外王之道在于"应于化而解于物"，也就是它能够使人们顺应变化，解脱物累，而且，它用之不竭，解脱感化万物于无形之中，使物我于不知不觉中各遂其逍遥。这就是"其理不竭，其来不蜕，芒乎昧乎，未之尽者"（《庄子·天下》）的含义。其实，"芴漠无形，变化无常。死与？生与？天地并与？神明往与？芒乎何之？忽乎何适？万物毕罗，莫足以归"，这几句话就是道或大化的描述。我们可以发现这与《天下》开头"神何由降，明何由出？圣有所生，王有所成，皆原于一"是对应的。言下之意，庄子之道是合于古人的内圣外王之道，是原于一、原于天或道的学说。因为这几句话的意思是，万物出生与归往于天或大化。人之神明、死生皆出入其中。

既然庄子以天为宗，庄子及其后学当然也视庄子为天人。所以王夫之评论说："（庄子）是以不离于宗之天人自命，而谓内圣外王之道皆自此出。而先圣之道、百家之说言其散见之用，而我言其全体，其实一也。"（《庄子解》：284—285）可谓甚得《庄子·天下》之义。

庄子对内圣外王之道的体悟在郭象的《庄子序》中也得到了印证。郭象虽然不同意庄子若周、孔等圣人达到了"感而遂通、不得已而后起"的境界，但是他首肯庄子"知本"。这个"知本"就是"通天地之统，序万物之性，达死生之变，而明内圣外王之道，上知造物者无物，下知有物之自造也"[①]。意思是，庄子知道以天为宗，以化为常，因顺自然，成己成物。由于庄子知本，所以其学说有无穷无尽的感化能力。它能够"畅乎物宜，适乎民愿"，它能够"弘其鄙，解其悬，洒落之功未加，而矜夸所以散"。[②]意思是，

① 郭庆藩：《庄子集释》，中华书局，庄子序。

② 郭庆藩：《庄子集释》，庄子序。

它使万物各得其所，使民众各遂其愿。使民众在不知不觉中去其鄙俗，超越物累。可见，郭象之赞扬基本上是《天下》篇对庄子学说描述的重述。

第二节 《庄子解》中的内圣

在第八章我们已经讨论了神人、圣人等理想人格，也就是达到内圣的手段。这一节我们只谈神人等如何处理自身以及与自己相关的外物，可以说是内圣在自身的体现或效用，至于神人对天下的治理将于下节讨论。

一、逍遥

王夫之解释逍遥，说："逍者，向于消也，过而忘也；遥者，引而远也，不局于心知之灵也。"（《庄子解》：1）"向于消"，是消除自己的期必之心，事过则已，目的不达也不再执着。这样，就能安于所遇。蜩与莺鸠没有期必之心，能飞到哪里，就落到哪里；飞不到就落在地上。因此，王夫之称它们为"逍"。"引而远"，就是将自己的心知扩大，不为自己目前所知局限，认识到世界上自己不知的事物存在的可能性。王夫之从逍和遥两个方面解释逍遥，有他自己的深意。逍而不遥，安于所遇，拘于自己的见闻，则沦为少闻寡见、得过且过的蒙昧之人。遥而不逍、宏大其志、志在必得，则落于不切实际、宽泛空疏，缺乏切身的体验。

在王夫之看来，神人兼备逍和遥两个方面，首先，神人安于所遇，没有期必之心；其次，神人不拘于自己的心知之狭，认可外在事物的各种可能性。因此，神人可以坦然面对一切，接受一切，保持心境的平和舒适，达到逍遥。他说：

若夫"乘天地之正者"，无非正也。天高地下，高者不忧其亢，下者不忧其污，含弘万有而不相悖害，皆可游也。"御六气之辨"，六气自辨，御者不辨也。寒而游于寒，暑而游于暑，大火大浸，无不可御而游焉；污隆治乱之无穷，与之为无穷；则大亦一无穷，小亦一无穷；乡国可游也，内外荣辱可游也，泠然之风可游也，疾雷迅飙、烈日冻雨可游也。己不立而物无不可用，功不居则道无不可安，名不显则实固无所丧。为蜩、莺鸠，则眇乎小而自有余，不见为小也。为鲲、鹏，则赘乎大而适如其小，不见为大也。是乃无游而不逍遥也。（《庄子解》：5）

"乘天地之正者"，指神人。神人没有分别之心，与大化同流，因此所行无往不恰到好处。即使天高地下，神人处高不忧其突出，处下不忧其污浊，能够包容万物于心中，使万物各得其所，不相互伤害。这样，神人无处不可遨游。"御六气之辨"，指神人乘大化之气。六气虽然有寒暑风雨明晦之不同，神人却不加区分，不褒此薄彼。因此，神人遇寒而安于寒，遇暑而安于暑，即使大水、大火到来，也安然处之。淤隆治乱大小变换无穷，神人也与之一道变化无穷。因此，乡国、内外、荣辱、风雷、寒暑无不可游。没有固执、不区分物我，万物都可以为我所用；不矜示功劳，随处都可以安身乐道；不显耀名声，就不会丧失本真。这样，做蜩、莺鸠，虽然小而宽绰有余，因为没有觉得小；做鲲鹏，虽然很大而实际上与小无异，因为没有觉得大。这样，才可以游皆逍遥。

这里，王夫之指出，神人逍遥的原因在于无己、无功、无名，将庄子的三种人合而为一。神人无己，则可以以万物为己，可以安于所遇。无己则没有成见，没有成见就可以接受一切可能发生的现象和一切自己本来不知的东西，就可以不局限于自己的心知。可见，这一段话从逍和遥两个方面论证了神人的逍遥。例如，无高下是非的分别，视万物为一，就可以安于所遇，达到逍；包容万物，不惊于小大的不同，寒暑风雨等皆可以安然受之，则不固执自己的成见，超越心知之灵，就是遥。

神人逍遥的本质是无己，是不分别万物，随遇皆安。反映在神人与万物的关系上，就是神人和万物各自安于自己的性分、职分，自得其乐。王夫之说：

> 尧不以治天下为功，尧无己也。庖人游于庖，尸祝游于尸祝，羹熟祭毕，悠然忘其有事，小大之辨忘，而皆遂其逍遥。（《庄子解》：6）

尧不居功，没有功名在人在己的分别，只是尽自己的职分而已。这样，尧与臣下各自安于自己的职分。厨师做他的厨师，尸祝做他的尸祝，各自干好自己的事务，不以自己的作为居功，忘记大小贵贱等差别，就能各自逍遥其乡。

可见，王夫之所谓的逍遥本质上是安于分命的逍遥。身处人间，尽了为人父、为人子、为人君、为人臣的义务，不分外相求，就可以逍遥。生于天地之间，遇到美、丑、全、残、富贵、贫贱等也是自己的分命，安然处之，就是逍遥。这样，王夫之实际上是以儒家的安素解释庄子的逍遥的。这一段还显示出，神人逍遥，他人、万物也各自逍遥。这是因为万物各有自己的分命，神人安于自己的分命，不干涉万物，万物也自然安于自己的分命，从而各得其所。

进一步，王夫之明确指出，神人逍遥，从而使万物逍遥的本质就在于神人顺应万物的性命，不加干涉。同时，也暗示神人的逍遥与万物的逍遥是相互为一，不可单独获得的。不存在神人逍遥，万物不逍遥的情形。王夫之说：

> 物各有所适，适得而几矣。唯内见有己者，则外见有天下。有天下于己，则以己治天下：以之为事，居之为功，尸之为名，拘鲲鹏于枋榆，驱蜩鷃于冥海，以彭祖之年责殇子之夭，皆资章甫适越人也，物乃以各失其逍遥矣。不予物以逍遥者，未有能逍遥者也。唯丧天下者可有天下。任物各得，安往而不适其游哉！（《庄子解》：7）

这段话的意思是，万物各有自己的适好，达到这个适好就够了。只有内心有我的人，才看到外边有天下。怀有天下于心中，就会以自己的知见治理天下。这样，以治理天下作为自己的事务，以治理的成绩作为自己的功劳，执定这些功劳卖弄名声。这种治理将鲲鹏拘束于榆树枋树之上，驱使小鸟去飞跃冥海，以彭祖的年寿要求夭折的婴儿，皆是背着帽子到不需帽子的越国售卖的行为。这样，导致万物失去逍遥。不让外物获得逍遥的人，自己也不能逍遥。只有忘记天下于心的人才可以有天下。因任万物，让他们各得其所，到哪里不舒适呢？

可见，万物各有自己的性命所适，只要满足这种适好，万物就可以逍遥。那些有物我分别，强迫万物适合于某种模式的行为，都只能使万物失去逍遥。万物失去了逍遥，自己也不会逍遥。只有无己无物，让万物各自发展自己，才能获得逍遥，也才能使万物逍遥。

所谓万物各有自己的适好，表现在外就是万物各自的功用和性分。例如，人生活在陆地，鱼生活在水中，鸟翱翔于空中。但是，王夫之认为，使万物可以逍遥的还不止这些，还包括这些事物对人的功用，例如，牛鼻可穿，为人耕种；马头可络，供人乘骑。王夫之认为，事物只要能够满足这些功用，就可以说达到了逍遥。他说：

> 五石之瓠，人见为大者；不龟手之药，人见为小者；困于无所用，则皆不逍遥也；因其所可用，则皆逍遥也。（《庄子解》：8）

由此可见，王夫之的逍遥既继承了庄子神人“无己”“无功”“无名”的一面，从而使万物各自发展自己，又有自己的发挥，就是以儒家的功用论解释逍遥，为儒家的人为、人道找到了地位。

二、两行

神人无己，不执着于是非的分别，是任其是，非任其非，不是此非彼，这就是“两行”。“两行”出于《庄子·齐物论》，指圣人混同是非，与天均为一。但是，王夫之与庄子虽然同样谈论两行，二者的内涵却有不同。庄子注重是非的混同，不可执定，结论是没有是非，从而达到是非皆可。王夫之注重不执着于是非的分别，认识到是非的变化的可能性，从而揭示出是非的现实存在。因此，王夫之注解庄子的“两行”说：

> 时过事已而不知其然，则是可是，非可非，非可是，是可非，休养其大均之天，而不为天之气机所鼓，则彼此无所不可行矣。无不可行者，不分彼此而两之。不分彼此而两之，则寓诸庸者，彼此皆可行也，无成心也，不劳神明为一也，不以无有为有也。（《庄子解》：19—20）

“天之气机”指人成形之后之呼吸和因呼吸而发出之声音语言。王夫之认为，安于所当为，不追求如此做的原因，就可以安然接受眼前的一切，任凭是非变换，而自己与大化为一。这样，彼此是非皆可以任其存在。这就是两行，也就是寓庸。明白这个道理，就可以去除成心，不劳心伤神地去追求一致，也不会以虚假作为真实。王夫之强调的是去除成心，顺从大化，承认是非各自存在的合理性，而不是执定自己的是非观念，强迫别人认同，追求一致。可见，两行的概念通过王夫之的解释，具有了辩证统一的内容，已经超越了庄子固有的直接泯除是非的单调性。

接受是非存在的合理性，同时又承认是非的变幻不定，就不会执着于是非。如此以对待是非，就是两行；以这样的态度以对待万物，就是寓庸。其实，庄子提出“寓诸庸”也是为了任凭是非、然否各自存在，而我不入于其中。但是，王夫之却发挥了“庸也者，用也”（《齐物论》）的思想，以“用”作为万物的功用或特性，认为只要万物各自获得其功用或特性，就可以各畅其性，各自得到实现。王夫之说：

> 夫缘用而体始不可废，如不适于用而立其体，则骈母枝指而已。达者不立体而唯用之适。用爱于亲，不待言无事于兼也，爱亲而已。爱有可兼，不待言无私于亲也，兼爱而已。用乎其不得不用，因而用之，

其用也亦寓焉耳。适得而几，奚有于自立之体哉？故言可已也，因乎彼此而通之，用无不适，而言可已矣。已适而用亦可已矣，知亦可已矣，如寓者之不留于逆旅。又何必于儒墨之外别立一宗哉？（《庄子解》：19）

意思是，只有依靠功用，本体才能持续存在；如果立一个没有功用的本体，这个本体只能是多出的赘肉或手指。通达大道的人不先立本体，而是根据功用的需要而设立之。当需要爱亲，就一心爱亲，不必考虑兼爱；当需要兼爱，就一心兼爱，不必考虑爱亲。一切根据需要而行，功用就会像旅客住宿一样随着需要的消失而中止。功用发挥了，自然可以停止，知识分辨也是如此。这样，功用的变化也就像旅客住宿不断更换一样，不可执定，得当就行。以这样的方式对待儒墨，即儒墨就可以见“道”，并不必于儒墨之外再立一个“道”。

这里，王夫之指出了神人寓庸的思想，可以说是两行的继续。但是，它不但指出了神人对待儒墨是非争论的态度，还指出了神人处理事物的方式。这就是一方面要接受现实，安于己分，诚心于自己的事务；一方面又要意识到未来的各种可能性，不固执而失去变通。虽然变通，但是并不是刻意于所用之外标新立异。由“又何必于儒墨之外别立一宗哉”一句话可知，王夫之对庄子非毁儒墨，自立于儒墨之外以齐同物论，颇有批评的意思。

王夫之对庄子的两行与惠施的“统同”也做了区别。在王夫之看来，庄子的天均是真正的道，是大化，因为庄子无所执着，没有是非。惠施“统同”，虽然也自以为不辨是非，全部包容各家学说，但是，这种包容本身就是惠施的是，所以惠施又入于是非之中。惠施之所以包容各家学说，不执定是非，是因为惠施看到是非变幻不定。但是惠施却认为这些东西都可以保存下来，相互比较，以说服人不执定是非。例如，今日人穿棉衣，他日人穿单衣，惠施便以单衣驳斥人家穿棉衣的是，又以今日穿棉衣驳斥人家穿单衣的是。这样，惠施执定是非两端，认为是可以说成非，非可以说成是，以此变换无穷，以此穷竭百家的辩论。王夫之说：

惠施之说，亦与庄子两行之说相近。然其两行也，无本而但循其末，以才辨之有余，毂转而屡迁；人之所然者可不然之，人之所不然者可然之，物之无者可使有，有者可使无。（《庄子解》：286）

可见，王夫之同样认为惠施没有明白大道，没有认识到什么是天均，更不可能及于大化。所以，惠施只是玩弄言辞上的技巧以混同是非，以显示自己的才辩。但是，他不执着于是非这一点，仍然是可取的。因此，庄子以惠施为可以斫削之才。其弊病就在于他总是执定一个标准去反驳别人的标准，而不能任自己的是与别人的是同时存在，彼此相忘于道术。所以，王夫之说：

游六合之外以游其内，则无一而可也。无可乃无不可。执一可以不可人之可，不如皆可。然非能无可以化其不可，则惠子之垩也。（《庄子解》：217）

“游于六合之外以游其内”，指神人与天为一，无不可游，无所执定。无所执定才能无不可执定。惠施则是：执定一个可，以否定别人的可，不知道自己和别人的可都可以存在。惠施的缺点就在于，他不能以无所执定的态度，化去自己对别人的否定。言下之意，惠施还没有理解真正的两行。

第三节　《庄子解》中的外王

一、寓庸

寓庸首先出现在《庄子·齐物论》。在讨论了可与不可、然与不然没有固定标准，大小、美丑、成毁等都是一体而没有必然的分别之后，庄子说："凡物无成与毁，复通为一。唯达者知通为一，为是不用而寓诸庸。庸也者，用也；用也者，通也；通也者，得也。适得而几矣。因是已，已而不知其然谓之道。"（《齐物论》）庄子的目的在于揭示，从道或万物整体的角度来看，没有什么可否成毁。一旦一个人明白大道，明白万物是整体的一，就不会用自己的知见分别来划分万物，而是顺应万物各自的功用来对待万物。这样，万物就能相通为一，就能各自成就。明晓这个道理，就是得道。

这段话的关键在于对"不用"和"寓诸庸"的理解。郭象注曰："夫达者无滞于一方，故忽然自忘，而寄当于自用。自用者，莫不条畅而自得也。"[①]观郭象之义，达道之人无所执着，忘己忘物，故能任物自用而各得其所。"不用"是不用己之知见，无己无执；"寓诸庸"是"寄当于自用"，即任物自用。实际上也就是因任万物之自然。

王夫之接受了庄子寓庸的思想，认为以寓庸的方式对待物论，使庄子的学说超越于百家之上。他在批评了物论之后，提出齐同物论的方法，说：

> 因之而生者，因之而已，不与之同，不与之异，唯用是适；则无言可也，虽有言以曼衍穷年，无不可也。不立一我之量，以生相对之耦，而恶有不齐之物论乎？此庄生之所以凌轹百家而冒其外者也。（《庄子解》：10）

意思是，任物论自生自灭，不入于其是非争论之中。只按照它们的功用来对待它们。这样，可以无言，也可以有言。无我以应天下，无是非对立以对待物论，又怎么会有不齐的物论？正是如此，庄子超越百家，独树一帜。

可见，在王夫之看来，庄子之所以超越百家在于庄子能够虚以应物，任物自为。以此来对待物论，自然超越物论之上，而不堕于物论之中。所谓

① 郭庆藩：《庄子集释》，第72页。

“因之而生者，因之而已。不与之同，不与之异，唯用是适”，就是寓庸。但是，王夫之还对庄子和郭象的任物自用思想有所发挥。从他的注解中可以看到，他加入了安于所遇的思想。这在“两行”之中已经有所论述，兹略。

王夫之进一步为寓庸定义说：

> 有以者，皆有用也。寓诸庸者，非无用，而不挟所以，以自伐其美以为用。（《庄子解》：46）

“有以”，指依恃自己之功用或特长。“寓诸庸”，指不是不用己能，而是在用己能时去掉自矜之心。接下来，王夫之通过“栎树为社”解释说：“唯不挟其有用以用于人，则时而为社，亦不得已而寓诸庸，毁之不怒，誉之不喜。”（《庄子解》：46）可见，不挟所以，就是不挟其有用以用于人，或者说不若果木之自矜其用。安时安命，能为社则为社，不能为社也怡然自得。然而，从王夫之对“不材之散木”和支离疏的评论来看，寓庸又非仅仅去掉自矜之心，还应当包括去除对外物的期必之心。故他说：

> 不材之散木，固未尝有悦生恶生之情；支离疏者，亦未尝以避武士、大役而毁其形。任其所固然，而安于无可奈何，则卫君之暴，齐楚之交，蒯聩之天杀，无不可支离于其侧。（《庄子解》：46）

“支离”，成玄英解释说四肢离拆。意思是其四肢不像常人那么对称协调，犹形体残疾之状。因支离疏形体支离，所以能保全自身。王夫之进一步推论说，如果一个人无悦生恶死之情，安于所遇，就达到了“忘德”，就是“支离其德”。这样，散木、支离疏皆对不材、毁形之结果无所期必，随遇而安；而颜回、叶公子高也就可以因任事物的本然，安身乐命，即使遇到残暴的卫君蒯聩、难办的外交事务，也能够无所惊惧，安然处之。

因此，寓庸从其内在方面来说，就是去掉自矜之心，安于所遇，如散木之为社、不为社皆可。从其外在方面来说，就是去掉期必之心，任物之自然，如支离疏之于兵役无知于心。无论内在或外在方面，其要皆在于无执。无执之要在于心虚。合此二者，在己可以全身，游于人间；应用于天下，可以使万物各得其所。王夫之称之为全人应物之方。

可见，寓庸不是无所作为，而是主动地安时顺化。这就是王夫之所说的此刻为尧，则安于治理天下；此刻为尸祝，则安于祭祀之事；此刻当喜，则喜，此刻当怒，则怒。这样，不以自己的标准强加于外物，因此能够化成天下，无为而无不为。

在达到“寓庸”的手段上，王夫之首先分析了人之所以不能寓庸，是因为人有成心、有固执。去除成心、固执就可以寓庸。

> 苟无所知，则事至乎前，不容不踌躇矣。因事以踌躇，则必每一事而一理，是不得已之寓庸。（《庄子解》：241）

“踌躇”，犹豫不决，不自信固执。如果无所知，事情来临之际，就不得不踌躇而不自信。这样，就会根据每一件事情的实际情形，顺应事物之理行事。这就是不得已之寓庸。

在王夫之看来，人能寓庸，则可以应帝王，可以在宥天下，无为而使天下得到治理。但是王夫之又反对彻底的无为。在他看来，人生于世，自有人生的意义所在，如果说无为可以成就一切，那么无知之死物可以成就一切吗？因此，寓庸并不等于无知无为，其中心含义在于无执顺物。王夫之称之为“循斯须”，说：

> 夫斯须之循，不得已而应之。平气顺心，而喜怒未尝不可用。则寓庸者，因是以循斯须之当，而特不执之以为至当。（《庄子解》：210）

可见，“循斯须”就是因物而为，因时制宜，为而皆当于事物之理。此合于《论语》所云：“夫子时然后言，人不厌其言；乐然后笑，人不厌其笑；义然后取，人不厌其取。”（《论语·宪问》）可见，循斯须实际上就是孔子的“君子而时中”（《中庸》）。

人能够“循斯须”就可以化成天下。王夫之说：

> 且夫臧丈人之治，亦循其斯须而已。人可群则群之，不树君子以拒小人；德可成则成之，不私仁义以立功名。因物情之平而适用，不规规于黄钟之度量以为庾斛。其为道也，可行而不可言、可暂而不可执，乃以该群言而久道以成化。（《庄子解》：181）

“因物情之平而适用”也就是因任万物的实际情形而加以利用。臧丈人的治理，也只是顺应事物的发展变化而已。人可以聚集则聚集之，不树立君子以拒绝小人。德可以成就就成就，不私施仁义以建立功名。因任事物的实情加以利用，不执定一个标准来齐同天下。这样的治理方式，可以行之于天下但不可言说，可以暂时一用却不可执定为恒久之真理。这样，才可以包容众言，使合于大道，化成天下。

其次，王夫之认为寓庸还可以止息物论竞争，使人们归于平和。在他看来，人们各自私己见，不能相从。寓庸者，通晓“知不可以测道”之理，弃知而不用，不屑于物论之争。不争则欲争者失去其争论对象，久之，自消解于无何有之中。

> 唯任其不齐，而听其自已；知其所自兴，知其所自息，皆假生人之气相吹而巧为变；则见其不足与辨，而包含于未始有之中，以听化声之风济而反于虚，则无不齐矣。（《庄子解》：10）

任物论之不齐，不与争辩，让它自生自灭，就是以寓庸的方式对待百家的争辩。所谓“包含于未始有之中”，就是以道或天的胸怀来包容物论，让它自我穷尽。这样，就像风起窍鸣，风止鸣亦止一样，物论也随着人之争胜之气的消解而停止。物论都停止了，则不用齐物论，物论自然齐一。

明于物论之生乃人们因有所恃而以气相激而致，故虚中以待之，使彼自失其发动之机缘，则自消解其成心固执，这样便达到了化人的结果。所以，王夫之说：

> 圣狂在彼，而虚以待之者存乎我；皡天之所以化物，伏羲几蘧之所以化民，皆此而已矣。（《庄子解》：40）

可见，寓庸可以消除人之成心、愤怒之气，而使人化于无形之中。苟如此，至人寓庸以化天下，则天下常保其清明平和，其为相天之功莫大矣。

二、在宥

“在宥”出于《庄子·在宥》。在庄子看来，在宥是治理天下的方式。从“闻在宥天下，未闻治天下也”这句话来看，在宥这种治理方式与有为的治理是相反的。接着，《在宥》篇指出了在宥的优点，这就是以在宥的方式对待天下，能够使天下人“不淫其性”“不迁其德”，或者说能够使天下人各自享尽天年，实现自身。天下人既然各自性命得到正常的发展，也就不需要治理，否则要么是多此一举，要么反而造成伤害。从其结论“天下不淫其性，不迁其德，有治天下者哉”可见，在宥的结果是不治天下，即以无为的方式治理天下。

《在宥》篇首段述说了尧、桀治理天下只能导致天下失其性命之情后，得出：“故君子不得已而临莅天下，莫若无为。无为也，而后安其性命之情。”（《在宥》）可见，在宥的确是以无为作为君临天下的手段。但是《在宥》没有具体解释“在”“宥”各自的含义，王夫之却于此处有他自己的发挥或见解。

王夫之认为“在宥”的含义不仅是无为，更侧重人心的包容、任物。就这么一点改变，却体现出了人的主体性，使庄子的无为所具有的冰冷、无所作为的色彩尽去。宣颖对“在宥”的解释或许可代表庄子的原意，宣颖说：“在，存也，听其自存，不乱之也。宥，宽也。容之宽然，不驱之也。”①宣颖的解释侧重任物自存，宽然容物，不加干涉，而且这个物是自然之物，却不管在我之心境。我之心要么是被动的无所作为，要么是主动的顺物自然，都不论，只要能听任万物，不加扰乱就是在宥。可以说，这种解释还没有把慎到的对待万物的方式剔除出去。王夫之的解释就不同了。王夫之说：

> 在之为言存也，不言而存诸心也。是焉而在，非焉而在，利焉而在，害焉而在；不随之以流，不激之以反，天下将自穷而不出于环中。宥之为言宽也。是焉而不以为是，非焉而不以为非，利者勿使害，害者不为之利，天下宽然足以自容，而复其性有余地。在之宥之，则无为而无不为矣。（《庄子解》：90）

王夫之认为，“在”就是保存，就是不说出去，藏在心中。当然，人们不可能将有形的天地万物藏在心里，所能藏的只有对天地万物的认识。接着，王夫之就具体指出所藏的内容，这就是是非、利害等观念。当然，将是非利害藏于心不表现于外，并不是说伺机趋利避害，而是不以是非利害引导天下，使天下失去其本来的发展轨道。“不随之以迁流，不激之以反”的“之”，指天下人。意思是对天下不加干涉，任其自为，那么，最终天下万物都会复归于道。可见，“在”的含义，在我是包容是非利害等各种知见于心中而不显露；在外则是任物自为而不加干涉。“宥”就是宽容而不固执，其内容也仍然是知见是非。不执定是非，不分别利害，那么，也就不会有什么

① 宣颖：《庄子南华经解》，见严灵峰编辑《无求备斋老庄列三子集成补编》第34册，台北：成文出版有限公司，1982年版，第292页。

标准显示于外，更说不上强加标准于天下。这样，天下万物各自按照自己的标准、性命发展，就能够复其性命的本来面貌。因此，“在宥”是王夫之的内圣外王之道，在这里，内圣与外王得到了自然的结合。在己能够在宥，在外就能够使天下安于性命之本然。

在对“在宥”的解释上，王夫之侧重的是心对知见是非等的包含和不固执。这个知见是非不仅包括世俗之知见是非，还包括对道的体任或领悟。简单地说，“在宥”就是含，就是《齐物论》中的“圣人怀之”。要达到这个地步，王夫之要求“凝神”或守神，避免外物对神的干扰。他说：

> 吾身固有可在天下、可宥天下者，吾之神也。贵之爱之，弗摇之以外淫，而不与物迁，则五藏保其神明，聪明自周乎天下。龙见雷生，物莫能违。合天下于一治，而阴阳自得其正矣。（《庄子解》：93）

意思是，如果我能贵爱自己的神，不逐物丧己，保持好自己的神明，我的聪明就会照耀天下。我就会有尸居而龙见，渊默而雷声的感化能力。从而使天下得到治理，阴阳各得其正。为什么呢？因为我之神就是天之在我者，而天本身就具有在宥天下万物的能力，因此，养神自然可以合天，也自然可以在宥。但是，为什么古往今来的帝王很少有能够在宥天下的呢？王夫之解释说：

> 乃人所以亟于治天下，而不能在宥之者，有故焉。身之未正，心之未宁，嗜欲积中而天机外荡，忘其有涯之生而侈无涯之知，心与身不相谋，形与神不相浃，舍其身以汲汲于天下，为功名而自盖覆其所不正，摇精以逐阴阳之末流，役其见闻觉知以与物相斗，如浮气聚于太虚，为云以雨，将谓以泽万物，而不知适为沴也。（《庄子解》：90）

意思是，人不能在宥的原因在于心神对外物的追求，在于内心有嗜欲，有知见分别，进而有显示自己的智慧功名于天下的自矜之心。心怀功名，与物相斗，虽意欲福泽万物，结果只能是适得其反。这就要求，君主要在宥天下，首先要去除嗜欲，其次要去除知见分别，包括显示自己得道的心思。

君主要去除嗜欲，是因为君主掌握着使天下人贫富荣辱的资源，一旦显示出其好恶，天下人就会被其好恶扰乱而不能安宁。君主喜悦则会使天下人奔向快乐利益之途，而失去本性之恬淡；君主发怒则会使天下人处于恐惧之中，而失去常态。但是，这并不是说君主不可以有喜怒，而是说，君主的喜怒应该以天的喜怒为准则，天主于阳则君主用喜，天主于阴则君主用怒。王夫之说：

> 夫阳有至和，阴有至静。至静以在，至和以宥，而其发为喜怒者，乃阴阳之委也。（《庄子解》：91—92）

意思是，阳和阴静，阳包容而阴任物自为，君主之喜怒就应当合于阳生阴杀，而不应当自作主张。可见，君主的喜怒只是阴阳变化在人的自然表现，这才是正当的喜怒。离此以外，凭借一偏的知识好恶而生的喜怒都是不正当的，都应当去除，都只能导致天下的混乱。

当然，君主有不当之好恶之原因是因为君主自恃其知见，欲向他人炫耀。这就要求君去除知见分别。王夫之说：

> 知去则心不撄，心不撄则天下无可说，而己无可为。人之心不待安之、抚之、养之、遂之，而自无所撄也。（《庄子解》：95）

可见，去除自己的知见，不以知见扰乱自己的心神，则不向天下显示自己的喜怒，天下人也不会因为我而产生喜怒的情绪。这样，我无事可为，天下的人心不需安抚而自然处于宁静之中，不需养护而自然得到养护，这就是治理天下。

去除知见不仅仅是去除个人对外物的耳目心知等知识，还包括对“道”的知见。这是因为，道不可言，以言语标榜道，所标榜言说的已经不是道，反而退变成有形有象的一个物，王夫之称之为“法”。这个“法”就会被天下人执定为工具，从而祸害天下。

察于理之谓圣，通于事之谓知。理无不在，事有迁流，故圣知之所知，含之于心，而不可暴之为法者也。以是为法而蕲以止盗，即操我之戈，入我之室。（《庄子解》：86）

这段话的意思是，圣知是对事理的明了通达，但是这种明了通达只能含藏在心中，在处理事务中具体运用，而不可显示于天下，制定为一定的法则。以这种法则来制止盗贼，只能导致自我伤害。

因此，王夫之得出结论，圣人即使有智慧，也不能显示于天下，必须含藏于心。不要认为自己显示出来就能够拯救天下出于苦海。遗留陈迹法则于天下，只能祸害天下。从这层意义上看，在宥就是对知识和大道的包含和怀藏，去除自矜之心，就是《齐物论》中的“圣人怀之”。

三、应帝王

“应帝王”本为《庄子》篇名，其意是一个人悟了大道之后，就可以“应帝应王”[①]，或“应为帝王”[②]，帮助天下反乎太古之世。在讨论王夫之的观点之前，我们先看庄子如何讲述帝王的产生。《庄子·知北游》“孔子问于老聃”这则寓言在论述了“道”之后，说：

中国有人焉，非阴非阳，处于天地之间，直且为人，将反于宗。自

① 宣颖著，周学熙编：《南华经解选读》，第133页。

② 郭庆藩：《庄子集释》，第287页。

本观之，生者，喑噫物也。虽有寿夭，相去几何？须臾之说也，奚足以为尧、桀之是非！果蓏有理，人伦虽难，所以相齿。圣人遭之而不违，过之而不守。调而应之，德也；偶而应之，道也。帝之所兴，王之所起也。

这段话的意思是，在中原有这样一个人，他不偏于阴，也不偏于阳，处在天地的中间，只不过姑且顺从造物来做人罢了，他很快就要返回到造物的初始。从本原来看，人生只不过是气的聚合。虽然有长寿和夭折，又能相差多少？所差也只不过顷刻之间，哪里来得及评判唐尧、夏桀谁是谁非！瓜果各有自己的生长规律，人类的次第关系较为复杂，但是仍然可以按年龄排序。圣人遇到这些就顺从，事过不留于心。调和以顺应，就合于德；无心以顺应，就合于道。道德就是帝王兴起的根本。

可见，道德就在于和合顺应万物，不立己见，不执是非。只有合于道德的人，才能成为帝王。像中原这样的人，就是与道合一的人，他以生死为气之聚散，不足分别；更不用说寿夭，更不用说人间的是是非非。他即使遇到世间的事务，也只是无心以顺应，过而不执。可见，帝王的本质在于：体道德于身，无心顺化，无为任物，而不是今人所说的玩弄权力。

《庄子》其他篇章也同样指出帝王的实质在于得“道”。如《庄子·在宥》广成子在为黄帝讲述了“至道”之后，说：“得吾道者上为皇而下为王，失吾道者上见光而下为土。”意思是得到至道，上可为皇帝，下可为王侯；失去至道，生时见到日月之光，死后沦为泥土，冥昧之人而已。这里，皇、王的含义其实一样。又《庄子·天下》：“圣有所生，王有所成，皆原于一。”一就是道，就是天。圣、王之所以为圣、王，是因为他们与道为一。这里的王统指皇、帝、王。

王夫之基本上接受了庄子对帝王的界定。首先，他认为只有体道才能为天下的君主。他说：

唯独有而后见独，见独而后其见闻皆独，大小、长短、修远皆不出其所在而为其所宥；故无求不可供，忽然勃然，驰骋百为，而过而去之，以不迷于所宿。若然，则通于一而不屑通于事，以天道为天德，无为而为天下君者也。（《庄子解》：103）

所谓“独有”[①]，就是“有其无物”，就是虚心，就是颜回所说的“坐忘”，心中一无所有。能够如此，可以包容万物，包容天下。“见独”，出自《庄子·大宗师》，就是睹见大道。在王夫之看来，只有虚心才能睹见大道。睹见大道之后，所见所闻不再执着于物象的分别，混同为一，因此说“见闻皆独”。这样，大小、长短、修远等均为体道者所包容，而各当其用。因此，体道者能够圆应万物，虽然有各种各样的举动，也都是应物而发，事过之后，仍能复归于道。这样，体道者不执着于事务，无为而成为天下的君主。

可见，帝王的实质就是天德、无为。这样，所谓的帝王不是若后世皇帝那样以兵、刑等主宰天下，而是通过体道合天来主宰天下。虽然有主宰的实质，却没有主宰的行为，因为主宰天下的方式就是无为而顺物。

王夫之对《应帝王》篇名的解释更能揭示出他对帝王的理解。王夫之说：

应者，物适至而我应之也。不自任以帝王，而独全其天，以命物之化而使自治，则天下莫能出吾宗，而天下无不治。非私智小材、辨是非、治乱、利害、吉凶者之所可测也。（《庄子解》：70）

“应”，就是应和。就像人叫你，你答应一样。不自己标榜为帝王，独自成全自己的天性，就能够主宰万物的变化，使万物各自得到治理。这样，天

---

① 《庄子解·在宥》：“独有者，有其无物者也。有其无，而有者无穷，其于大物也，蔑不胜矣。有其有，则且以所说者为有，而仁义之名归，道德之真丧矣。”（《庄子解》：99）意思是虚心而无执，冥合大道，则能有其“大物”。否则，有所执着，则不能体天合道，而落于仁义等小成。

下都不能越出我的根本，从而使天下得到治理。我的根本就是天，就是道。这是凭智力分辨所不能知的。

“独全其天，以命物之化”，就是通过保全自己的天性达到主宰万物。这其实也是《中庸》尽己之性以尽物之性，从而达到赞天地之化育。世俗所谓的帝王，凭借武力自封为帝王，那么武力不及的地方，他必然不能发号施令。即使武力所及的地方，帝王也只是徒有其名，而没有其实。为什么呢？凭武力胁持天下，与天下处于对垒之中，时刻担忧他人篡夺宝位，终生生于恐惧忧患之中。名义上为帝王，实际上不异于囚徒。因此，帝王不是有为、有心之人可做的。真正的帝王，无为而顺物，无心而任天，与阴阳大化合一，而成为天地万物的宗主。这样，虽没有帝王的名称，实际上已经有了帝王的实质。这就是王夫之所说的帝王。

因此，所谓的“应帝王”，只是顺应时势，暂且充当帝王而已。时过则已，没有任何留于心中。庄子认为至德之世，君主只像树顶露出的树枝，民众就像无拘无束而漫游的野鹿。君主只是起到标志记号而已，没有什么治理天下的行为。王夫之说：

> 应帝王者，以帝王为迹，寓于不得已而应之。不招物之来，物将不来。物不来则反而自能其事，澹漠之德，功化莫尚矣。（《庄子解》：72）

所谓“以帝王为迹”，就是以帝王之职任作为时势所需的一时之物，时势已过，则沦为陈迹，不再留滞于心。无心招引外物，任万物自能其事，这就是最大的功劳。因此，庄子说：“帝王无为而天下功。”（《庄子·天道》）

由以上论述可知，帝王的实质在于合于道德，以天为宗。王夫之有时称天为“天均”，认为只有合于天均，才能因应帝王之任。他说：“小大一致，休乎天均，则无不逍遥矣。”然后“帝王可应而天下治”（《庄子解》：1）。又说“以大宗为师”则“帝王可应”。（《庄子解》：65—66）“以大宗为师”，就是效法天，与道为一。

至于如何体道？王夫之认为在安遇顺化。他说：

> 真体道者，生犹是也，死犹是也，隐几昼暝，慢訑于道论，则虽与中国为人，亦遭之以不违而已。（《庄子解》：191）

“与中国为人”，暂时于中原做人。“慢訑”，傲慢自得。真正体道的人，生死、坐卧、言行，无不合道。即使暂时做人，也安于所遇，无违背之心。

在己能够安遇顺化，在天下就能够因物，任自然，从而使天下各畅其性，各得其得。这样，才能化成天下，引导天下从混乱中走向治理。他说：

> 皇治皇之天下，帝治帝之天下，王治王之天下，皆遽庐也。时已去而欲止之，怀遽庐以为安居，变易人之性命，而道壅不行，恶足以及于化哉！顺其自然，则物固各有性命；虽五伯七雄之天下，可使反于其朴。盖我与物皆因自然之化而生。不自立为人之标准，风且为我效化，而无待于雌雄。（《庄子解》：131）

这里，王夫之强调，皇、帝、王都是因时制宜治理天下的。不明白这个道理，以皇、帝、王的治理方式作为万能的真理，强加于人，必然导致天下人的性命受到伤害，使大道不得顺畅地流行，更不用说感化天下了。只有顺应万物的自然之命，使万物各安其性命，才能化成天下。即使像五伯七雄争夺纷攘的天下，也会逐渐恢复到朴素无争的状态。这是因为我与天下都是自然化生，顺应自然，我与万物都相通为一，因而可以互相感动。即使风也会被我感化，更不用说有雌雄分别的人类。

为什么要顺应万物之自然，天下就可以得到治理呢？王夫之认为，天地万物本来就具有自己保护和养活自己的能力，不需要外来的指导或干涉。他说：

> 凡所以治人者，皆式乎己之正以行；河海自深而凿之，山自高而负

之，徒劳已耳。夫民，则无不确乎能其事者：农自能耕，女自能织，父子自亲，夫妇自别；忘乎所以然而能自确，害自知远，利自知就。鸟鼠岂待我之出经式义，而始能避患哉？物确然者不昧矣。我奚是乎？物奚非乎？应其所不得不应者，寓诸庸而已矣。（《庄子解》：71）

这段话指出，有心治人、治理天下者，只不过是以自己所认为的准则让大家遵循，其实这种准则是不适合天下万物的。这就像河海不需挖深，却要去挖深；山峰不需垫高非要去垫高，多此一举。事实情景反而是这样，人们都有自己的能力，都能自己做自己的事情，并不需要你去告诉他们如此如此。就连鸟兽老鼠等也自然知道趋利避害，哪里用得到你去指导。可见，世界不需要你去劳心苦神，你只要任物自然，天下就自然得到治理。

第十章

《庄子》与王夫之的思想体系

第一节　王夫之儒学著作中的庄子

王夫之的著述很多，除了《庄子解》《庄子通》外，在其他书中也屡屡提及庄子。其整体态度基本上延续了朱熹的观点。朱熹曾说："他（庄子）是事事识得，又却蹴踏了，以为不足为。"[①]蹴踏，践踏的意思。意思是庄子虽然见的许多道理，但是自己却把它们糟蹋了，不去实践。王夫之认为庄子追求逍遥而不管兵农礼乐等以图清闲自在，也是此意。虽然王夫之间或对庄子的思想有些认可，但是大多数是对庄子的批评，主要涉及道、知、有无、生死、齐物、养生、逍遥、顺化、自然、无为、化成天下，圣人观、天人关系等。本节将主要从四个方面来分析这些批评：对庄子之"道"的批评；对"自然无为"的扬弃；对"养生"的改造；对顺化的转化。由于以前某些章节对这些方面有所论及，本文将黜繁就简，尽量避免重复。

一、对庄子之"道"的批评

王夫之认为，道是一阴一阳之道，是贯通天地万物的。他说："道者，

---

① 黎靖德编：《朱子语类》，第 2988 页。

天地人物之通理，即所谓太极也。”[①]所谓太极，就是阴阳二气之理。从这个解释上，王夫之的“道”与庄子的大化之道并无不同。

道虽然是二气清通之理，为天地万物之通理，但是道具体地落实到天地万物上却各不相同。这就是王夫之所谓的命无不同，性却各不相同。性就是道在万物中的具体化。王夫之以“一本万殊”来解释道与万物之“道”、天与万物之“天”、命与性之间的关系。正是存在一本万殊的关系，所以天道与人道不可等同。据此，王夫之批评庄子“无道”，说：“道，一也，在天则为天道，在人则有人道。人之所谓道，人道也。人道不违于天，然强求同于天之虚静，则必不可得，而终归于无道。”[②]这是说，道本质上只是大化之道，由于在天、在人的不同，而有天道、人道之别，不可简单等同。人道虽然不可违背天道，但是并不是强同于天之虚静。庄子的弊病就在于孤持天道，而遗弃人道，故“终归于无道”。

在王夫之看来，这种遗弃人道、盲目法天的行为是自动去除人为天地之灵的地位，而将人等同于禽兽。不仅不当效法天之虚静，就是天之滋养万物，也不是人可随意效法的。因为天养育万物时无心无择，人则需有所取舍。他说：“天之使人甘食悦色，天之仁也。天之仁，非人之仁也。天有以仁人，人亦有以仁天仁万物。恃天之仁而违其仁，去禽兽不远矣。”[③]

因此，王夫之更注重天道和人道的分别，高扬人道的权变，他说：

> 天地之塞成吾之体，而吾之体不必全用天地之塞。故资万物以备生人之用，而不以仁民之仁仁爱物。天地之帅成吾之性，而吾之性既立，则志壹动气，斟酌饱满，以成乎人道之大用，而不得复以天地之帅以为帅。故喜怒哀乐有权，而生杀不可以无心为用。[④]

① 王夫之：《张子正蒙注》，第15页。
② 王夫之：《张子正蒙注》，第369页。
③ 王夫之：《思问录》，第406页。
④ 王夫之：《思问录》，第407页。

“天地之塞”，指天之气。“天地之帅”，指天之命。虽然我由天生成，但生成后却不完全等同于天。这就是王夫之所谓的人生成后，人道持权，不再完全与天一致。天可以仁爱万物，人之爱则在人与万物之间有等级之差别。天可以无为而任万物自生自灭，人则因人性的特殊性，可以立志相天，影响天地之气。可见，不同于天之无心、无喜怒哀乐，人则有心以裁成万物，有喜怒哀乐以成就人道。

既然天、人如此不同，那么所谓“师天”“法天”也不是机械地效法天之所为，而是效法“天之道”，即天之精神。这个“道”就是儒家所说的在天为阴阳，在人为仁义的“道”。王夫之说：

> 天之化裁人，终古而不测其妙；人之裁成天，终古而不代其工。天降衷，人修之道：在天有阴阳，在人有仁义；在天有五辰，在人有五官；形异质离，不可强而合焉。所谓肖子者，安能父步亦步，父趋亦趋哉！父与子异形离质，而所继者唯志。天与人异形离质，而所继者唯道也。天之聪明则无极矣，天之明威则无常矣。从其无极而步趋之，是夸父逐日，徒劳而速敝也。从其无常而步趋之，是刻舷而求剑，惛不知其已移也。①

这里，王夫之明确天人的分别。天化成万物，神妙不测；人裁成天地万物，非天所可代替。天之阴阳、五辰，与人之仁义、五官是不能同一看待的。因此，效法父亲，不是效法父亲的一步一趋，而是效法父亲的意志；效法天，不是效法天的一举一动，而是效法天落实到人身上的仁义之道。不明白师天的含义，盲目师天，只能是夸父逐日、刻舟求剑，一辈子也不能达到效法的目的。

由天道、人道的不同，王夫之得出与庄子齐同万物完全相反的结论，认为不可齐同万物。他说：

① 王夫之：《尚书引义》，第270页。

> 今夫日没月晦，天之行度不懵，人则必以旦昼为明矣。跖寿颜夭，天之彰瘅不妄，人则必以刑赏为威矣。犬马夜视，鸺鹠昼黯，龙听以角，蚁语以须，聪明无方，感者异而受者殊矣。人死于水，鱼死于陆，巴菽洞下而肥鼠，金屑割肠而饱獏。西极之鸟乐于刮脂，鲁门之禽悲于奏雅，歆者异而利者殊矣。故人之所知，人之天也；物之所知，物之天也。若夫天之为天者，肆应无极，随时无常，人以为人之天，物以为物之天，统人物之合以敦化，各止性命而不可齐也。[①]

这段话从一本万殊的角度，详细地阐述了万物不可齐同的道理。所用的材料与庄子《齐物论》基本相同，但是结论却与庄子完全相反。在王夫之看来，虽然万物同受天地之气以为形体，同受天地之神以为性命，但是一旦成就万物，则万物各自持权，各自按照自己的特有的性命、气质生存。因此，不但天人不同，万物也各不相同。人和万物各自有各自的“天”，不能主观地等同之。若等同之，反而是“以人灭天”，而悖于大道。如果认识到这个道理，人们就会按照万物各自的功能、特性，利用万物或让万物各自发展，达到真正相天的境界。这样，王夫之既为万物找到了各自的地位，也为人为找到了根据。

但是，王夫之也强调“物各付物”，但是“物各付物”的含义并不同于庄子的任自然。他说的物各付物是以人类的利益为坐标中心的，或者说是以人类的仁义为核心的。他所谓的仁义也不是针对万物说的，而是针对人类说的。可以说，王夫之彻底地继承了孔子的“伤人乎，不问马”的仁爱思想。这种观点具体体现在他对“鼓万物而不与圣人同忧”的解释。王夫之说：

> 圣人则不能与天同其无忧矣。……然而圣人之所忧者，仁不足以怀天下，义不足以绥天下，虑所以失之，求所以保之。“终日乾乾，夕惕

① 王夫之：《尚书引义》，第270—271页。

若”，几以无咎，故曰：“忧之如何，如舜而已矣。”过此以往，世之平陂，祚之修短，未之或知也，则亦安用知之哉！知且无容知，而奚足以忧邪？……虽然，圣人之宪天者，无忧于物也，非无忧于己也。彼异端者，躐等师天，乃欲并此而捐之，曰：“将为之仁义以正之，则并仁义而窃之。惟绝圣弃智而后大盗可止。”则妄甚也。[1]

“宪天”，就是师天。“异端”，指老子、庄子。这段话是说，圣人之忧患，是忧患仁义不能被覆天下，不是忧患个人私利的得失。圣人对天的效法，不是忧患万物，而是忧患个人的仁义之德不能广大。可见，圣人的忧患是以人类的福祉为忧患的，是公而无私的。老庄之徒，盲目师天，认为仁义是导致天下出现盗贼的根源，要求捐弃仁义，绝圣弃智，以根绝大盗的产生。这种观点非常错误。

其实，老庄将人类与万物一视同仁，更批判圣人取万物以服务于人类和在人类中制定等级的行为。所以，庄子从天的角度，认为应当绝圣弃智，恢复民众于无知无欲的状态，从而从根本上解决人类的争斗和人类对万物的戕害。但是，这种主张只能说是一种理想，并没有现实的可行性。王夫之从“一本万殊”的角度出发，为人类和万物的差异找到了根据，也找到了人为的合理性。他提出“寓庸”以处理天地万物，纠正了庄子齐同万物的空想。但是，王夫之站在人类的利益上，置人类利益于万物之上，强调人道，强调仁义，却又将自己的学说限制在儒家的框框之中。

二、对自然无为的扬弃

王夫之通过对自然的定义，指出自然是“有自而然”，是按照自己的本性可以发展出这样的结果的一种状态。若是外在强加的，则不是自然。因

① 王夫之：《思问录》，第309—310页。

此，桃李开花，是自然；人剪彩作花，则不是自然。[①]可见，在自然的定义上，王夫之与庄子并没有太大的区别。

王夫之不同于庄子的地方在于，庄子顺用自然，摈弃人为。王夫之认为不可完全顺用自然，否则会沦为禽兽。表现在治理天下上，二者就有无为与有为的分别。老子、庄子从天是至善至美的角度，主张一切因任自然，认为这样做，就可以使天下得到治理，万物各得其所。王夫之对此评论说：

> 以为非物之必待者曰："物自治也，即其不治者犹治也。以文治之而物琢，以思治之而物滑，以恭治之而物扰，以让治之而物疑。夫物固自治，而且治之，是乱物也，则莫若绝圣而弃智。"此无他，不明于物之必待也。物之必待者，物之安也。何以知物之安也？且夫物之自治者，固不治也。苟简以免一日之祸乱，而祸乱之所自生在是也。若夫不治者之犹治也，是其言也，为欺而已矣。明于其必待，而后圣人固曰：物固有之，待我先之而已矣。乃若琢者则唯其无文，滑者则唯其不思，扰者则唯其未恭，疑者则唯其弗让。信能之，未有罹此四患者也。[②]

这里，王夫之用问答的形式对老庄"无为而治"的治理方式展开批评。"以为非物之必待者"就是指老子、庄子以为万物并不待人之治理。下面所说的就是老庄无为治理天下的原因。老庄之所以如此做，是害怕天下人因为治理而丧失固有的质朴，变得虚伪欺诈。从人类智慧的发展状况上看，确实如此。但是，不治理是否就能够使天下免于虚伪欺诈而太平吗？王夫之认为，不治理只能免除一时的动乱，但是动乱的根源仍然存在。只有通过治理，才能使动乱、虚伪欺诈等免于发作。所以，他反老庄之道而行之，认为正是礼仪、计虑、恭敬、谦让等才能使天下免于虚伪欺诈，才能使天下得到

---

① 王夫之：《读四书大全说》，第1019页。

② 王夫之：《尚书引义》，第237—238页。

治理。

进一步，王夫之从根本上批评庄子的“师天”。王夫之指出，天也不是完全放任万物自为，而一无所为。天是有为的，因而人法天，更应当有所作为。他说：“天不听物之自然，是故氤氲而化生、乾坤之体立。首出以屯，雷雨之盈满，然后无为而成。”[①]自然就是让事物按照自己的本性发展，自作自已。但是，天并不是完全听任万物自己发展，天还要以阴阳二气化生万物，还要为万物积蓄实力，震之以雷霆，润之以风雨，然后，让万物自己发展。

既然天与万物的关系不是任之自为，不管不问。那么，老子、庄子的无为而任万物自己发展的方式必然是不可行的，也不是对天的真正效法。所以，王夫之批评庄子不善于法天，而入于“心死”。他说：

> 天地自生而吾无所不生。动不能生阳，静不能生阴，委其身心，如山林之畏佳、大木之窍穴，而心死矣。人莫悲于心死，庄生其自道矣乎！

意思是，善于效法天地的，与天地一致，天地生生不息，我也生生不息。如果动不生阳，静不生阴，使心若死寂之土木，那就是心死，就是没有生气。庄子批评别人说，最大的悲哀是自死己心。这句话正可以用来描述庄子自己。

进一步，王夫之指出，天不仅不完全纵任万物自己作为，天对人间的治乱也是关心的。所以，人间的治理也是天所期望的。王夫之说：

> 庄生曰“吹万不同而听其自已”，无择之谓也。信斯言也，儒亦听其为儒，墨亦听其为墨，舜亦听其为舜，跖亦听其为跖，治亦听其为治，乱亦听其为乱。天无求于人，而人亦可无求于天乎？人故无求于天，则人益可无求于人矣。天不能令有儒而无墨，有舜而无跖，有治而无乱。

① 王夫之：《思问录》，第402页。

自作之，自已之，吾无以谓天之有固获之心也。“监观四方，其政不获。乃眷西顾，此维与宅。”天亦恶能一听其自已而弗求乎？夫《诗》奚以知天心之必有求也？听其自已而既自已矣，则胡弗终已之，而又继之以吹邪？“不远复，无祗悔”，“有不善未尝不知，知之未尝复行”。当其知之，弗能已之，而抑必谋其复也。故曰：“复其见天地之心乎！”是以知天之有求矣。天地无求，则亦奚从而见其心哉？[①]

这段话指出，天虽然不能尽生善人，不生恶人；不能使天下治理而不混乱，但是穷则必反，天并不是让天下永远处于混乱之中。天还是追求治理的。这表现在天道反复，乱极则必求治理。“监观四方，其政不获。乃眷西顾，此维与宅”是《诗经·文王·皇矣》原文，意思是天到处寻求可以治理天下的君主，最终将目光落实到地处西极的周国。

这里，王夫之显然改造了老子“反者道之动”的思想。王夫之以“复，其见天地之心乎”的《易经》思想代替之。但是，正是这一代替，使老庄的任自然的思想变成了有为治理的思想，从天道的高度为儒家的治理找到了根据。正是从这个角度，王夫之高扬人道，以人为相天，成就人生的意义。他推崇人道说：

众人欲而不给，贤人为而有穷，圣人化而有待。人之不能必得于天者多矣。夫孰知天之有不能必得于人者哉？“监观四方，求民之莫。维此二国，其政不获。”天之有求于人而不能必得者也。先天而天或不应，后天而天或不终，吾于是而知天道。天欲静，必人安之；天欲动，必人兴之；吾于是而知人道。大哉人道乎！作对于天而有功矣。[②]

① 王夫之：《诗广传》，第447页。

② 王夫之：《诗广传》，第446页。

这里明确指出，天不是完备无缺的，天是有求于人的。这种观点完全与老庄的天道观相反，因而为人道找到了地位。“监观四方，求民之莫”是说天观察四方，寻求能够解决民众疾苦的人。可见，天要想使天下得到治理，只有通过人的作为，才能够实现。这就是人道的必要。人道与天相对，但是却能成就天道。

据此，王夫之的“无为”也与庄子的无为区分开来。在王夫之看来，只要合于人道的作为都可以说是无为。他说：

> “恭己”者，德修于己也。“正南面”者，施治于民也。此皆君道之常，不可谓之有为。……此是圣人与老庄大分判处，不可朦胧叛去。①

可见，王夫之所说的无为本质上就是在自己的职分内的作为，在君尽君道，在臣尽臣道，都是无为。这样，王夫之使无为去除了老庄无所作为、一任万物自作自已的色彩。他解释《论语》中舜的“无为”说：“舜之无为，与孔子之‘不作’同，因时以利用之以集其成也。”②因此，无为只是因时制宜，以成就事物的大用。用于治理天下，就是按照人们固有的仁义本性，教之以仁孝之道，达到移风易俗的效果。

三、对庄子安时顺化的改造

“化”是《庄子》中非常重要的概念。正是庄子认识到万物皆在大化之中，庄子才齐同万物，不辨是非；才安时顺化，乐生安死。庄子虽然承认化，但是庄子认为“化”代表的是消逝、不定，在情感上充满了消极色彩。王夫之则以乐观的态度对待“化”，引进《易传》的“日新之谓盛德”，认为正是因为“化”，才使这个世界更新，使个人的德行更新。他说：

① 王夫之：《读四书大全说》，第822—823页。
② 王夫之：《读四书大全说》，第822页。

> 天地之德不易，而天地之化日新。今日之风雷非昨日之风雷，是以知今日之日月非昨日之日月也。风同气，雷同声，月同魄，日同明，一也。抑亦知今日之官骸非昨日之官骸，视听同喻，触觉同知耳，皆以其德之不易者类聚而化相符也。其屈而消，即鬼也；伸而息，则神也。神则生，鬼则死。消之也速而息不给于相继，则夭而死。守其故物而不能日新，虽其未消，亦槁而死。不能待其消之已尽而已死，则未消者槁。故曰“日新之谓盛德”，岂特庄生藏舟之说为然哉！[①]

“天地之化”，指天地间阴阳二气的聚散。“天地之德”，指天地变化之理。王夫之曾说：“神者非他，二气清通之理也。”[②]可见，这个不变的天地之德应该是神，是二气变化的条理。正是因为神亘始终一样，所以虽然有今昔的日月、风雷等的不同，其表现出来的功用却是相同的。这就是文中“皆以其德之不易者类聚而化相符也”。文中所说的鬼神的神，是指气的伸张，不是指二气之理，当注意分别。自“其屈而消”开始，王夫之开始论述“化”与生死的关系。在他看来，生死、鬼神只是气的屈伸变化。就像手指的屈伸一样，虽然屈伸不同，手指仍然一样。对神（二气之理）来说，虽然生死不一样，但是神却不变。这就预示出两层含义，一是养生不是养这个随从阴阳二气变化的形体，而是养神；一是要安时顺化，不留恋有生之形体，不逆大化的流行，安生安死。只有安生安死，才能不留恋枯槁的形体，合同大化，与天德为一。因此，他将自己的观点与庄子的变化的观点区分开来，指出自己的观点不仅仅是安于形体的变化，还在于更新自己的天德。

王夫之对“日新盛德”具体论述说：“日新盛德，乾之道，天之人也。人能体之，所知所能，皆以行乎不得不然而不居，则后日之德非倚前之德，而德日盛矣。”[③]“日新盛德”就是天命日新，我之德也日新；是天道之乾刚

---

① 王夫之：《思问录》，第434页。

② 王夫之：《张子正蒙注》，第16页。

③ 王夫之：《张子正蒙注》，第195页。

不息，是乾德在人身上的体现。如果一个人能够实践乾德于自身，他的知能就会顺乎不得已之道而合天；他就不会执定昔日之德而妨害对今日之德的接受。这也是“命日降，性日新”的含义。

在王夫之看来，命、德在天无不同，但是落实到万物自身却因为万物各自的气质而有不同。这就是他的“一本万殊”思想。因此，同为天地之理，落实到牛、马上，便有牛马之性的不同。同为天之所命，昔日之降临与今日之降临，在我所成之性、之德就各不相同。因此，德可以日新，性可以日新。基于此，每一个人都不应该自暴自弃，应该积极修身，成就人生的意义。

王夫之承认庄子对变化日新有所认识，庄子“藏舟”之说（见《大宗师》）也是说变化瞬息不停。但是，庄子太执定变化的一面，以至于使自己无所适从，最后只好循虚以保生，逍遥以卒岁。所以，王夫之批评庄子说：

> 夫至于时而可以贞矣。惊时之变而不据以为贞，将天下终无吉凶、得失、是非、逆顺、合离之十纪，而变亦不足以立。又从而为之辞曰：“之十纪者，非天下之固有，而可不设于心者也。云门、韶濩之音，爰居于鲁门，而悲鸣去之，耳无适声矣；毛之嫱、西之施，鱼见之而潜，鸟见之而飞，目无适色矣。即且甘带，鼠食巴菽而肥，蟫不饮而蝉以饮饱，口无适味矣。蛙畏牡鞠之熏，刍豢趋不洁而如椒桂，鼻无适臭矣；桀非尧之所是，乌反哺以为慈，枭以不尽食其父母之为不孝，心无适贤矣。唐虞之所赏，嬴秦之所诛，汉晋之所崇，怀、葛之所怪，时者不足纪者也，而亦恶用纪为？”呜呼，为此说者，知时之变而不知时之贞，以招疑憎于人也有余，而况上帝哉！①

“贞”，即一而不变。变与不变必须相待而立。如果只有变化，也是没有变化。庄子的弊病就在于，惊诧于变化，而忽视了不变。没有不变，变化无

① 王夫之：《诗广传》，第451—452页。

定，当然吉凶、是非等无法存在。庄子认为这些分辨不足以存在，论述说：人喜欢韶濩之乐，鸟却不喜欢。人喜欢西施毛嫱，鱼鸟却不喜欢，等等。既然万物没有一个固定的标准、喜好，说明标准、分别本来就不足以成立。因此，最好是无是非分别，无思无虑，饱食遨游。庄子这种观点错误在于，他只知道时间的变化，却不知道时间的不变。因此他这种观点只能导致大家的憎恶。

由此可见，王夫之并不完全许可庄子为知时、知化。庄子所知，只是知道变化的变的一个方面，而忽视了变化的不变的一个方面。《周易》既强调变易，又强调不易，就是知道这个辩证的关系。可以说，变就是不变。安于变化，就能够达到不变，就能够贞一。所以，王夫之解释“时之贞”说：“是知时者，日新而不失其素者也。故先时者，乘时者也；后时者，因时者也；然后其及时者，安时者也。斯则以为时之贞也。”[1]这里，王夫之道出了“知时”的含义，就是“日新而不失其素”，就是随从变化更新自我，但仍然保存其中不变的东西。有其不变的东西，就可以先时、后时、及时而无所不可。那么，这个不变的东西是什么？就是神，是二气变化之理，是天德。

四、对庄子圣人观的转化

庄子从天或自然是至善的角度，认为圣人应当完全法天，顺从天之所为而没有人为。所谓没有人为，是指圣人不在意自己与万物的分别，没有利害之心，或生或死，为牛为马，都一任自然。王夫之则认为天人本来就不相同，虽然天有可以效法的地方，并不是完全泯除人之作为、一切皆任自然。因此，圣人不同于天之没有忧患。圣人之忧，不是忧患个人的私利，而是忧患天下民人能否更好地生活繁育。基于这种天人关系的差异，王夫之展开对庄子圣人观的批判，同时，也展示出自己心目中的圣人形象。

首先，王夫之不同意《庄子》中的被衣、啮缺等为圣人，说：“若夫土

① 王夫之：《诗广传》，第452页。

木其形，灰槁其心，放言洸洋，而托于曳龟逃栖之术，以淫乐于琴酒林泉，匪艰而自诧无交，被衣、啮缺之所以不见称于圣人。”[①]王夫之认为，这些人之所以不被孔子称道，是因为他们逃避人事，自得其乐，不负责任。这些人自以为通了大道，就盲目法天，将自己弄得形若枯木、心若死灰，逃避到人事之外，自私己身，图个人的清爽快利，自以为尽了天之生人的意义。其实，他们不知道，天之所以生人，之所以不将人生做禽兽、土木，必然有生人的意义所在。天既然赋予人以灵明、姿容，使居于万物之首，必然有这样做的意义所在。今遗弃天给人的特殊禀赋，而自沉沦于禽兽、木石之列，是真的知“道”吗？

王夫之进一步分析，庄子之所以推举如此之人为圣人，是因为庄子惊于人世的机变利害，而想逃脱到一个利害不到的境地，以逍遥自在。可以说，其根本原因是自私己身。

> 庄子直恁说得清爽快利，风流脱洒，总是一个“机”字，看着有难处便躲闪，所以将人间世作弈之彀中，则亦与释氏火宅之喻一也。看他说大鹏也不逍遥，斥鴳也不逍遥，则兵农礼乐、春风沂水了无着手处，谓之不凝滞于物。[②]

意思是，庄子的逍遥实际上只是不沾染一点人事，以逃避祸害。正是因为有这种思想，所以他将人间世看作危险的地方，看作羿之箭所中的地方，要躲闪到人世之外，以保全自身。但是，既然生之为人，又如何逃脱于人世之外，庄子于是发明土木其心，达到嗒然丧偶的地步，降自己于木石之列，以逍遥自在。可见，庄子的逍遥并不逍遥，而是忧愁不断，所以《人间世》结尾他引用接舆之言，要画地而趋，以为到处都充满危殆。因此说，庄子的

① 王夫之：《周易外传》，第860页。
② 王夫之：《读四书大全说》，第764页。

圣人观是消极避世之人的写照，也是此种人的处世方法。

王夫之的圣人则一反庄子的消极逃避。他以天下为己任，行仁义于天下，虽然有祸害，也坦然面对。即使遇到生死困窘之际，也决不苟且偷生。王夫之说：

> 当世之是非、去就、恩怨漠然与己无与，而后俯临乎流俗污世而物莫能撄。故孔子可以笔削诛乱臣、讨贼子，而凶人不能害；孟子可以距杨墨，斥公孙衍、张仪为妾妇，而不畏其伤。[①]

所谓“漠然与己无与”，并不是庄子的齐同利害生死，逃避于禽兽、木石之列，而是忘记当世的是非、去就、恩怨对自己带来的安危，一切以道义行事。孔子能够如此，所以他可以以正道诛伐乱臣贼子，而不怕乱臣贼子的伤害。孟子能够如此，所以他可以以正道斥责公孙衍、张仪之流，而不怕他们的报复。

由此可见，王夫之认为，真正的圣人，不是逃避人世间的邪恶、祸害，而是直接面对这些邪恶，纠正之以正道，镇压之以正气。所以，王夫之不同意庄子《人间世》的全身之术。王夫之以雄雉鸡的羽毛和声音比喻君子、圣人之才能，认为既然有美好的羽毛声音，就应当表现和鸣叫，就应当让世界知道，以成就天地生我之美意。如果像庄子那样，为避免祸患，不鸣叫，不矜示羽毛，虽然可以免除祸患，但是也与没有美好的羽毛和声音一样。虽免于祸害，却失去了羽毛、声音应有的功用，结果是得此失彼，仍然归于伤害。所以，他说：“必欲避自诒之咎乎？莫如勿为雄雉也。无可矜，抑无容戢。彼方为婴儿，亦与之为婴儿，免矣。虽然，非徒婴儿彼也，吾亦无殊于婴儿，而奚以免哉？”[②]

① 王夫之：《俟解》，见《船山全书》第12册，第481页。

② 王夫之：《诗广传》，第322页。

因此，圣人之行身，安于道义之当然，行职分所当为，而不计个人的得失。这就是安素。子张的弊病就在于不能安素，曲解了孔子“不志于谷，不易得也”，以为“不志于谷”就需要辞俸禄、不做官。所以，他的思想流为庄子的避世主义。

圣人不仅安于所遇，不计较个人的生死利害。圣人还要尽人道，以仁义化成天下。这是圣人积极有为的方面。孟子记载伊尹说，天生民众，就是要先知先觉的人来启示引导后知后觉的人。圣贤是先知先觉者，不以自己的所知来启示天下，则失去天生圣贤的意义。因此，王夫之批评老庄之徒自以为道不可以示人，而遗弃人事。他注解《论语》微生亩与孔子的对话说：

> 微生亩，看来亦老庄之徒。老子曰“善者不辨，辨者不善”，又曰“知者不言，言者不知”。他看得道理直恁高峻，才近人情，即亏道体。故庄子以胪传发冢为儒诮。自家识得，更不须细碎与人说，一有辩论，则是非失其固然而为佞矣。其意只直待解人自会。若人之不能“相视而笑，莫逆于心”者，则置之可也。即此是他固执不通处。将者道理，死拏定作一处，而视天下无可喻者。其离人以立于独，既以贱视生人之同得，而删抹半截道理，孤寻向上去，直将现前充塞之全体大用，一概以是非之无定而割之。[①]

这段话借批评微生亩来批评老庄“得道遗人”。老庄认为，道不可以示人，一旦言说，就会与道背离。体道的人之间的交流也只能意会，而不可言传。老庄既然将道与世人割裂开来，认为道不可以晓谕天下，这本身就沦为固执不通。道应当无所不包，无所不容，今遗弃生民之理而不管，只执定上半截道理，又如何能够算知“道”？“现前充塞之全体大用”指我所接受的天地之气和天地之命，以及因之而生之灵明智力，也就是人之所以为人之

① 王夫之：《读四书大全说》，第809页。

理。这个人生之理是真正的“道”，是人生之意义所在，是不可以“是非之无定”来简单地忽视遗弃的。

因此，在王夫之看来，道不仅可以示于天下，而且必须示于天下。王夫之的道是仁义之道，是通天、地、人于一理的道。老庄以天道为道，而遗弃人道，所以说“天地不仁，以万物为刍狗；圣人不仁，以百姓为刍狗”（老子第5章），倡导圣人与天地同情同体。王夫之则认为，圣人之义务正在于尽人道，而不在于茫然地效法天道。圣人与天同体而异情，天无忧患，而圣人有忧患。所以，舜终日乾乾以为仁孝，最终将瞽叟感化。因此王夫之说：“天广大而无忧，圣人尽人道，不可同其无忧，故顽嚚必格，知其不可而必焉。”[①]这就是孔子为教化天下而终日忙忙碌碌，“知其不可为而为之”的态度。不仅如此，即使遇到乱世暴君，圣人也无所逃避，不用庄子的侍君之术以苟合于君主，而是以伊尹、傅说等正言以格君心之非。如果不能见从，或去或死，决不枉道侍君。

第二节　王夫之的批判改造与《庄子解》之关系

上一节我们从四个方面介绍了王夫之对庄子思想的批判和改造。这一节我们对应地发掘一下王夫之的批判改造与《庄子解》的关系，看其中是否具有一致性。通过这个比较，我们试图揭示，到底是王夫之注解《庄子》，还是王夫之以《庄子》注解自己。

一、道和天均

在庄子看来，道就是天，就是自然。王夫之同意这种看法。但是，在对于知识分辨是不是自然上，二者却有分别。庄子认为知识分辨是人为，是争

① 王夫之：《张子正蒙注》，第122—123页。

斗的根源，因此，要人们“同乎无知”，以保持所受于天的本性。王夫之则认为知识分辨也是自然，是人异于万物的本质所在。因此，天有“天之天”，人有“人之天”，不可将二者的天混同为一，不可以“天之天”来函摄“人之天”。

王夫之所谓的“天之天”与“人之天”的关系，实际上相当于他说的命与性的关系。“人之天”来源于“天之天”，但既然为“人之天”，则不可等同于“天之天”。命在天无异，但落实到人则为性，性则各有自己的特色。这与庄子的天不一样，庄子的天似乎有点黜“人之天”而合于“天之天”的味道。但是，《山木》篇却说：“有人，天也；有天，亦天也。人之不能有天，性也。圣人晏然体逝而终矣！”可见，在庄子后学那里，庄子的天的思想已经有所变化，即承认人之为人也属于天，似乎已经向王夫之的“天之天”与“人之天”的分别发展，但是还没有王夫之讲得这么清楚。

王夫之承认庄子对天道有所见，盛赞庄子于“浑天”得悟大道，但是接着却说：“但君子之学，不卤莽以师天，而近思人所自生，纯粹以精之理，立人道之极，则彼知之所不察，而惮于力行者也。”（《庄子解》：230）这句话将庄子之道与王夫之之道、庄子之天与王夫之之天区别开来。王夫之认为，庄子虽然于天道有所见，但并不足以为君子之学。君子之学不卤莽师天，要立人道，尽人伦。庄子却不能认识到这个道理，又不能力行。由此可知，王夫之在《庄子解》中的道、天、自然仍然贯有儒家的人道思想，这就是他所说的“‘绿满窗前草不除，与自家意思一般。’岂漫然不知而已哉？”[①]表象上是鸢飞鱼跃，与庄子任万物无别，实际上一有仁爱之心贯穿，一则没有。

在王夫之看来，知“道”的目的不是为知“道”而知“道”，也不是为个人的逍遥自在，而在于相天。因此，他以儒家的仁道贯穿于《庄子解》之中。在《达生》篇解题中，他不同意庄子以尧舜的政绩为尘垢秕糠，而认为

① 王夫之：《读四书大全说》，第679页。

正是立德、立功、立言才是知“道”的目的所在。可见，王夫之的“道”是不能等同于庄子的“道”的。具体地说，王夫之的道是因天道而立人道，而不是完全泯人道于天道。

庄子主张“休之以天均”，王夫之也主张“休之以天均”，二者都认为天均是超越是非的大化，是圣人之道。但是二者的所指各有不同。庄子是要齐同是非，王夫之则是要从辩证的高度超越是非。王夫之说：“道合大小、长短、天人、物我而通于一，不能分析而为言者也。”（《庄子解》：22）道是兼有对立双方的统一体，不可以执定一偏作为“道”。执定是或非都将落于一偏，因此，那些辩论是非的人是不可能知“道”的。因此，“圣人休之于天均”，不是圣人泯除是非差别，而是圣人在辩证统一的高度承认是非双方存在的合理性。

由此可见，王夫之的道或天均是天道、人道对立的统一，是兼有人道的道。他不像庄子那样，泯除是非，达到天道的高度；而是认为在人为之中自然可见“道”。这种思想与他对庄子的天道的批评是一致的，只是这里说得比较含蓄。

其实，王夫之最终还是忍不住将他的儒家面目显示出来，而直接指出《庄子解》中的“天均”就是儒家的圣人之道。他说：

> 夫群言之兴，多有与圣人之道相抵牾者。而溯其所自出，使在后世，犹为狉狉榛榛之天下，则又何道之可言，何言之可破？唯有尧舜而后糠秕尧舜之言兴，有仲尼而后醯鸡仲尼之言出。入其室，操其戈；其所自诧为卓绝者，皆承先圣之绪余以旁流耳。且夫天均之一也，周遍咸而不出乎其宗，圆运而皆能至。能体而备之者，圣人尽之矣。……即如墨者持异说以相诘难，而未尝不依圣道之仁与公，以为其偏端之守，其又能舍内圣外王之大宗，以佚出而别创哉？（《庄子解》：279）

“圣人”，指尧舜、仲尼。王夫之认为，诸子百家之学说的兴起，多有与圣人之道相冲突的。但是，若追求其根源，仍然是以圣人之道为宗主。假设诸子百家的时代，仍然是蛮荒冥昧的时代，又哪里会有什么道可以论说，有什么学说可以批评？只有有了尧舜之后，才有执定尧舜的一言一行以为大道的学说兴起；只有有了仲尼之后，才有执定仲尼的一言一行的学说产生。这些执定先圣的言行以为大道的人，入圣人之室，操圣人之戈，以攻击圣人。这些人自认为卓绝的思想，其实都是圣人之道的细枝末节。能够体悟天均的完备统一，能够认识到天下万有都不出于天均之外，而且自含于心中的，只有尧舜、仲尼这样的圣人。其实，即是像墨家这样诘难圣人思想的学说，也是建立在圣人之道的仁爱公正上面，作为墨家的学说宗主。墨家又怎么可能离开圣人的内圣外王之道，另外创立新说呢？

这段话旨在说明诸子百家的学说都以儒家的圣人之道作为根源。无疑，庄子的学说也只是圣人之道的细枝末节之一。这样，庄子的“道”根本上与圣人之道没有冲突。所以，王夫之认为，庄子只是批评小儒，不是批评真儒。言外之意，庄子的思想并不是完全悖于圣人之道的。

二、自然与无为

自然有两方面的含义，从天地万物的存在状态上说，是道，是天。从圣人与天下万物的关系上，是对待天地万物的方式。其实，任天地万物自然而然，就是无为的治理方式。这里，我们主要侧重后者，首先将王夫之《庄子解》中的自然的含义解释清楚，然后看它与王夫之其他著作中的自然的关系。

首先，可以明确，王夫之《庄子解》中自然的定义，与他《读四书大全说》中的自然是一致的，二者都是“有所自而然之谓”。这个“所自而然”，在《读四书大全说》中是事物的“性”，在《庄子解》中则称谓“道”。因为“自然”寓于万物之中就是万物的性。可见，道、性、自然本质上是一致的。自然与道、性的关系可以这样描述：从自然无所不包、尚没有落实到一个具体的事物之中的角度，自然就是道。因此，道可以兼大小、长短、天人、物我而通于一，自然则是“万德之所并，而无一德之可役者也”（《庄子解》：126）。二者的内涵是相同的。从自然落实到具体一物上来说，自然就是性。一物有一物之自然，不可因“自然”之名而将不同事物的“自然”等同为一。这样，人有人之自然，天有天之自然。

从道的高度论述自然，王夫之主要在于说明万物都是自然化生。这方面的言论很多，不再赘述。从性的角度论述自然，则在于顺应物性，以达到无为。但是，要真正地体会自然，这两方面缺一不可。没有道的高度，则容易以自己的“性”之自然否定外物的性之自然；没有对性的独特性的认识，则容易以道或天的自然齐同万物，否定万物的个性。因此，王夫之说：

> 人也，天也，物也，皆自然之化也。……专于己而不通于人，则困于小而忤于物；通于人而未合于天，则成于事而亏于道；合乎天而不因乎物，则执其常而不达乎变。（《庄子解》：125—126）

这里，首先承认人、天、万物都是自然的化生。其次，指出人、天、万物虽然同为自然化生，但又各不相同，而且不仅人与天、万物不同，人与人之间也不完全相同。这就是每一个个体都有他的“自然”（性）。只有认可这个现实，才能不专于自己的性情而认可别人的爱好，扩大自己的心胸，与外物相顺；才能与天一致，有所作为而又不背离大道；才能因任万物，顺从变化，而不固执。

担心人们不理解因自然以治理天下的含义，王夫之进一步解释说：

> 自然者，无必然也。以其必然，强其不然，则违其自然者多矣。或水或陆，或柤梨或橘柚，或颦或笑，或古或今，或周或鲁，各因人、因天、因物，而皆其自然。取彼之所然，为此之所然，则舟其车、甘其酸、妍其嫱、以冀同于有方，进不成乎治，而退且失其故。故自然者，无不可因也。因其自然，乃以应时物而不穷。（《庄子解》：127）

这段话主要在于提醒人们不要以自己的“自然”（性），或自己所以为的“自然”以为一种必然的标准，强加于天下万物。以为自然是某种必然的格式，已经违背自然。真正的自然就在于让各个事物按照他们自己的本性发展，这就是“因人、因物、因天”。自己心中没有任何固执，完全顺从事物的实际状况行事。否则，不但得不到治理天下的期望，而且还会导致天下失去其固有的状态，开祸乱的源头。

因任自然就是无为，但是，这并不是“物各付物”，一无作为。可以说，顺从物性而为，已经含有圣人因物而成能的思想。这种因物而治理天下的思想，在《在宥》篇的注解中表现得更为明显。王夫之认为在宥是治理天下的最佳方式，能够“无为而无不为”。但是，王夫之不是像《在宥》那样，对聪、明、仁、义、礼、乐、圣、知持以怀疑的态度，而是认为这些东西都是圣人因时制宜以治理天下的方式。他说：

> 存神以存万物之天，从容不迫，而物之不待治而治者十之七；聊以八德治之，过而去之，而天下速治者十之二；其终不可治者一而已，逮及久而自消矣。民气不扰，天气不乱，风霆霜露，吉凶生死，自为我而施政教，奚容治哉？（《庄子解》：93）

“万物之天”，就是万物各自的性。“八德”，就是聪、明、仁、义、礼、乐、圣、知。“过而去之”，就是当时而用，时过则弃。存神则尽己之性，尽己之性则尽物之性，从而能够治理天下事物的十分之七。按照事物的特性，因时制宜，以八德治之，可以治理天下事物的十分之二。剩下的十分之一，任其自生自灭，如冰块于水中，时间久了，自然消融。这样，不扰乱民气和天气，天下的阴阳二气保持和平自然无所不治。又哪里需要专门的治理。

这里，王夫之并不排斥圣人以八德治理天下，这与圣人成能以相天是一致的。可见，无为只是顺物性而为，不是纯任天之自然，无所作为。

三、化与时

王夫之在《庄子解》中接受了庄子“化”的概念，但是王夫之论“化”，目的不在于泯除是非，而在于破除成心、固执。从而达到保持和气，以相天成化。这一点好像与庄子通过“化”达到“参万岁一成纯”，通万物为一的目的不一样。要理解王夫之在这方面的思想，首先要区分开化、神、道三个概念。化是气的变化，神是不随生死变化的东西，道则是大化流行，是自然。那么，这几个概念之间到底是什么关系呢？可以这样说，化是气的具体流行，例如，气此刻凝结为桃树，下一刻变为老鼠。道则是指气变化流行的整体过程。一旦道具体到事物之中，则成为具体事物的性分。此刻为马，则是马的性分；此刻为父，则为父之性分。神则是流行过程中保持平衡稳定的气。因此，神又被称为和气、纯气、气之醇者等，都是说气在流行中不受壅塞、干扰而保持的良好状态。

前文已经指出，王夫之不是泯除是非，而是从道的高度包容是非。要如此，就需要知化。只有知化，才能知道是非不定，从而去除固执之心。为此，他指出，不但各种声音是气化所生，人的视听言行和心知思虑也是气化的结果。也就是说，一切都是一气流行变化的不同阶段或状态，没有必要区分。这样，就可以忘记生死，泯除是非利害，从而无所固执。

但是无所固执并不是完全放弃人的知识分辨，将人降低到慎到的“无知之物”，而是根据时、位、物性而有所因循，舍故趋新。这就是王夫之所说的“循斯须”。王夫之认为要与大化为一，就不能无所作为，因为若如槁木死灰那样无知无为，就不能与化同行。可见，发挥人的主体性以因时制宜在这里起着关键作用。也就是说，要发挥人的辨别能力，但是又不执着于任何分辨。

因此，王夫之在安时顺化方面与他在其他著作中对庄子的批评中体现出来的观点是一致的，其实质都是寓庸随成、无执无囿，是主动地顺从大化，更新自己的思想。可以说，《庄子解》中的顺化实际上就是《易传》的“日新之谓盛德”，而不是若慎到的无知之物“推而后行，曳而后往”。

四、圣人观

王夫之对《庄子》的注解与庄子的思想可以说是表面上相似，实质上不同。王夫之在注解中沿用庄子的概念：天、逍遥、圣人、至人等，但是，却注入了王夫之自己的思想。这些思想与王夫之在其他著作中对庄子的评论一致，而与庄子原意有出入。例如，王夫之注解“夫知效一乡”一段说：

> 自知效一官以上，三累而乃游无穷。前三者，小大有殊而各有穷也。穷则有所不逍，而不足以及遥矣。视一乡一国之知行，则见为至人；彼之所不至者多，而此皆至也。视宋荣子则见为神人；彼于分有定，于境有辨，以形圉而不以神用，而忘分忘辨者，不测之神也。视列子则见为圣人，彼待其轻清而遗其重浊，有所不极，若游无穷者，尘垢秕糠皆可御，而不必冷然之风，则造极而圣也。（《庄子解》：5）

庄子的至人、神人、圣人是一个东西，是指摒弃了世俗的好恶分辨所达到的精神境界。王夫之则将三者分开解释，认为至人所行皆可以成功；神人超越形体，神妙万物，无分无辨；圣人所遇皆乘，无往不可。分开解释也未尝不可，但是这里还隐藏着王夫之的儒家思想。首先，王夫之以“不测之神”形容神人，可以看出他是在用《易传》的神的含义解释神人。其次，圣人所遇皆乘，虽然可以说是庄子无分辨的思想，但是同样可以理解为圣人安素的表现。王夫之对圣人之心的描述可以证明这一点。他说：

> 美恶、得失、荣辱、吉凶，皆备容之，而无迹以使人易测，则物自化而天自定，斯以为圣人之心；此无为而静之本也。（《庄子解》：120）

圣人之心是美恶、得失、吉凶、荣辱等兼备，只是不露形迹，不易为人所见。可见，圣人之心不是庄子的泯除美恶、是非、得失的“心”，而是兼备是非、美恶之理，只是不向人显示自己对是非的分别、执着而已。不外示则不露形迹，不为人所见则不为外物效法。

由于圣人之心是圣人无为的根本，由此可以推知，王夫之所理解的圣人的无为也不同于庄子任自然的无为。具体地说，圣人的无为不是庄子的顺自然，而是以仁义含育天下，让天下各畅其性命之情。这种无为的实质就是，圣人修己，则天下化成。所以，王夫之说：“圣人复其性，万物复其命。”（《庄子解》：228）

由于圣人之心兼容并包“美恶、得失、吉凶、荣辱”，圣人对世间的是非之辨了然于心，而不与争辩，因此圣人超越于物论之上，以齐同物论。此又见王夫之的齐同物论与庄子的齐同是非不一样。庄子的齐同是非是泯除主观上之是非，王夫之则是在承认是非差别的基础上，超越是非。所以，王夫之解释“照之以天”说：

> 夫相倚以生，则相倚以息，相倚以可其可，相倚以不可其不可，则攻人者召攻之媒也。若是，而圣人其屑以之哉？天之所籁，鸣虽异，而于天无益损也。任物之吹而无倚焉，则无所不照矣。虽然，亦因彼因此之现在吾前而照之耳。使无儒无墨，圣人亦奚照乎？照亦圣人之不得已而因焉者也。照之而彼此皆休矣，皆均矣。其所因者忘，而道定于枢；无穷之化声，以不应应之，而无不可应矣。（《庄子解》：18）

这段话是说，是非争论都是相互倚靠而产生的。圣人知道这个道理，便不屑争论。天产生万物等各种声音、形象，对天并没有什么影响。如果我能够任人们争论而不倚靠于其中任何一方，那么我也可以无所不见。但是，这不是泯除是非，而是在知道是非的情实的前提下，根据是非彼此的实际情况而任之自然。假设没有儒墨的对立，圣人又哪里可以因任是非，无所不见。可见，圣人只是不得已因任是非的。以超越是非的境界看待是非，彼此的争论就可以停止，而达到一致。因任是非，又不执着于是非，就可以合于大道，合于天均。这样，即使有无穷的争论，以天之不言应之，无往而不可。

因此，王夫之是不同意庄子的"照之以天"的，他批评庄子的"照之以天"是不知"天"。[①]在他看来，庄子的"照之以天"，就是不加分辨，一任天然。不仅超越是非，不执着是非，而且泯除是非。而儒家的圣人则是以天地生物之心为心，不入于人间的是非对待，而对是非对待产生的道理了然于心，所以圣人能够安素。当事亲时则事亲，当兼爱时则兼爱。

但是，王夫之既然承认圣人心中了然于是非分别，只是不显示于外，则说明圣人仍然有是非之分。因此，圣人的安素、寓庸也不是没有原则的，而是通过自己以身作则，导引天下，化天下于无形之中。这就是《论语·子路》中的"其身正，不令而行"。但是，既然有是非分别于心，则必然不能完全超越人事之累。所以，王夫之也不得不承认《庄子·徐无鬼》"圣人工乎天而拙于人"的论断（虽然这句话只是说，圣人善法天道，而未能自晦也）。换言之，王夫之虽然对庄子的无为顺化、因任自然极尽挑剔，但是也不得不承认儒家圣人的不足。他说：

> 人已黖而有生，则其拙于天者多矣。无他，人尽芒而不知所移者之无定是，则各据其名实，以为实为节，以留黖而成乎伪。圣人知天之正而恶人之伪，乃欲矫其伪以反于天，而不知移之初无有定者，正者移而伪，而伪者抑将移而正也。故是非治乱待天均之至，而无愁无伤，则于人佷而于天固无不工矣。（《庄子解》：209）

这里，王夫之指出，人们都执着于形体，以形体为基础来区分是非，不知道形体变化不定，以之来做的区分是虚假不真实的。圣人知道这个道理，要弘扬大化不息的真实情形，以纠正人们对形体的执着，却不知道虚假和真

① 王夫之：《诗广传》，第481页。

实也在变易之中。结果，圣人将虚假的纠正了，真实的却变成虚假的了。因此，只有顺从天均的大化流行，让万物各安其性，没有忧愁作为，才能与天人都达到和谐的状态。

由此可见，王夫之在注解《庄子》的过程中，自己的儒家思想也在悄悄地受庄子的影响。这种影响在其注解《马蹄》篇时更为显著。在那里，他指出圣人开启了天下争斗之源。他承认人们之所以好知，舍弃自己的本性，都是因为圣人倡导的结果。

但是，王夫之并不甘心接受《庄子》的思想。在《庄子通》中，他又明确表明自己的儒家立场，认为圣人就是应该倡导天下人有知有能，脱离愚昧无知的状态。王夫之称，《庄子》的批评是对的，但是圣人的所为也是为了福泽天下。祸福相倚，得失相因，不可因为圣人的作为有祸害，就泯除圣人的功德。因此，王夫之的儒家圣人观在《庄子解》中仍然是贯穿的，不可因为王夫之接受了庄子的一些概念而将庄子的圣人与王夫之的圣人混为一谈。

第三节　《庄子》对王夫之的影响

王夫之对《庄子》思想的吸收或者说《庄子》对王夫之的正面影响可以从两个方面讨论。一方面是王夫之对庄子思想的直接认可和吸收；一方面是基于庄子对儒家的批评，王夫之对儒家的思想加以改造，使儒家的学说更为精致。鉴于庄子对儒家的批评，并结合自己经历的亡国教训，王夫之试图铲除儒家的迂腐、空谈、死守章句、执迹不化等缺陷。因此，他很欣赏庄子对暖姝、濡须、卷娄之类小儒的呵斥，而对庄子所推崇的真儒非常向往。

一、王夫之对庄子思想的直接认可和吸收

王夫之对庄子思想的吸收主要有，接受庄子“神凝”的思想，用以相

天、化成天下；吸收庄子对言论学说的批评，用于批评宋明儒生；接受庄子对小儒的批评，提出真儒、圣人之当为。吸收庄子任自然的思想，提出“寓庸”；借鉴庄子《人间世》的思想，提出君子处乱世的权宜之道。

首先，王夫之接受了庄子凝神以修己和化成天下的思想。《庄子·逍遥游》指出凝神不但使个人的身体得以保养，而且还使万物不生病害，得以完好地生长。王夫之指出，之所以能够如此，是因为神是天地间和人形体中的和气、纯气，而且人之神与天地间的神无时不相通为一。这样，我养我之神，自然会感应天地间万物之神；我守我之和气，自然会引导天地间的和气不失去其阴阳平衡。相反，如果我不能凝神，以利欲固执等乖戾之气先伤害自己的平和，必然会使天下的平和也受到影响。因此，个人的凝神本身就是相天，就是成就万物。

虽然《易传》也讲神，但是“神凝”的思想首先由庄子提出。神凝就是凝神，就是神明不外泄，又可以说是存神。因此，可以推断，张载、王夫之关于存神的思想应当受到庄子的影响。王夫之在《张子正蒙注》中也不讳用“凝神”的术语，如他说：“敦厚，敬持以凝其神也。”[①]而且他对神与外物的关系的论述也基本上与《庄子·天道》论述至人之神一样。《庄子·天道》说：“故外天地，遗万物，而神未尝有所困也。”指出神与天地万物等具体的形体没有直接的依附关系，神是超越这些形体的。同样，王夫之说：

> 阴阳之糟粕，聚而成形，故内而为耳目口体，外而为声色臭味，虽皆神之所为，而神不存焉矣。[②]

这里，王夫之认为，神也是超越形体声色等物象的，不可将神与物混而为一。神成就万物，但是神不等同于万物。神是流动之阴阳和气，而不是固

① 王夫之：《张子正蒙注》，第96页。

② 王夫之：《张子正蒙注》，第95页。

定的物象。进一步，王夫之认为，圣人之所以能够化成天下，就在于圣人能够存神。他说：

> 知道者凝心之灵以存神，不溢喜，不迁怒，外物之顺逆，如其分以应之，乃不留滞以为心累，则物过吾前而吾已化之，性命之理不失而神恒为主。舜之饭糗茹草，与为天子无以异，存神之至也。①

这是说，知“道”则顺从阴阳的流行而没有固执，这样无喜怒乖戾之心产生，则不伤阴阳之平和，就能够存神。无固执就能够喜怒得当，安于所遇，不使外物的顺逆凝结于心，就能够感化外物于无形之中。舜视贫贱与富贵如一，就在于他能够完好地保存他的神。

其次，王夫之接受了庄子对于“言”的论述，用来批评宋明儒生。例如，针对宋明儒生东莱吕氏②和蔡氏③对《尚书·召诰无逸》“所其无逸”的曲解，他说：“庄生曰：‘言隐于荣华’，君子有取焉。后世喜为纤妙之说，陷于佛老以乱君子之学，皆荣华之言，巧摘之句，以叛性情之固然者，可弗谨哉！”④意思是，庄子基于儒墨诸家因为争论不见“道”之本然，说：“真正的学说为浮华的言辞所掩盖。”这句话是值得借鉴的。后世儒生喜欢用精细美妙的学说，而不顾事物的本然面貌，以致陷于佛教老子的思想而不知。这些学说违背性情的本然实情，都可以说是浮华的言辞，巧摘的语句，君子应当谨慎，不要为它们迷惑。

这里，王夫之一方面批评吕氏、蔡氏这样的玩弄新巧文辞学说的儒生，同时也不放过对“暖姝”“卷娄”“濡需”之类的儒生的批评。这三类儒生出于《庄子·徐无鬼》。“暖姝”，就是学了某一位先生的思想学说，就以

① 王夫之：《张子正蒙注》，第95页。
② 吕祖谦（1137—1181），宋金华人，字伯恭，人称东莱先生，与朱熹同编《近思录》。
③ 蔡沈（1167—1230），宋建阳人，少学于朱熹，专研理学，著《书集传》。
④ 王夫之：《尚书引义》，第375—376页。

为获得了真理，执定师说，不见大道的人。"濡需"，指井底之蛙、夜郎自大之类的人。这种人拘于自己的活动范围，不知道活动范围之外更为广阔的天下。"卷娄"指自卖知能，招惹天下，甘愿为天下服务，以致劳形苦神，仍然不能满足天下欲望的人。这三类人在《徐无鬼》中并不完全指儒生。"暖姝"可以指所有继承师说，自成一派的人。"濡须"可以指安于自己的小天地，自以为得的人。"卷娄"则直接指明是舜一类的人，则将孟子的圣人一竿子打倒。虽然庄子、孟子同时代而不相往来，而且各自的著述中基本上相互没有提及，但是从《庄子》对舜的批评，可以推测出庄子及其后学还是对孟子的学说有所了解的。韩非专门著文质问孟子的"尧之时，舜在民间风化天下，三迁成都"的说法；[①]这里，《徐无鬼》对舜的批评同样也是舜招引天下、三迁成都的行为。所以，笔者推测，庄子对孟子是有批评的，只是没有直接点明而已。

王夫之则直接将"暖姝""濡须"与"卷娄"都归为儒生，都归为因舜的膻行而产生的小儒。他说：

> 为暖姝，为濡需，身不自恤，而况于天下？则其为害马也必矣。而卷娄者，实为其渊薮。暖姝者，不得舜之绪言，无以自说而自足；濡需者，固必舜有膻而后随之三徙也。卷娄虽不自鬻，而受天下之鬻，则为人所鬻而疲役以衰老，是亦椢也之遇盗而说也。聚其膻以奔走天下，使相寻于暖姝濡需之途，恶能不为天下贼？（《庄子解》：221—222）

"马"，比喻天下人。"卷娄"，指舜。"暖姝""濡需"，一个执着师说，不见大道；一个拘于所处，自鸣得意。二者都是不计较未来的人，因而不能保护自己，更不可能保护天下。因此，他们伤害天下也是必然的。追究其根

① 详见《韩非子·难一》，《韩非子集解》，王先慎撰，见《诸子集成》第5册，第264—265页。

源则在于“卷娄”。没有“卷娄”的一言一行，“暖姝”也不可能有师说以私自高兴满足；没有“卷娄”的招引人们的行为，“濡需”也不可能有所随从以致三迁成都。“卷娄”虽然无心向天下显耀自己的德行，却接受天下人替自己炫耀德行，所以就被天下人所卖，而为天下人的利益劳碌不休。这就像栩遇到盗贼，被砍去一只脚卖掉，还私自高兴一样。舜以其膻行招引天下，使天下人都变成暖姝、濡需之类，难道说舜没有伤害天下吗？

舜是儒家的理想圣人，特别为孟子所重视。王夫之这里批评舜，当然不是批评作为儒家的圣人的“舜”，而是那些炫耀自己德行以招引天下的一类儒生。从《庄子解》和王夫之其他著作中可知，王夫之以舜作为一个安时处顺、所行皆当于仁义的圣人，根本说不上自我炫耀。王夫之认为，暖姝、濡需都产生于卷娄的行为，说明王夫之这里批评的对象实际上是宋明以来的小儒。在《天下》篇的注解中，他的这种观点表现得更为明白。他说：

> 特以得迹而忘真，则为小儒之陋；骛名而市利，则为风波之民，而诸治方术者，兢起而排之。故曰鲁国之大，儒者一人而已，亦非诬也。（《庄子解》：279）

“得迹忘真”，就是上述三种人。他们不是真正的儒家，只是儒家的假弟子而已，因而受到百家的批判。像孔子这样的真儒，百家不但不攻击，还要推崇。但是，这种真儒是很少的。

《庄子·徐无鬼》批评了这三种人之后，提出了真人不以自己的德行招惹天下，公正平淡，以天对待万物的方式对待天下，不掺杂以人为，超越于得失生死之外，与大化为一。王夫之也接受了这种理想人格，认为真人养活自己以养活天下的奥妙，就在于他取法于天。真人效法天之不露仁爱的迹象，却使万物在春夏生长；不露义断的迹象，却使万物在秋冬死亡；效法天之保持其公平，使万物自行其变化。可见，王夫之接受庄子任万物自然化育的思想，并以此作为圣人、真人取法的内容。舜之所以卷娄的原因在于舜

"居美于己"，但这正是儒生以美好的仪表化成天下的关键。王夫之将这一层也加以摒弃，可见，基于庄子的批评，王夫之的圣人观还是有所改变的。但是，王夫之不同于庄子的地方是，将天这种特性归之于"诚"(《庄子解》：222）。这样，王夫之的天和真人一下子就显示出了其儒家的色彩。

再次，王夫之接受了《庄子·秋水》对知"道"的重要性的解释，这就是知"道"可以根据事物的规律，进行适当的权变，发挥人的能动性。这个思想可以说是对《庄子》内篇的引申和补充，通过这个补充，使庄子的思想去除了慎到"块不失道"的色彩。王夫之对自然、寓庸等的吸收，前文已有论述。

二、王夫之以《庄子》改造儒家

《庄子》中充满了对儒家思想的批评和讽刺，涉及治理天下、感化他人、道、仁等各个方面。这些批评可以说是正中儒家学说的弊病，王夫之不得不为此重新解释圣人的作为，以及仁、道等概念。但是在他的解释中，我们可以发现，他暗中接受了庄子的观点。

首先，《庄子·逍遥游》中"尧让天下于许由"一段，明显是讽刺尧的治理劳心费神，虽然也使天下得到治理，不如许由无为而任天下自由发展。因此，尧自比为爝火、灌溉；比许由为日月、时雨。庄子的意思是尧不能无为、无功，还不是至人、神人。王夫之为了捍卫尧的地位，却变相地将尧描绘成至人。他说：

> 尧不以治天下为功，尧无己也。庖人游于庖，尸祝游于尸祝，羹熟祭毕，悠然忘其有事，小大之辨忘，而各遂其逍遥。(《庄子解》：6)

庄子说"至人无己"。王夫之说尧无己，这明显是以尧作为至人。王夫之认为，尧并不以治理天下作为自己的功劳。尧只是让万物各安其分，各司其职。厨师、尸祝各干各的事。这样，事过不留于心，没有对小大的分别和执着，尧与万物各自逍遥自在。

王夫之的解释也与《逍遥游》“尧治天下，平海内之政”一段的意思有出入。庄子在于揭示，尧在见到姑射山神人之前，仍然有心于天下，也就是有已、有功，见了之后，“杳然丧其天下”说明悟到了至人之境。但是，王夫之的解释旨在直接认定尧本身就是至人。这显示出，他为了捍卫儒家的圣人，不得不舍弃儒家圣人的立功立名而吸收庄子的因任万物思想。

进一步，王夫之将尧视作神人，认为“是其尘垢秕糠，将犹陶铸尧舜者也”这句话是讽刺那些学尧舜的治迹亦步亦趋的人，而不是讽刺尧舜。他说：

> 神人之神，凝而已尔。凝则游乎至小而大存焉，游乎至大而小不遗焉。物之大小，各如其分，则已固无事，而人我两无所伤。视尧舜之治迹，一尧舜之尘垢秕糠也，非尧舜之神所存也；所存者，神之凝而已矣。（《庄子解》：7）

意思是，神人凝其神，则大小皆安其所，各得到发展。那么神人就没有什么事做，就不会有伤害别人和自己的后果产生。神人只是把尧舜的治迹看作尘垢秕糠，认为治迹里面没有尧舜治理天下的神或真精神。尧舜治理天下的真精神在于保全其自己的神。

这样，王夫之转了一个弯，又将庄子所批判的尧舜变成了神人。虽然这里面王夫之加入了“分”的思想，但是他试图将尧描绘成至人、神人的行为说明他不自觉地以《庄子》改造了儒家的圣人观。

其次，庄子反对儒家的“临人以德”“君人者以己出经式义度”以化成天下，王夫之接受了这种批评，他反对那些治理天下的人将自己的标准标出，让大家遵从。他承认农民自然会耕种，女子自然会纺织；父子自然亲爱，夫妇自然相别。他们自然知道趋利避害。哪里需要我来为他们制定行为规则？万物各有各的能力和生存方式，是再明确不过的了。我的观点哪里就一定对？外物的哪里就一定非？按照形势的需要而有所应对，也只是顺从各个事物的性能而已。这样，王夫之一反儒家传统的“正己以正天下”的治理方式，主张根据事物的特性以治理天下。这种思想也表现在《张子正蒙注》等著作中。例如：

> 修己之尽者，成如玉之德，无私无欲而通天下之志；如其不然，刻意尚行，矫物以为高，妻子不可行也。德至则感通自神，岂以己之是临物之非哉！①

这是说，修己达到极致，自然会感通天下。如果不能修己，妄立一个标准模范来让外物效法，未必得到妻子的认可。修德以感化天下，不是说的以自己的是非观强加于天下。

王夫之接着指出，“临人以德”和“正己以正人”的方式，在感化他人方面，还不如佞人有效。这是因为人们皆有争胜之心，很少有人公开否定自己的。佞人顺着人意说话，所以能得到人家的认可。“正己以正人”正好显示出自己高人一等，于是在同辈之中，引起他人的争竞；若用之来劝说上级或暴君，只能引起他们的愤恨。这就是为什么比干和伍子胥以忠言直谏其君，反而遭到杀害的原因。真正的圣人化人之方，首先是消除自己的居善居美之心，以包容和理解的心态来与人交往，从而达到说服和感化的目的。可见，圣人之德不是什么具体的仁爱之行为，而是虚以待物，从而达到化物。相反，那些自以为有德的人，如比干、伍子胥之类，以己之德显示君主之恶，只能导致杀身国灭，不但无补于天下，反而使天下的状况更坏。可见，通过注解庄子，王夫之的化成天下观确实有了改变。这种改变使他认识到儒家的以德临人，以达到化成天下的局限，主动吸收庄子无为、任物、虚以化物的思想，从而使儒家的化成方式更为完备。

---

① 王夫之：《张子正蒙注》，第200页。

再次，庄子批评儒家的仁，是批评儒家的“相濡以沫、相呴以湿”的点滴之爱。因此，商太宰问仁，他便回答说虎狼也有仁爱。孔子将孝弟作为仁的根本，孝弟的核心就是父子相亲。虎狼也践行父子相亲，又焉得不谓之仁爱？王夫之为此费了不少笔墨，一方面指出，虎狼之爱只是苟且之爱，不能推而及于外物、他人，不足以谓之仁。一方面又重新解释仁，使仁超越原来的父子相亲的层次。真正的仁爱不可以爱敬言说。亲近的让他亲近；年长的让他年长。心胸像天那样阔大，包容含育，福泽天下而不居德自是。这样的人，与天下人相忘，不私爱自己的父母，则他的仁爱也不狭隘自私。这样的人，虽有至德，却无仁孝的名声，更不用说以爱敬来骚扰天下。（《庄子解》：124）

王夫之的解释一反儒家对仁孝的推崇和奖励。他甚至声称，在人类之中，那些致力于爱敬，标榜之以为德行的人的作为，也与虎狼的仁爱一样。这样，王夫之将仁上升到天的高度，以天的含育包容来解释仁，降孝弟爱敬等为具体的情，从而使孔子的仁的学说更为完备，也据此与佛教的慈悲区别开来。

可见，王夫之通过对庄子思想的吸收，提升了自己的儒家思想。如果说没有带来他对孔子“毋意，毋必，毋固，毋我”（《论语·子罕》）以及孟子“孔子，圣之时者也”（《孟子·万章下》）的重新解释，至少也使他对这些思想有了更深刻的认识。更重要的是，通过注解和评论《庄子》，王夫之看到了儒家的缺陷，并主动吸收庄子的思想克服之。

在《庄子·田子方》，庄子说：“儒者冠圜冠者知天时，履句履者知地形，缓佩者事至而断。君子有其道者，未必为其服也；为其服者，未必知其道也。”意思是，真正的儒者，名实相称。戴圆帽的知晓天时；穿句履的知晓地形；佩戴玉佩的能够当机立断。庄子对真儒之描述也得到了荀子的证实。《荀子·儒效》言：“法先王，统礼义，一制度；以浅持博，以古持今，以一持万；苟仁义之类也，虽在鸟兽之中，若别白黑；倚物怪变，所未尝闻也，所未尝见也，卒然起一方，则举统类而应之，无所拟作；张法而度之，则晻然若合符节：是大儒者也。”荀子虽然强调法先王，明礼义，但是其强调儒者在处理事务上当机立断、随机应变则与庄子一致。遗憾的是，到了王夫之的时代，儒生却成了另一番景象。黄宗羲曾感慨道：

> 道无定体，学贵适用。奈何今之人执一以为道，使学道与事功判为两途。事功而不出于道，则机智用事而流于伪；道不能达之事功，论其学则有，始于用则无。讲一身之行为则似是，救国家之急难则非也，岂真儒哉？[①]

王夫之当然也看到了他的时代的儒生的迂腐无能，所以他对庄子之言评论说：

> 冠履佩服，皆步趋之迹也。凡言凡行而见为当者，皆冠、履、佩、服也。转变而穷矣。不死其心以不忘其大常，有待以生心而无故吾，夫乃可以不穷。唯夫子之奔逸绝尘，为能独立于儒门。（《庄子解》：180）

大常，即大化或道。有待，就是依赖于道或大化。这里，王夫之一方面批评了众多儒生之执迹忘真，不能随时应变以处理事务。另一方面却沿用了庄子顺化以不死其心的思想，认为唯有孔子方是真儒，可谓是对“孔子，圣之时者也”的最好注解。

因此，王夫之通过吸收庄子的思想，倡导天的包容化育，寓庸以顺应人事和外物，虚己以应对和化成天下，使自己不离于内圣外王之大宗，力图避免宋明儒生的泥守章句、缺乏事功的缺陷，回复了真儒知天时、懂地形、事至而断的能力，使他的思想学说更为完备可行。但是，王夫之并没有因为吸收庄子而变成道家，这既是王夫之自己的声明，也从王夫之对相天、人道、圣人等的解释上得到证实。

---

① 黄宗羲：《姜定庵先生小传》，见《黄宗羲全集》第10册，浙江古籍出版社，1986年版，第607页。

参考文献

［1］〔清〕陈立:《白虎通疏证》，中华书局，1994年版。

［2］〔清〕郭庆藩撰，郭象注，成玄英疏:《庄子集释》，中华书局，1993年版。

［3］〔明〕黄宗羲:《黄宗羲全集》第10册，浙江古籍出版社，1986年版。

［4］嵇文甫:《王船山学术论丛》，三联书店，1978年版。

［5］荆门市博物馆编:《郭店楚墓竹简》，文物出版社，1998年版。

［6］〔宋〕黎靖德编:《朱子语类》，中华书局，1994年版。

［7］梁漱溟:《读王船山〈庄子解〉》，见《船山全书》第16册，岳麓书社，1996年版。

［8］梁漱溟:《梁漱溟全集》第七卷，山东人民出版社，1993年版。

［9］林文斌:《王船山庄子解研究》，台湾师范大学的硕士论文，1986年版。

［10］刘武:《庄子集解内篇补正》，古籍出版社，1958年版。

［11］楼宇烈:《王弼集校释》，中华书局，1980年版。

［12］〔宋〕罗勉道:《南华真经循本》，中华书局，2016年版。

［13］庞朴:《帛书五行篇研究》，齐鲁书社，1980年版。

［14］〔清〕潘宗洛:《船山先生传》，见《船山全书》第16册，岳麓书社，1996年版。

［15］〔梁〕释慧皎:《高僧传》，中华书局，1992年版。

[16]〔宋〕苏轼:《庄子祠堂记》,见《苏东坡文集》卷32,《四部精要》第19册,上海古籍出版社,1993年版。

[17]孙以楷、甄长松:《庄子通论》,东方出版社,1995年版。

[18]〔汉〕王充:《论衡》,见《诸子集成》第7册,上海书店,1986年版。

[19]〔明〕王夫之:《庄子解》,中华书局,1981年版。

[20]〔明〕王夫之:《周易大象解》,见《船山全书》第1册,岳麓书社,1996年版。

[21]〔明〕王夫之:《周易内传》,见《船山全书》第1册,岳麓书社,1996年版。

[22]〔明〕王夫之:《周易外传》,见《船山全书》第1册,岳麓书社,1996年版。

[23]〔明〕王夫之:《尚书引义》,见《船山全书》第2册,岳麓书社,1996年版。

[24]〔明〕王夫之:《诗广传》,见《船山全书》第3册,岳麓书社,1996年版。

[25]〔明〕王夫之:《续春秋左氏博议》,见《船山全书》第5册,岳麓书社,1996年版。

[26]〔明〕王夫之:《读四书大全说》,见《船山全书》第6册,岳麓书社,1996年版。

[27]〔明〕王夫之:《四书训义》(上),见《船山全书》第7册,岳麓书社,1996年版。

[28]〔明〕王夫之:《思问录》,见《船山全书》第12册,岳麓书社,1996年版。

[29]〔明〕王夫之:《张子正蒙注》,见《船山全书》第12册,岳麓书社,1996年版。

[30]〔明〕王夫之:《俟解》,见《船山全书》第12册,岳麓书社,

1996年版。
[31]〔明〕王夫之:《老子衍》，见《船山全书》第13册，岳麓书社，1996年版。
[32]〔明〕王夫之:《庄子通》，见《船山全书》第13册，岳麓书社，1996年版。
[33]〔清〕王先慎:《韩非子集解》，见《诸子集成》第5册，上海书店，1986年版。
[34]〔清〕王先谦:《荀子集解》，中华书局，1988年版。
[35]〔清〕王先谦:《荀子集解》，见《诸子集成》第3册，上海书店，1986年版。
[36]王孝鱼:《庄子通疏证　庄子内篇新解》，中华书局，2014年版。
[37]〔清〕王敔:《大行府君行述》，见《船山全书》第16册，岳麓书社，1996年版。
[38]魏明壶:《船山〈庄子解〉初探》,《晋阳学刊》，1983年第5期。
[39]吴立民、徐荪铭:《船山佛道思想研究》，湖南出版社，1992年版。
[40]萧箑父:《船山哲学引论》，江西人民出版社，1993年版。
[41]〔汉〕许慎:《说文解字》，中华书局，1963年版。
[42]〔清〕宣颖:《庄子南华经解》,《无求备斋老列庄三子集成补编》第34册，台北：成文出版社有限公司，1982年版。
[43]严灵峰:《周秦汉魏诸子知见书目》第2卷，台北：正中书局，1975年版。
[44]余嘉锡:《目录学发微》，巴蜀书社，1991年版。
[45]张默生:《庄子新释》，齐鲁书社，1993年版。
[46]张舜徽:《周秦道论发微》，中华书局，1982年版。
[47]张西堂:《王船山学谱》，香港：崇文书店，1971年版。
[48]〔汉〕郑玄笺、孔颖达疏:《毛诗正义》，见《四部精要》第1册，上海古籍出版社，1993年版。

[49] 钟泰:《庄子发微》，上海古籍出版社，1988年版。
[50]〔宋〕周敦颐:《周子通书》，上海古籍出版社，2000年版。
[51] 周学熙选，宣颖注:《南华经解选读》,《无求备斋老列庄三子集成补编》第34册，台北：成文出版社有限公司，1982年版。
[52]〔宋〕朱熹:《四书章句集注》，中华书局，1983年版。

后记

本书是我在2003年北京大学博士论文《王夫之庄子解哲学思想研究》的基础上扩充、改写而成。在2003年6月论文答辩时，余敦康、蒙培元、陈来、张学智、王博诸位前辈曾对拙文给予积极的肯定，并提出了诸多宝贵意见，在此表示衷心的感谢。在修改中，我将他们的建议都尽量地考虑进来，之后觉得文章较初稿条理更为紧凑。我也感谢导师李中华先生多年来如一日一直关心学生的学术研究，今天，总算向导师有了一个初步的交代。

时光荏苒，转眼十四年过去了。在这十四年中，我又在多伦多大学受到沈清松先生指导，继续研究王夫之的儒家经典诠释，对王夫之的思想有了一个基本的整体把握。正是这个积累，使我有信心再次大刀阔斧地修改初稿。在此，请沈老师也接受学生的感谢。

来到山东大学后，有幸被杜泽逊老师邀请到尼山学堂讲授《庄子》，在与学生的交流中，我对《庄子》《庄子解》又有了清晰而深刻的理解。特别地，对杜老师、刘晨、李涛和学生张鸿鸣在出版事宜和文献查证上给予的有力支持表示感谢。

最后，本书的出版受山东大学哲学与社会发展学院哲学学科攀登计划资金的支持。本书是2016年齐鲁优秀传统文化传承创新工程重点项目“孔孟儒学历史传承与转化创新研究”阶段性成果。

谭明冉

2017年6月1日星期四　于济南